教育部人文社会科学重点研究基地四川大学南亚研究所

中国尼泊尔
命运共同体构建研究

黄正多◎著

国际文化出版公司

·北京·

图书在版编目（CIP）数据

中国尼泊尔命运共同体构建研究 ／ 黄正多著 ． —— 北京 ：
国际文化出版公司，2024.4
ISBN 978-7-5125-1608-3

Ⅰ．①中… Ⅱ．①黄… Ⅲ．①中外关系－国际合作－
研究－尼泊尔 Ⅳ．① D822.335.5

中国国家版本馆 CIP 数据核字 (2023) 第 255014 号

中国尼泊尔命运共同体构建研究

作　　者	黄正多
统筹监制	吴昌荣
责任编辑	马燕冰
责任校对	于慧晶
出版发行	国际文化出版公司
经　　销	全国新华书店
印　　刷	北京虎彩文化传播有限公司
开　　本	710 毫米 × 1000 毫米　　　16 开
	17.5 印张　　　　　　　　190 千字
版　　次	2024 年 4 月第 1 版
	2024 年 4 月第 1 次印刷
书　　号	ISBN 978-7-5125-1608-3
定　　价	98.00 元

国际文化出版公司
北京市朝阳区东土城路乙 9 号　　　　邮编：100013
总编室：（010）64270995　　　　传真：（010）64270995
销售热线：（010）64271187
传真：（010）64271187-800
E-mail：icpc@95777.sina.net

目　录

第八章　推动中尼命运共同体构建的政策建议

第一章
中尼命运共同体构建的可行性分析

尼泊尔位于南亚次大陆北部，北与中国西藏接壤，东、西、南三面与印度接壤，是一个典型的内陆国家。传统上，尼泊尔被认为是中印之间的缓冲地带，而尼泊尔的内政外交曾长期被印度左右。随着尼泊尔独立性增强和发展需要，尼泊尔希望借助中国力量平衡印度。中国在尼泊尔影响力的扩大，有利于防止西方以尼泊尔为跳板而渗透到中国。2016年3月，时任尼泊尔总理奥利访华时，中国国家主席习近平提出，希望两国政府继承和发扬传统友谊，扩大和加强各领域务实合作，切实打造中尼命运共同体。当然，由于地缘政治的特征，尼泊尔也存在着比较复杂的政治变数。

第一节　命运共同体思想渊源与科学内涵

一、地缘政治概念及其思想渊源

地缘政治作为一种思想古已有之，并在人类历史实践中得到充分应用。在古代中国，苏秦曾联合"天下之士合纵相聚于赵而欲攻秦"（《战国策·秦策三》）；诸葛亮舌战群儒，巧妙周旋，与东吴达成联吴抗曹的战略合作。在近代西方，英国孤悬欧洲大陆而实施离岸平衡或曰均势战略，避免欧陆权力失衡，以维护其海洋霸主地位；反法西斯同盟在亚欧大陆广泛结盟，摧毁纳粹势力企图在地理上汇合的阴险图谋。可见，在东西方历史上，在政治博弈、征伐交战中，地缘政治博弈战略曾得到广泛应用。但作为一种现代理论，地缘政治学一词源自希腊。"Ge"或"Gaia"原意是地球之神，"polis"指的是古希腊的城邦国家。[①] 地缘政治作为一门学科在19世纪末期产生，德国地理学家弗里德里希·拉采尔在其研究中将地理与政治相结合。瑞典政治学家鲁道夫·契伦在拉采尔"国家有机体学说"的基础上首次提出了"地缘政治学"这一概念，并推动地缘政治学理论化发展，他对地缘政治的定义是"将国家作为地理有机体或空间现象的理论"。[②] 德国学者豪斯浩弗提出"生存空间论"，为德国发动第二次世界大战、采取侵略性外交政策提供了理论支持。[③]

随着经济联系、军事技术的发展，国际政治格局趋于复杂，各种地缘政治理论相继提出。西方资本主义的兴起，使得海洋成为大国权力角逐的疆场，马汉的"海权论"适时突出了海权对国

---

① [英]杰弗里·帕克著，刘从德译：《地缘政治学：过去、现在和未来》，新华出版社2003年版。转引自高青兰：《新地缘政治学：概念、范式及发展》，《湖南科技大学学报（社会科学版）》，2010年第5期，第86页。

② Rudolf Kjellen, *Staten Som Lifsform*,1916.Published in German as *Der Staat als Lebensform*,Leipzig:Hirzel,1917,pp.34-35,203;also cited in Hans Weigert,*Generals and Geographers*,New York: Oxford University Press,1942,pp.106-109.

③ Nourbakhsh, Seyed Nader, Farajolah Ahmadi, "Geopolitics and Territorial Expansionism in Nazi Germany: The influence of Haushofer Ideas on Hitler," *Geopolitics Quarterly*,Vol.17, No.63 (2021),pp.142-169.

际政治的重大影响，其主要结论是"海权对'历史进程和国家繁荣'有着巨大乃至决定性的影响"。[①]而控制海洋的关键在于对世界重要海道和海峡的控制，继而主张美国应建立强大的远洋舰队以控制加勒比海及中美洲地峡附近的水域，继而再进一步控制其他海洋，与其他列强共同利用东南亚与中国的海洋利益。[②]在陆地上，英国政治学家麦金德提出陆权论，认为欧亚大陆的"心脏地带"——东欧是最重要的战略区域，"谁统治了东欧，谁就能控制大陆心脏地带，谁控制了大陆心脏地带，谁就能控制世界岛，谁控制了世界岛，谁就能控制整个世界"。[③]此外，美国学者斯皮克曼还提出了"边缘地带理论"，认为"谁支配着边远地区，谁就控制着欧亚大陆，谁支配着欧亚大陆，谁就掌握着世界的命运"。[④]由此可见，地缘政治作为政治地理学说中的一种霸权战略理论，主要是根据地理环境、人文要素和政治过程的互动，尤其是通过对地理环境的控制在世界或地区范围内进行相互竞争来实现对利益和安全等的追求，并以此作为国家对外战略和外交政策的重要判断依据。随着国际政治格局和国际关系的发展，其地缘政治理论本身也经历着演变和发展。

传统地缘政治理论主要从权力角度、地理空间结构角度机械、

---

① 吴征宇：《霸权的逻辑：地理政治与战后美国大战略》，中国人民大学出版社2010年版，第71页。

② [美]马汉著，熊显华编译：《大国海权》，华中科技大学出版社2014年版，第16页。

③ [英]哈福德·麦金德著，王鼎杰译：《民主的理想与现实：重建的政治学之研究》，上海人民出版社2016年版，第128页。

④ [美]尼古拉斯·斯皮克曼著，余海杰译：《和平地理学：边缘地带的战略》，上海人民出版社2016年版，第58页。

静止地来看待纷繁复杂、云谲波诡的国际关系，试图从绝对主义的角度根据地理要素、资源禀赋和国际政治格局的地域形式制订国家战略及其行为（海权论、陆权论、边缘地带理论皆是如此），并在此基础上寻求在国际政治权力博弈中的权力最大化和相对优势。传统地缘政治理论主要围绕海权与陆权之争展开海权论、国家有机体论、心脏地带论，以及边缘地带论等学说。

随着东欧剧变和苏联解体，两极格局轰然崩塌，再加上经济全球化和信息技术的发展，带有强烈意识形态色彩和冷战思维的传统地缘政治理论已经难以适应国际政治的新格局和新需要，其机械、绝对主义的观点显现出解释力不足的缺陷。一大批国际关系学者在新的时代背景下发展出新的地缘政治理论，包括地缘经济学、文明冲突论等。地缘经济学由美国学者爱德华·卢特沃克提出，其核心观点认为，世界正在逐步发展成为三个相互竞争的经济集团：日本率领的环太平洋经济区、美国领导的西半球经济区、以德国为中心的欧洲经济区。[①] 他还强调："在未来的竞赛中，三个经济霸权中的每一个都倾向于超过其他两个。无论哪一个实现了这种超越，都会居于领先地位，都会像英国主导19世纪、美国主导20世纪那样，主导21世纪。"[②] 文明冲突论由美国著名学者亨廷顿提出，他认为："由于现代化的激励，全球政治正

---

① Lester Thurow,*Head to Head:The Coming Economic Battle among Japan,Europe and America*,Morrow Publishers,1992,p.246. 转引自倪世雄：《当代西方国际关系理论》，复旦大学出版社2001年版，第401页。

② Lester Thurow,*Head to Head:The Coming Economic Battle among Japan,Europe and America*,Morrow Publishers,1992,p.246. 转引自倪世雄：《当代西方国际关系理论》，复旦大学出版社2001年版，第401页。

沿着文化的界限重构。文化相似的民族和国家走到一起，文化不同的民族和国家则分道扬镳。以意识形态和超级大国关系确定的结盟让位于以文化和文明确定的结盟，重新划分的政治界限越来越与种族、宗教、文明等文化的界限趋于一致，文化共同体正在取代冷战阵营，文明间的断层线正在成为全球政治冲突的中心界限。"①

与此同时，传统的地缘政治理论也依据国际形势的变化而出现更新。自19世纪末出现地缘政治学以来，地缘政治学理论由从前关注国家有机体、划分海权陆权到如今更重视在全球化背景下的环境、多样性等问题，更强调全球地缘政治空间的统一性，认为武力扩张没有存在的合理性，经济方面的合作与竞争将逐渐取代领土扩张。科恩的多极世界论、亨廷顿的文明冲突论、布热津斯基的失控世界论是其中的主要代表。但是不得不承认，全球化在促进国家关系的同时，也造成建立在种族和宗教基础上的地方保护主义的抬头。②城市化的发展推动人们背井离乡涌入城市，在陌生的环境中，宗教适时地填补了人们内心的空虚，迎合了人们身份认同的心理需求，这种趋势正在疯长。③

---

① ［美］塞缪尔·亨廷顿著,周琪等译：《文明的冲突与世界秩序的重建》,新华出版社2002年版,第129页。

② ［美］罗伯特·D.卡普兰著,涵朴译：《即将到来的地缘战争》,广东人民出版社2013年版,第45页。

③ ［美］罗伯特·D.卡普兰著,涵朴译：《即将到来的地缘战争》,广东人民出版社2013年版,第60页。

二、人类命运共同体思想的科学内涵

人类命运共同体思想是以习近平总书记为核心的党中央，在中国特色社会主义社会进入伟大新时代，当今世界面临三大赤字——和平赤字、治理赤字、发展赤字——的背景下提出来的。[①]这个理论以中华优秀传统文化为思想源泉，是对党的历届集体理念的提炼和升华，为全世界人民的和平发展，奠定了坚实的理论和现实基础。人类命运共同体思想有助于增进国家之间的交流合作，也为我国实现中华民族的伟大复兴指明了道路。

2011 年 9 月 6 日，《中国的和平发展白皮书》发表，白皮书提出要以"命运共同体"的新视角，寻求人类共同利益和共同价值的新内涵。[②]2012 年 11 月，中国共产党在十八大报告中，提出"人类命运共同体"概念，在报告中指出："在追求本国利益时兼顾他国的合理关切，在谋求本国发展中促进各国共同发展，建立更加平等均衡的新型全球发展伙伴关系，同舟共济，权责共担，增进人类共同利益。"[③]2013 年 3 月 23 日，习近平主席在莫斯科国际关系学院发表题为《顺应时代前进潮流促进世界和平发展》的演讲中指出："这个世界，各国相互联系、相互依存的程度空前加深，人类生活在同一个地球村里，生活在历史和现实交汇的

---

① "破解'三大赤字'，世界关注中国方案"，国务院新闻办公室网站，2018 年 1 月 5 日，http://www.scio.gov.cn/31773/35507/35510/35524/Document/1615424/1615424. htm。

② 曲星：《人类命运共同体的价值观基础》，《求是》，2013 年第 4 期，第 53 页。

③ 《中共首提"人类命运共同体"倡导和平发展共同发展》，人民网，2012 年 11 月 11 日，http://cpc.people.com.cn/18/n/2012/1111/c350825-19539441.html。

同一个时空里，越来越成为你中有我、我中有你的命运共同体。"①
这标志着"人类命运共同体"思想的进一步推广。

　　纵观近现代世界历史的发展进程，人类的实践活动不断地塑
造着人类命运共同体。在15世纪末16世纪初的大航海时代，以
哥伦布和麦哲伦等为代表的远洋探险家发起了广泛的跨洋活动，
突破了传统的地理限制，促进了世界各大洲、各个地区之间的交
流和沟通。这些航海活动推动了新航道的开辟，标志着世界各大
洲、各个地区开始连成一个整体，人类开始以全球视角看待各个
地区的不同文明，"人类命运共同体"也正是在此时开始了其建
构的过程。17世纪80年代，"光荣革命"爆发，英国在世界范
围内首先确立了资本主义制度，这为交通运输技术的革命奠定了
社会基础。19世纪60年代，以瓦特改良蒸汽机为代表的第一次
工业革命轰轰烈烈地展开，完成了手工劳动向动力机器生产转变
的飞跃，极大地推动了生产力的发展，英国一跃成为世界头号强
国。同时，出于对原材料及海外市场的需要，以英国为代表的殖
民扩张主义快速崛起。同时，资本主义制度在各个附属国或殖民
地国家主动或被动地推行开来。一方面，伴随着资本主义制度而
来的资本主义思想和文化在世界范围内快速传播，促进了世界各
个地区的联系；另一方面，伴随着电话、汽车、火车、飞机乃至
互联网等技术的普及，为世界日益连成一个整体提供了坚实的物
质基础，使世界日益形成一个地球村。

---

　　①　国家主席习近平在莫斯科国际关系学院的演讲（全文），中华人民共和国中央人
民政府网站，2013年3月24日，http://www.gov.cn/ldhd/2013-03/24/content_2360829.htm。

在经济全球化的形势下，各国日益形成你中有我、我中有你的密切关系，世界各国整体发展水平提升的同时，贸易保护主义、恐怖主义、环境恶化、贫富差距、金融风险、跨国犯罪、气候变化、网络安全、人口爆炸等，也对国际秩序、国际治理和经济发展构成了重大挑战和威胁。正如著名的依附理论提出者萨米尔·阿明说的那样，"全球化是一个反动的乌托邦"，他对全球化给拉美和亚洲国家带来的负面影响进行了精辟的分析。① 面对这些全球性的问题，世界经济增长新引擎在哪里？我们需要一个怎样的全球治理秩序？应该建设一个怎样的世界？未来又将走向哪里？世界各国人民需要答案。值此背景下，习近平总书记基于对历史和现实的思考给出了中国答案——人类命运共同体。

中国自古以来就是一个爱好和平的国家，中华民族在 5000 年的发展历程中，形成了灿烂而又源远流长的传统思想文化。"普天之下，莫非王土；率土之滨，莫非王臣""天人合一"体现了中国人传统的"天下"观；"以和为贵""协和万邦""国虽大，好战必危"体现了中国人爱好和平，厌恶战争的和平观；"穷则独善其身，达则兼济天下""为天地立心，为生命立命，为往圣继绝学，为万世开太平"，体现了中国传统士人和知识分子的历史责任感和使命感；"四海之内皆兄弟""己所不欲，勿施于人""求同存异""和而不同"体现了中国人的处世原则和态度。作为优秀传统文化的精髓，和合理念已经成为中华文明的内在基

---

① Samir Amin,*Eurocentrism*,New York:Monthly Review Press,1989.

因。"和"指的是和平、和谐；"合"指的是合作、结合。和平、合作已经深深植入中华民族的血脉里。人类命运共同体思想正是在以"和合""和而不同""和衷共济"等中国优秀传统文化为思想源泉的基础之上为人类未来、世界和平与发展提供的中国智慧和中国方案。

1953年12月，周恩来总理在接见印度代表团时首次提出了和平共处五项基本原则，并把此作为我国外交政策的基本准则，同时倡导将和平共处五项原则作为处理国与国之间关系的基本原则。1978年改革开放后，邓小平同志提出了和平与发展是当今世界主题的重大论断。1988年，他在会见印度总理拉吉夫·甘地时还明确提出以和平共处五项原则为准则，建立国际政治经济新秩序。党的十八大以来，习近平总书记站在人类历史发展进程的高度，正确把握国际形势的深刻变化，深入思考"建设一个什么样的世界、如何建设这个世界"的重大课题，提出并倡导构建人类命运共同体，为改革和完善全球治理体系贡献中国方案。国际权力观、新型义利观、全球治理观和新兴文明观等思想理念是理解人类命运共同体理论的几个重要维度。

（一）国际权力观

以爱德华·卡尔为代表的一大批传统现实主义学者认为，国际政治的本质是大国政治，是大国之间权力的竞争，权力和利益是国际政治中最重要的因素，无处不在，无时不有。无论是全球范围的一战、二战，还是地区范围的朝鲜战争、越南战争，本质上仍然是国家之间通过硬实力争夺政治权力和国家利益的战争①。然而随着经济全球化、社会信息化、政治多元化的发展，国家之间日益形成你中有我、我中有你的紧密联系，而不是非此即彼的零和博弈关系。众多国际问题的解决需要各国共商合作解决，极端的民粹主义情绪和西方学者所倡导的"霸权稳定论"都难以解决各国共同面对的气候变化、恐怖主义和卫生健康等全球性问题，和平、发展、合作、共赢逐渐成为新的时代主流。如今，国际问题的解决依赖各国互商互谅，权责共担，共同解决。各个国家都享有平等参与国际事务的权利，都应当树立正确的国际权力观，即以协商合作取代冲突对抗，以世界整体论取代国家中心论，摒弃制度模式偏见，超越意识形态的分歧，致力于合作共赢，创造一个共有、共治、共享的世界。2015年5月7日，在访问俄罗斯前夕，习近平主席在《俄罗斯报》发表的题为《铭记历史，开创未来》的文章中指出："二战的惨痛教训告诉我们，弱肉强食、丛林法则不是人类共存之道。穷兵黩武、强权独霸不是人类和平之策。赢者通吃、零和博弈不是人类发展之路。和平而不是战争，合作而不是对抗，共赢而不是零和，才是人类和平、进步、发展的永恒主题。"②

（二）新型义利观

汉斯·摩根索认为国家利益由国家权力所决定，国家权力越大，那么该国拥有的国家利益就有可能越多；相应地，权力越小，

---

① E. H. Carr,*The Twenty Years' Crisis*,New York:Harper Perennial,1964,p.102.

② "习近平在俄罗斯媒体发表署名文章",2015年5月7日,中华人民共和国外交部网站,https://www.mfa.gov.cn/web/gjhdq_676201/gj_676203/oz_678770/1206_679110/1209_679120/201505/t20150507_9337080.shtml。

则利益可能越小，他指出"用权力界定的利益概念是帮助现实主义找到穿越国际政治领域的道路的主要路标"。[①] 而伴随着权力政治观向国际权利观的转变，由权力所决定的国家利益同样需要新的变革，即新型义利观。

义者，"事之所宜也"，利者，"人之用曰利"。孔子曰："君子喻于义，小人喻于利"；孟子曰："生，亦我所欲也；义，亦我所欲也。二者不可得兼，舍生而取义者也。"中国的新型义利观强调"国不以利为利，以义为利"，倡导合作共赢，共同发展。[②] 中华人民共和国成立以来，中国始终把中华民族的义利观贯彻到国际关系的实践当中去，在追求自身利益的过程的同时照顾其他国家和人民的合理关切和利益，使自己的行为和追求能够惠及全球利益，同时也服务自身利益。为了积极履行大国责任和义务，用实际行动兑现维护世界和平的郑重承诺，1990 年，中国军人首次参加联合国维和行动；30 多年来，中国共派出维和人员5 万余人次，赴 20 多个国家和地区参加近 30 项联合国维和行动，是派遣维和人员最多的安理会常任理事国和联合国第二大维和摊款国，也是联合国维和行动的关键力量。"中国在联合国维和行动中发挥了重要作用，在维护世界和平上体现了大国担当。"[③]

---

① ［美］汉斯·摩根索、肯尼斯·汤普森著，孙芳、李晖译：《国家间政治：寻求权力和平的斗争》，中国人民公安大学出版社 1990 年版，第 6 页。

② 吴志成、李佳轩：《习近平外交思想中的正确义利观》，《国际问题研究》，2021 年第 3 期，第 25 页。

③ "外交部：中国是联合国维和行动的关键力量"，央视新闻客户端，2022 年 10 月18 日，http://content-static.cctvnews.cctv.com/snow-book/index.html?item_id=7217736407338056133&toc_style_id=feeds_default&share_to=wechat&track_id=66810126-c96c-469e-ac53-b38bac46a2b2。

古语云："爱人者爱返，福往者福来。"在经济全球化高度发展的今天，世界日益成为一个地球村，世界各国人民事实上已经构成了命运共同体，各国利益高度融合，你中有我，我中有你。在危机面前，没有人能够独善其身；在收益面前，也没有人能够独占独享。中国国家主席习近平在 2013 年 3 月在访问非洲期间阐释道："义，反映的是我们的一个理念，共产党人、社会主义国家的理念。我们希望全世界共同发展，特别是希望广大发展中国家加快发展。利，就是要恪守互利共赢原则，不搞我赢你输，要实现双赢。我们有义务对贫穷的国家给予力所能及的帮助，有时甚至要重义轻利、舍利取义，绝不能唯利是图、斤斤计较。"[1] 但同时，义和利的辩证关系也表明，中国并不是不言利只言义，利是义的基础，义是利的原则，两者缺一不可。中国奉行的新型义利观决不能有损于中国的国家核心利益，这更有利于正确处理中国同世界各国的义利关系。

（三）全球治理观

传统的西方国际关系理论认为，无政府状态是国际政治的主要特征，没有凌驾于民族国家之上的超国家权威或者世界政府，国家主要依靠自己的力量维持独立和生存。亦即华尔兹所说的"缺乏全体系范畴的权威机构"和基欧汉所说的"世界政治中缺乏一个共同的政府"。[2] 1648 年，《威斯特伐利亚和约》签订，国家

---

① 郑孟状："中非合作为什么能成功 如何继续成功"，光明网，2021 年 11 月 27 日，https://m.gmw.cn/baijia/2021-11/27/35342247.html。

② Waltz, *Theory of International Politics*, New York: McGraw-Hill Higher Education, 1981, p.88; Robert O. Keohane, *International institutions and state power: Essays in international relations theory*, New York: Routledge, 2020, p.1.

主权平等的原则得以确立，国家成为国际体系的主要行为者。然而随着众多政治、经济、社会问题趋于全球化，如何平衡国家主权原则和国际社会无政府状态？国际社会出现的共同问题又应该如何应对？

1990年，德国社会党国际前主席、国际发展委员会主席勃兰特首先提出全球治理的概念。其核心观点认为，众多全球问题的解决依赖于包括主权国家、国际组织、跨国公司、个人在内的众多行为体协商合作，并且在互动与参与过程中形成并强化若干国际规范和国际准则，最终达成各方参与、权责共担的具有一定强制和道德约束力的国际机制。[①] 后来，有的学者认为，全球治理是在无最高权威条件下对跨越国家边界的关系进行治理，在某种程度上表现为各国政府内部行为的国际化。[②] 有的学者还归纳了6种全球治理的定义：作为国际组织行为、作为国家与非国家活动的结合、作为自由主义霸权所隐秘的一面、作为公共政策网络与合作伙伴关系、作为对具体领域的管理，以及作为一种概括性的现象。[③]

然而自苏联解体以来，无论是在国际机构的议程设置和投票权分配，还是国际话语体系方面，欧美发达国家拥有无可比拟的优势，处于全球治理的中心地位，而众多的发展中国家处于全球治理的边缘地位，在国际政治经济秩序中处于被剥削被压迫的

---

① "The Report of the Commission on Global Governance," *Our Global Neighborhood*, https://www.gdrc.org/u-gov/global-neighbourhood/.

② Finkelstein, Lawrence S., "What is global governance," *Global governance*, Vol.1, 1995, pp.367-372.

③ Jim Whitman, "Global governance as the friendly face of unaccountable power," *Security Dialogue*, Vol.33, No.1, 2002, pp.45-57.

地位，全球治理实际成为美国的"一言堂""独奏曲"。尤其是 2008 年美国金融危机之后，全球经济增长乏力，现有的全球治理体系亟待改革。随着新兴国家的崛起，二十国集团（G20）在一定程度上取代以西方发达国家组成的七国集团（G7），成为国际经济合作与协调的全球性论坛。2013 年 9 月和 10 月，中国国家主席习近平在访问中亚和东南亚国家期间，分别提出共建"丝绸之路经济带"和"21 世纪海上丝绸之路"的"一带一路"倡议，该倡议是中国参与全球治理的重要平台。2022 年 4 月，中国国家主席习近平在博鳌亚洲论坛 2022 年年会开幕式上说："世界各国乘坐在一条命运与共的大船上，要穿越惊涛骇浪、驶向光明未来，必须同舟共济，企图把谁扔下大海都是不可接受的。……我们要践行共商共建共享的全球治理观，弘扬全人类共同价值，倡导不同文明交流互鉴。"①

（四）新型文明观

在人类历史长河中，中华文明曾长期领先于世界。然而自英国工业革命以来，西方资本主义文明迅速称霸于世界。20 世纪 90 年代，美国学者塞缪尔·亨廷顿和弗朗西斯·福山曾先后提出"文明冲突论"和"历史终结论"，前者试图通过渲染和鼓吹不同文明之间的对立，打压中华文明和伊斯兰文明；② 后者意在抹杀其

---

① "习近平在博鳌亚洲论坛 2022 年年会开幕式上发表主旨演讲"，中华人民共和国中央人民政府网站，2022 年 4 月 21 日，http://www.gov.cn/xinwen/2022-04/21/content_5686422.htm。

② [美] 塞缪尔·亨廷顿著，周琪等译：《文明的冲突与世界秩序的重建》，新华出版社 2018 年版。

他文明并企图推广美欧的所谓的普世价值，强化西方资本主义文明地位。[①] 无论是福山，还是亨廷顿，本质上都是"西方中心论"的吹鼓手，认为西方文明是更为高等和优秀的文明，甚至试图改造和取代其他文明。2018 年 6 月，中国国家主席习近平在上合组织青岛峰会上阐述了文明交流互鉴的思想，呼吁要"树立平等、互鉴、对话、包容的文明观"。文明没有高下优劣之分，只有地域特色之别。各个文明处于平等地位，不应该自以为是，妄自尊大，而是应该尊重包容、求同存异，和谐共处，通过文明的交流互鉴增进世界各国人民的认知和了解，通过文明之间的博采众长、取长补短，推动各个文明百花齐放、百家争鸣，为人类文明进步和世界和平提供强大的精神力量和文明力量。

第二节　尼泊尔对中国的战略意义

一、维护主权和领土完整，打击分离势力

尼泊尔位于喜马拉雅南麓，尽管有喜马拉雅山脉的天险阻隔，中尼两国人民的交往、友谊却源远流长。公元前 4 世纪，东晋高僧法显就曾到访过今天的尼泊尔，后来的玄奘、王玄策、阿尼哥等人都见证了中尼两国源远流长的交往历史。由于地理位置上的邻近，中国西藏地区和尼泊尔在喜马拉雅山脉之间有着悠久的文化宗教交流和通婚、贸易的历史。

---

① Francis Fukuyama, *The end of history and the last man*, Simon and Schuster, 2006.

"治国先治边，治边先稳藏"。西藏自治区位于我国西部，南接尼泊尔，西藏一方面与尼泊尔在地理上临近，另一方面，与尼泊尔有着民族和文化的相似性，使得中尼两国不仅在人文、宗教领域交往密切，在边境安全方面也休戚相关。构建中尼命运共同体最根本的着力点是要首先构建中尼安全共同体，即维护双方主权、独立和领土完整。中尼两国在 2000 多年的交往历史过程当中建立了深厚的友谊，和平友好是双方关系发展的主旋律，但两国在长达 1000 多千米的边境线上也曾出现过摩擦和龃龉。历史上，尼泊尔曾数次入侵我国西藏地区，造成边疆动乱。1788 年、1791 年，尼泊尔廓尔喀军队两次侵藏，在第一次侵藏战争中占领宗喀、济咙和聂拉木三地，在第二次侵藏战争中不仅侵占了上述三地，还将班禅驻锡地扎什伦布寺洗劫一空。[1]自 19 世纪初期开始，随着英国东印度公司在印度站稳脚跟，英国逐渐染指尼泊尔，干涉尼泊尔内政。尼泊尔彼时实际为英国所控制，沦为英国的附庸，并且在英国两次侵藏战争中充当帮凶和爪牙的角色，尤其是在第二次侵藏战争中为英国提供运输便利。[2]1855 年，清帝国正深陷太平天国战争泥潭，在内外交困之际，尼泊尔试图攫取在西藏地区的特殊利益，向拉萨地方政府提出三点要求：赔偿尼泊尔商人在历年的商贸冲突所遭受的损失；归还曾经属于尼泊尔的聂拉木和济咙两地；割让藏西的达拉岗地区。西藏地方政府接到尼泊尔

---

① 周燕：《浅谈乾隆皇帝治藏的宗教政策——以平定两次廓尔喀侵藏战争为例》，《西藏大学学报（社会科学版）》，2012 年第 3 期，第 113-114 页。

② 蓝国华：《试从中国近代社会形势略论英帝两次侵藏战争中尼泊尔、不丹、锡金之角色——兼论晚清政府外交之失当》，《西藏研究》，2004 年第 4 期，第 3 页。

的来函后，即派噶伦才丹多吉前往加德满都进行交涉，但未能达成协议。①尼泊尔随即向藏尼边境用兵，先后攻占了济咙、聂拉木、宗喀、达拉岗等地，逼迫清政府于 1856 年签订了丧权辱国的《藏尼条约》，给予尼泊尔廓尔喀人在西藏治外法权和免税特权，还获得了在拉萨等地驻军的权利。

1947 年，印度独立以后，继承了英国殖民主义的野心，把南亚次大陆视作自己的势力范围，逐渐控制了尼泊尔的内政外交，并通过条约把尼泊尔等国纳入自己所构建的安全共同体系内，甚至企图把中国西藏地区纳入其战略安全缓冲地带，拓展自身战略纵深。②1950 年 10 月，中国中央政府和平解放西藏之后，印度仍与西藏分离势力接触。由于特殊的地理位置及印尼两国之间近乎完全开放的边界，使得尼泊尔成为印度和西藏分离势力之间方便的接触据点。尼时任国王马亨德拉在西藏问题上态度暧昧。1959 年，在印度扩张主义势力的煽动下，西藏发生了农奴主叛乱，裹挟大批藏人从尼泊尔过境，到达印度寻求政治庇护。尼泊尔当局在连接尼泊尔和西藏的山口建立了大量难民营，收留了大批藏人。其中有不少出逃者长期滞留在尼泊尔境内，据称至今在尼泊尔藏人大约有 1.8 万人。③其中绝大多数是 1959 年随着西藏农奴主叛

---

① Prem R.Uprety,Nepal-Tibet Relations 1850-1930,pp.68-69. 转引自朱昭华、顾梦晓："藏尼边界纠纷与咸丰朝的廓尔喀之役"，《云南民族大学学报（哲学社会科学版）》,2016 年第 3 期，第 79 页。

② 吴兆礼：《尼泊尔—印度关系：传统与现实》，《南亚研究》2010 年第 1 期，第 54 页。

③ Robin Seemangal, "Disaster Diplomacy: After Nepal Earthquake, China and India Race to Give Aid," *The Observer*,Vol.1,2015.

乱而出走的。在接下来的 30 年间，尼泊尔当局向该国的每一位藏人颁发了"难民身份证明"，即"RC"。1960 年，叛乱分子在尼泊尔设立"达赖驻尼办事处"，长期从事反华活动，破坏西藏地区的和平与稳定。

从历史上看，尼泊尔曾在我国西藏地区安全方面起了消极、负面的作用。对于中国来说，维护主权和领土完整及西藏地方的和平稳定需要保持一定的战略警惕，防止尼方在事关我国领土完整的问题上起破坏作用。但同时也应该看到，和平友好是中尼两国关系的共同需要，尤其是 1955 年中尼两国建交以来，两国相互尊重彼此的核心利益，尼泊尔对于维护我国主权和领土完整，打击分离主义势力具有重要作用。从 1989 年开始，尼泊尔已经停止向西藏人颁发难民证件，并采取诸多措施限制藏人进入和过境尼泊尔，同时实行更加严格的边境管制政策。联合国难民事务委员会高级官员称，从 1991 年到 2008 年，藏人进入尼泊尔人数每年大约有 2200 人，然而在 2013 年，只有 171 名藏人进入尼泊尔境内。[①]2016 年年底，青海广播电视台和尼泊尔凯拉斯文化促进会就安多藏语卫视落地尼泊尔达成初步协议，这有利于在尼藏胞了解中央的对藏政策，了解改革开放以来西藏地区在经济发展和政治民主化方面所取得的巨大进步。2019 年 10 月，在中国国家主席习近平访尼期间，中尼发表的联合声明中提到，"尼方重申坚定奉行一个中国政策，台湾是中

---

① Barbara Demick, "Tibet's Road Ahead: Tibetans Lose a Haven in Nepal under Chinese Pressure," *Los Angeles Times*,2015.

国领土不可分割的一部分，西藏事务是中国内政，决不允许利用尼泊尔领土从事任何反华分裂活动"。①

二、维护中国西部边陲繁荣和发展

在公元 7 世纪，中尼两国的以物易物的边境贸易开始出现。到 19 世纪，中尼边境贸易空前繁荣，尼泊尔成为连通我国西藏地区和印度北部的经贸交流桥梁，随着贸易范围的不断扩大、贸易主体的不断增多，在尼曾形成了 18 条以上专门用于商业用途的通道。中尼两国长达 1414 千米的边界线有 6 个边境口岸，其中最主要的口岸是吉隆县的吉隆口岸和聂木拉县的樟木口岸。其余 4 个是在定结县的日屋口岸、陈塘口岸，仲巴县的里孜口岸及普兰县的普兰口岸。目前各口岸基础设施建设严重滞后，还不能发挥更大的边贸功能。②

目前我国西藏对尼出口商品主要以服装、鞋靴等劳动密集型商品为主，自尼进口主要为铜质雕像，铜质装饰品、纺织物等尼泊尔传统手工艺品和边民互市商品。2014 年，西藏和尼泊尔双边贸易额为 122.09 亿元，占西藏对外贸易总额的 91.2%。2015年，尼泊尔发生 8.1 级大地震，樟木口岸、连接两国的道路和桥梁等设施严重损毁，口岸被迫停止运行，使得两国贸易往来严重受挫，制约了西藏和尼泊尔的贸易发展，导致 2015 年西藏和尼

---

① 《中华人民共和国和尼泊尔联合声明》,《人民日报》,2019 年 10 月 14 日, 第 2 版。
② 徐黎丽、吴丹丹：《依托西藏边境口岸建设中国与南亚通道的路径探析》,《西藏大学学报（社会科学版）》,2020 年第 1 期, 第 126 页。

泊尔的贸易额大幅下降到 31.41 亿元，在西藏对外贸易中的占比也从 91.2% 下降到 55.5%。2020 年，由于疫情防控，西藏和尼泊尔的贸易额只有 10.61 亿元，下降 66.5%。2021 年，西藏对尼泊尔外贸进出口总值上升到 17.97 亿元，增长 38.4%，占西藏外贸总值的 44.7%，占西藏对"一带一路"沿线国家贸易值比重的 90.7%。[1] 截至 2021 年，尼泊尔依然是西藏第一大贸易伙伴，也是最大出口市场。此外，西藏对尼泊尔贸易占中国对尼贸易总值的 14.1%，较上年提高 1.1 个百分点。[2]

表 1　西藏自治区与尼泊尔的双边贸易 　 （单位：亿元）

年份	总额	占比
2014	122.09	91.2%
2015	31.41	55.5%
2016	30.66	59.3%
2017	24.08	40.9%
2018	24.98	52.6%
2019	31.65	64.9%
2020	10.61	49.7%
2021	17.97	44.7%

数据来源：拉萨海关。

---

[1] "拉萨海关:2021 年西藏对'一带一路'沿线国家和地区进出口增长 38.4%"，中华人民共和国拉萨海关网站，2022 年 3 月 11 日，http://www.customs.gov.cn/lasa_customs/613418/2940689/4221974/index.html。

[2] "2021 年西藏自治区对尼泊尔贸易总值 17.97 亿元稳居我区第一大贸易伙伴"，中华人民共和国拉萨海关网站，2022 年 1 月 30 日，http://nanchang.customs.gov.cn/lasa_customs/613418/yqxxzl82/3615277/4157329/index.html。

表2　2013—2021年西藏自治区对外贸易及边境小额贸易（单位：亿元）

年份	对外贸易	边境小额贸易
2013	206.56	119.14
2014	138.48	121.74
2015	56.54	30.23
2016	51.67	29.86
2017	58.85	23.39
2018	47.52	24.12
2019	48.75	29.33
2020	21.33	9.67
2021	40.16	17.22

数据来源：拉萨海关。

2014年12月1日，西藏吉隆口岸正式恢复通关。2017年4月，国务院批准吉隆口岸扩大开放为国际性口岸。2019年5月底，樟木口岸货物通道功能恢复。在西藏自治区政府和中央政府对西藏对外贸易、边境贸易的高度重视下，各种措施有力地恢复和促进了藏尼边境贸易。[1]

受自然气候、地理区位等因素影响，西藏自治区是目前我国经济发展中的洼地。从人均GDP来看，2021年，我国人均GDP达到1.26万美元，西藏自治区人均GDP约为8800美元，远低于全国人均GDP。

西藏和尼泊尔地理位置使得西藏与国内其他地区相比，在发

---

[1]　"拉萨海关：西藏樟木口岸复通一周年，拉萨海关肩负使命再出发"，中华人民共和国拉萨海关，2020年6月1日，http://www.customs.gov.cn/lasa_customs/613418/2940689/3119430/index.html。

展与尼贸易中具有相当的优势。通过引进来走出去，推动西藏自治区产业结构优化升级。在中央第六次西藏工作座谈会上，习近平总书记指出，西藏工作的着眼点和着力点必须放到维护祖国统一、加强民族团结上来，把实现社会局势的持续稳定、长期稳定、全面稳定作为硬任务，各方面工作统筹谋划、综合发力，牢牢掌握反分裂斗争主动权。[①]扩大对尼贸易有助于推进西藏地区的经济发展，创造更多就业岗位，为西藏地区的和平与稳定创造有利条件，维护我国西南边陲的繁荣与稳定。

三、打通南亚贸易通道，深化中印、中国与南亚的贸易合作

南亚地区约为 430 万平方千米，人口高达 18.43 亿人。虽然该地区整体经济发展水平不高，但其庞大的人口却意味着是极具潜力的市场。2013 年，"一带一路"倡议提出以来，联通中国与南亚大陆的经济合作项目主要包括中巴经济走廊和孟中印缅经济走廊。然而，无论是起始喀什终到巴基斯坦瓜达尔港的中巴经济走廊，还是孟中印缅经济走廊，都位于南亚两翼地带，南亚腹地仍然是一片空白，主要原因在于印度政府对"一带一路"倡议持消极抵制态度。

中央第六次西藏工作座谈会和国家"十三五"规划纲要草案提出，要把西藏建设成为我国面向南亚开放的重要通道和重要窗

---

① 李霞：《中央第六次西藏工作座谈会"亮点"解读》，《西藏发展论坛》，2015 年第 6 期，第 16 页。

口，并提升到国家战略层面。[①]南亚通道起始于兰州，途经西宁、拉萨、日喀则、吉隆口岸，跨过中尼边境到尼泊尔首都加德满都，全长超过 3000 千米。[②]2021 年 1—12 月，中尼贸易额 19.8 亿美元，同比增长 67%。其中，中国对尼出口 19.5 亿美元，同比增长 67.1%；自尼进口 0.3 亿美元，同比增长 63%。[③]在与南亚诸国的双边贸易中，中尼贸易的体量相对较小，建设对南亚开放的对外通道除了中尼走廊之外，还存在其他选择，但是在这些选择的基础上进行南亚通道建设，依然面临众多障碍和挑战。

从地理位置的临近性角度看，可供选择的合作国家包括印度、尼泊尔、不丹、缅甸。其中印度自不必说，由于担心"一带一路"倡议在南亚的推进会提升中国在南亚的影响力，削弱印度在南亚的主导地位，因而印度对于"一带一路"倡议的态度消极抵触，并且提出相应的反制政策如"季风计划"和"香料之路"等；中国和不丹尚未建立外交关系，也缺乏边贸口岸；缅甸西部存在罗兴亚人问题，北部存在"民地武"问题，因此缅甸也非最优选择。

显然，尼泊尔是我国打通南亚大通道的最佳选择。从近几年的中尼合作来看，2019 年 10 月，中尼两国签署《中尼联合声明》，

①　"出席全国两会的西藏代表委员聚焦五大发展理念"，国务院新闻办公室网站，2016 年 3 月 10 日，http://www.scio.gov.cn/m/zhzc/8/1/document/1471587/1471587.htm?from=singlemessage。

②　"西藏代表团：加快建设面向南亚开放的重要通道"，国务院新闻办公室网站，2016 年 3 月 8 日，http://www.scio.gov.cn/zhzc/8/1/Document/1471267/1471267.htm。

③　"2021 年 1—12 月中国—尼泊尔经贸合作简况"，中华人民共和国商务部网站，2022 年 3 月 21 日，http://www.mofcom.gov.cn/article/tongjiziliao/sjtj/yzzggb/202203/20220303287035.shtml。

双方决定将"中尼世代友好的全面合作伙伴关系"提升为"中尼面向发展与繁荣的世代友好的战略合作伙伴关系"①，双边关系的重新定位为中尼双方在南亚大通道的合作奠定了坚实的政治基础。近年来，尼泊尔提出了在中印之间发展"转口经济体"方案，期望凭借其处于中印之间的有利位置，通过发展转口贸易提升尼泊尔国内产业的竞争力，带动一大批服务产业的发展，如旅游、娱乐、餐饮和仓储等。这个方案也十分契合中方打通南亚大通道的考量，更加有助于中国的商品经由尼泊尔进入南亚市场。

在现实操作层面，陆路通道可以通过 900 多千米的中尼公路东线，自拉萨经樟木口岸至加德满都（但由于尼泊尔大地震的破坏，樟木口岸目前仍未完全开通），还可以通过稍远的中尼公路西线经吉隆口岸至加德满都。中尼跨境铁路也在规划之中。2016 年 3 月，尼泊尔总理奥利访华期间，尼方请求中方把铁路从日喀则延伸至吉隆，然后到加德满都将尼泊尔三大城市连接起来。2018 年 6 月，中尼两国政府签署跨境铁路合作协议，将拉萨至日喀则的铁路延伸至尼泊尔首都加德满都。2019 年 10 月，习近平主席访尼，两国政府同意开展跨境铁路可行性研究并写进两国联合声明，意味着中尼铁路项目朝着"中国—南亚大通道"的设想迈进了一大步。2022 年 3 月 26 日，在王毅国务委员兼外长访尼期间，两国签署了关于中尼跨境铁路可行性研究的技术援助计划协议，中方向尼方移交了阿尼哥公路养护三期工程证书，在新冠

---

① 《中华人民共和国和尼泊尔联合声明》，《人民日报》，2019 年 10 月 14 日，第 2 版。

疫情尚未结束之际，这有力地推进了中尼跨境互联互通重大工程的建设进度。[①]

中国与尼泊尔的跨境铁路连接项目计划不仅限于两国，其通往蓝毗尼的铁路线将抵近印度边界。这条铁路一旦建成，将打开一条中国经尼泊尔到达印度边境的陆路通道。这意味着中尼跨境铁路的修建不仅能便利中尼两国的贸易往来，还将有效地打通南亚陆路大通道，使我国西南等内陆省区商品经由陆路进入南亚市场的距离和时间大大缩短，将有力推动西部省份与南亚尤其是印度的贸易发展和产业结构优化升级。同时，从陆上连接世界上两个最大的人口大国和消费市场，大大降低了海路经由马六甲海峡所带来的高昂运输成本及潜在的地缘政治风险。最后，这也为中印边界问题和贸易逆差问题的解决，以及深化中国与尼泊尔、不丹等国的经贸联系创造良好的环境和条件。

第三节　中国对尼泊尔的地缘意义

一、平衡外交，防范尼泊尔锡金化

南亚次大陆是一个相对封闭的地理单元。印度地处南亚中心地带、印度洋中段，扼海上交通要冲，在人口、领土面积、经济

[①]　"Nepal and China sign nine agreements," *The Kathmandu Post*, March 26, 2022,https://kathmandupost.com/national/2022/03/26/nepal-and-china-sign-nine-agreements.

实力、军事和科技等方面都在南亚次大陆内部拥有压倒性优势。印度还是四大文明古国之一，有着灿烂悠久的历史文化。由于印度长期经受外来殖民统治，尼赫鲁在致力于印度独立运动的过程中形成了强烈的民族主义思想。因此，印度在处理同南亚邻国的关系时常常表现出一种狭隘的民族利己主义和大国沙文主义。为了实现其"有声有色"的世界大国地位，印度首先要确保的就是其在南亚的支配性地位。由于特殊的地理位置，尼泊尔更是受到印度的重视。1947年印度独立后，首先便继承了英国在尼泊尔的特殊利益，把尼泊尔看作印度的势力范围，从政治、经济、文化、外交等各个方面参与尼泊尔的重建过程。尤其在中国1950年实现西藏和平解放后，印度又把尼泊尔看作本国与北部强邻的安全缓冲地带。尼泊尔对印度的战略地位更显重要。1950年12月，尼赫鲁在印度议会上宣称："我们不允许那道屏障遭到削弱，否则，我国的安全将面临危险。"[①]后来尼赫鲁又在人民院公开说："我们不能容忍尼泊尔出现任何差错，也不允许他的栅栏被穿越或变弱，因为那样将是对我们自身安全的一个威胁。"[②]1950年7月，印度和尼泊尔签订了《印尼和平友好条约》，为插手尼泊尔内政事务提供了法律上的依据。

然而，不同的实力对比决定了印度难以把尼泊尔视为平等的伙伴，在相互交往中常以"老大哥"自居，频繁插手尼泊尔内政，

[①] Jawaharalal Nehru, *Jawaharalal Nehru's Speeches*, Vol.3 (1953–1957) (The Hindu, 1959), p.7.

[②] Jawaharalal Nehru, *Jawaharalal Nehru's Speeches*, Vol.3 (1953–1957) (The Hindu, 1959), p.257.

尼泊尔民众对此甚为反感，反印的民族主义情绪一直较高。但是文化上的同源性、地理上的邻近性、经济上的依赖性使得尼泊尔不可能脱离于印度而独立发展，而最佳的外交战略便是依托中国平衡印度在尼泊尔的影响力，在中印之间实施平衡外交，同时又不损害印度的在尼利益。所以，尼泊尔的最大利益是与两个近邻——印度和中国建立信任关系。但是，尼泊尔认为邻近的地理关系和紧密的历史文化联系必须基于尊重和信任基础上的互惠互利。①

面对印度的干涉和国内高涨的反印情绪，1955 年，继位的马亨德拉国王希望通过强调尼泊尔中立不结盟的外交政策和对外经济关系多元化的经济政策，谋求调整尼印之间的"特殊关系"，重新采取平衡战略，摆脱印度的控制。1956 年，尼泊尔政府表明其奉行真正不结盟的中立政策，强调与印度和中国同等的友谊，这是尼泊尔试图结束与印度特殊关系的最初尝试。1969 年，尼泊尔政府决定撤除印度在尼驻扎的军事力量，印度对尼泊尔实施了第一次封锁。1976 年，为摆脱印度控制，防范尼泊尔"锡金化"，比兰德拉国王提出了建立"尼泊尔和平区"设想，尼泊尔将在任何可能的地区冲突中保持中立。该建议得到了中、美等国的支持，但因为明显不符合印度在尼的特殊利益，被印度蛮横拒绝。1989 年，因为尼泊尔从中国进口部分武器零部件，印度对尼再次进行封锁，尼经济因此遭受重创，生存面临威胁。2015 年，尼泊尔新

---

①　Shambhu Ram Simkhada: *Nepal India China Relations in the 21st Century*, Published in Nepal 2018 by Mrs. Bindu Simkhada, p.104.

宪法没有满足马德西人单独成邦的要求，印度再次以安全形势不佳为借口关闭几乎所有印、尼边境口岸，对尼泊尔全面实施非正式禁运。由于油气等经济和生活物资供应被切断，造成尼油气、药品和食品短缺，民众生活受到极大影响，这深深刺痛了尼泊尔民众的民族自尊心。

印度的封锁和干涉加深了尼泊尔国内对印度的担忧，使尼泊尔越来越下定决心向中国靠拢，实施真正的中立平衡外交政策。2018 年 9 月，由印度牵头组织的首届"环孟加拉湾多领域经济技术合作倡议"（BIMSEC）成员国联合军演在印度西部城市浦那举行，尼泊尔由于对 BIMSEC 峰会合作军事化不满，临时退出军演，转而参加 9 月在成都举行的中尼第二次"珠峰"反恐联合演习。[1]2019 年 10 月，中国国家主席习近平访问尼泊尔期间，双方决定在和平共处五项原则、《联合国宪章》及睦邻友好原则基础上，将"中尼世代友好的全面合作伙伴关系"提升为"中尼面向发展与繁荣的世代友好的战略合作伙伴关系"。[2]双方联合发表的公报强调，习近平主席对尼泊尔的访问"标志着中尼关系进入新时代，是两国友好合作史上的重要里程碑"。[3]两国由"全面合作伙伴"到"战略合作伙伴"，表明中尼双方把"合作伙伴关系"上升到本国战略层级。根据对尼泊尔近年来的观察，尼方似乎在有意无

---

[1] "Nepal not to join BIMSTEC military drill in India: Report," *The Economic Times*, Sep. 08, 2018, https://economictimes.indiatimes.com/news/defence/nepal-not-to-join-bimstec-military-drill-in-india/articleshow/65733874.cms.

[2] 《中华人民共和国和尼泊尔联合声明》，《人民日报》，2019 年 10 月 14 日，第 2 版。

[3] 同上。

意制造中印双方有限对立的局面，使得尼泊尔能够在中印之间游刃有余，维持中印双方在尼的均势地位，提高其分别向中印要价的筹码，以打破印度在尼泊尔国内的支配性地位。

二、开展"一带一路"合作，搭乘中国发展快车

根据联合国开发计划署（UNDP）2020 年公布的《尼泊尔人类发展报告》，尼泊尔 2019 年的国家人类发展指数得分为 0.587，并在 2016 年就已升至中等人类发展类别。尼泊尔的人均国民总收入（GNI）以 2011 年的购买力平价计算，从 2017 年的 2471 美元增加到 2018 年的 2748 美元，但仍然落后于大多数其他南亚国家。[1] 而根据联合国开发计划署《2021/2022 年人类发展报告》，尼泊尔国家人类发展指数得分提升到 0.602 分。其中预期寿命 68.4 岁、平均受教育年限 5.1 年、以 2017 年的购买力平价计算的人均国民总收入达到 3877 美元。世界银行统计数据显示，以现价美元计算，2020 年尼泊尔 GDP 为 330.66 亿美元，以现价美元购买力计算，尼泊尔 2020 年的人均 GDP 仅为 1150 美元。[2]

尼泊尔境内自然资源和人文资源丰富，具有较大的开发潜力。尼泊尔为内陆高山国家，北部位于喜马拉雅山脉中段南麓，中部为丘陵和河谷地区，占国土面积一半以上，南部为恒河平原

---

①　"Nepal Human Development Reports 2020," Government of Nepal National Planning Commission, UNDP, https://npc.gov.np/images/category/NHDR_2020.pdf.

②　"Country Profile-Nepal," The World Bank, https://databank.worldbank.org/views/reports/reportwidget.aspx?Report_Name=CountryProfile&Id=b450fd57&tbar=y&dd=y&inf=n&zm=n&country=NPL.

的北部边缘地区，尼泊尔人称其为特莱平原。北高南低的特殊地理环境和地势特点使尼泊尔成为世界上水力资源最为丰富的国家之一。据亚开行的研究报告，根据现有的水资源，尼泊尔水电的技术潜力估计为 8.3 万千瓦，其中有 4.3 万千瓦被认为在经济上具有可行性。目前尼泊尔仍有约 88% 的水电经济潜力可供进一步开发，因此水电开发是尼泊尔重点发展的领域之一；[①]尼泊尔境内还蕴藏较为丰富的矿产资源，主要矿产资源有菱镁矿、石灰石、铁矿、云母、铜、铅、锌、磷、钴、石英、硫黄、褐煤、大理石等。其中菱美矿储量 30 亿吨，居世界第五。石灰石储量 9.85 亿吨，是我国的 11.5%。铁矿储量 2500 万吨，是我国的 4.3%。云母储量 32 亿吨，高于我国。其他丰富的矿藏还有铜、铅、锌等；境内旅游资源丰富，有着"雪上王国"的美誉，世界上 14 座海拔 8000 米以上的高峰，尼泊尔拥有其中的 8 座，而南部则为海拔仅有几十米的平原地区，急剧递降的海拔，形成了尼泊尔多样化的气候和自然美景；作为亚洲文明的交汇地、佛陀的诞生地，以及世界上唯一以印度教为国教的国家，尼泊尔具有丰富的人文资源，古皇宫气势恢宏，宗教建筑美轮美奂，蓝比尼则是世界所有佛教信徒心中的圣地。

2013 年，中国国家主席习近平提出"一带一路"倡议以来，受到众多国家的热烈欢迎与支持，包括尼泊尔在内的多个国家

[①] Herath Gunatilake, Priyantha Wijayatunga, David Roland-Holst, "Hydropower Development and Economic Growth in Nepal," Asian Development Bank,https://www.adb.org/sites/default/files/publication/612641/hydropower-development-economic-growth-nepal.pdf.

先后与中国签订了"一带一路"建设备忘录。尼泊尔学者认为："中国的发展繁荣是尼泊尔重要机遇。尼泊尔满怀热情参与共建'一带一路'项目，从总统、总理到学界、工商界人士，都抱有极大期望。"[①]2017年5月，中尼两国正式签署"一带一路"建设合作备忘录；2019年10月，习近平主席访问尼泊尔期间，两国签署了《中尼联合声明》，声明指出："双方同意加快落实两国政府《关于在"一带一路"倡议下开展合作的谅解备忘录》，加强口岸、公路、航空、通信等联系，共同打造跨喜马拉雅立体互联互通网络，从而有力地帮助尼方实现其发展议程，包括尽早摆脱最不发达国家的身份，于2030年之前成为中等收入国家并同期实现可持续发展目标。"[②]

自20世纪60年代开始，中国给尼泊尔提供了许多发展援助，主要是公路等基础设施建设项目。1976年，中尼签署在博卡拉附近的塞蒂河上修建小型大坝的协议，中国开始进入尼泊尔水电开发。[③]中国企业也逐渐依托援助工程项目进入尼泊尔市场，80年代开始涉足承包工程项目，至今已经成为尼泊尔承包工程市场的主要参与者，完成的项目涵盖水电、公路、灌溉、输变电线路、通信等多个行业，为尼泊尔经济建设做出了重大贡献。近些年来中资企业开始通过BOT、PPP等模式进入尼泊尔直接投资，涉

---

① "中国发展繁荣是尼泊尔重要机遇"，《人民日报》（海外版），2019年10月14日，http://news.sina.com.cn/c/xl/2019-10-14/doc-iicezzrr2018189.shtml。

② 《中华人民共和国和尼泊尔联合声明》，《人民日报》，2019年10月14日，第2版。

③ Subodh Kumar Shahi, *China Strides in Bhutan, Nepal and Myanmar: Options for India*, Published by Smt Neelam Batra, G.B. Books, 2017, p.73.

及水电开发、食品加工等领域。[①] 根据中国商务部统计，在截至2021年7月中旬的2020-2021财年，中国大陆承诺对尼泊尔投资额为225亿尼泊尔卢比（约合1.88亿美元），占该财年外商对尼承诺投资总额的7成左右，连续6年位居榜首。[②]2013年7月1日，中国开始对尼泊尔正式实施95%零关税政策，涵盖7381个税目商品。2014年12月5日，两国签署中国对尼泊尔97%税目产品输华零关税待遇的换文，涵盖8030个税目商品。[③]

近些年来，中尼在矿产资源开发与运输、水电能源、旅游业发展等方面展开了大量合作。在矿产资源方面，尼泊尔国内蕴含着丰富的矿产资源，但困于国内基础工业薄弱，资源开采与加工技术不足，交通运载能力有限，导致矿产资源难以被有效利用。2016年5月，我国石油勘探专家组启动了一项有关尼泊尔西部什雷斯塔地区矿物质、石油及天然气勘探前景的研究。2019年7月，由自然资源部中国地质调查局成都地质调查中心牵头实施的援助尼泊尔油气资源调查项目正式启动。在矿产资源勘探与开采之外，尼泊尔的运输加工能力也是短板，虽有丰富的矿藏资源，但由于工业基础薄弱，交通运输落后都限制其开发能力。

中尼跨境铁路建设早在2016年尼泊尔总理奥利访华期间就

① 《对外投资合作国别（地区）指南——尼泊尔（2020年版）》，一带一路网，http://ydyl.jiangsu.gov.cn/art/2021/3/1/art_76297_9683553.html。

② "中国大陆连续6年高居外商对尼泊尔承诺投资额榜首"，中华人民共和国商务部网站，2021年7月26日，http://fec.mofcom.gov.cn/article/tzhzcj/xgzx/202107/20210703180133.shtml。

③ 《对外投资合作国别（地区）指南：尼泊尔（2021年版）》，中华人民共和国商务部网站，http://www.mofcom.gov.cn/dl/gbdqzn/upload/niboer。

被提出，此后在两国高层互访中，中尼铁路建设都是重点议题之一，尽管目前中尼铁路建设仍然处于前期调研阶段，但两国跨境铁路建设势在必行。如果中尼跨境铁路建设成功，必将推进尼泊尔矿产资源的开发，吸引中国企业赴尼投资，将陆续形成产、供、销、运输完整的产业链。这将极大改善尼泊尔目前的经济状况，推动其经济发展。

中尼跨境铁路对尼泊尔的石油开采与运输也将发挥重要作用。能源短缺是尼泊尔生存发展的痛点之一。早在2015年，由于马德西人的问题，印度对尼泊尔进行全面封锁，导致尼泊尔国内油气资源奇缺，民众生活工作受到了严重困扰。而随着中国对尼泊尔进行石油勘探、开采、运输、加工等方面的帮助和支持，不仅有助于尼泊尔摆脱对印度在油气资源方面的依赖，还可以通过出口创收，增加国民收入。

尼泊尔水电资源丰富。据世界银行数据，尼泊尔国内水电蕴藏量为8.3万兆瓦，其中4.3万兆瓦可开发。近年来在中印等国家的帮助下，尼泊尔已经基本解决电力短缺问题，目前其电力装机容量已经增加到2189.6兆瓦，包括2075.4兆瓦的水电、54.8兆瓦的太阳能、53.4兆瓦的火力发电和6.0兆瓦的热电联产；尼泊尔已实现92.52%人口的电力供应。尼泊尔电力局原本还宣布，要在2024年实现100%的电力供应。[①] 目前尼泊尔国内平均消耗

---

① "尼泊尔计划到2024年实现100%电力供应"，中华人民共和国驻尼泊尔大使馆经济商务处，2022年8月19日，http://np.mofcom.gov.cn/article/jmxw/202208/20220803342482.shtml。

量为 1600 兆瓦，雨季电力产量已经出现了过剩，因此可以向印度和孟加拉国等国家出口剩余电力。近些年来，随着"一带一路"倡议的提出与推进，"一带一路"的能源建设项目与尼泊尔政府促进水电资源开发的规划正好实现有效对接。

目前，中国与尼泊尔水电合作规模逐渐扩大，项目投资逐渐多元，越来越多的国企、私企对尼泊尔水电项目进行投资，中资企业赴尼泊尔承建的水电站项目数量也越来越多。中国企业参与投标和承建的尼泊尔水电站有上塔马克西水电站、那苏瓦卡里水电站、上马相迪 A 水电站、布达甘达基水电站、西塞蒂水电站等。其中，2021 年 8 月，由中国电建所属水电十一局承建的尼泊尔最大水电站——上塔马克西水电站项目正式移交。该水电站大坝为混凝土重力坝，总装机 456 兆瓦，被尼泊尔时任总理奥利称为尼泊尔的"国家荣誉项目"。[①] 再如，上马相迪 A 水电站于 2017 年1 月 1 日投产发电，装机容量 50 兆瓦，是尼境内第一个由中国企业开发建设运营的项目，也是尼泊尔水电建设史上第一个提前实现发电的水电站。[②] 此外，由中国葛洲坝集团股份有限公司承建的尼泊尔上崔树里 AAA 水电站于 2019 年 11 月 18 日正式进入商业化发电期，总装机容量为 60 兆瓦。据了解，正常发电后，该

---

① "尼泊尔上塔马克西水电站项目正式移交，中国电建承建"，国务院国有资产监督管理委员会网站，2021 年 8 月 3 日，http://www.sasac.gov.cn/n2588025/n2588124/c20033200/content.html。

② "侯艳琪大使考察上马相迪 A 水电站"，中华人民共和国驻尼泊尔大使馆，2019 年 11 月 22 日，http://np.chineseembassy.org/jmhz/201911/t20191122_1562759.htm。

水电站所产电量可满足尼泊尔国内约 8% 的电力需求。[①] 随着越来越多的水电站项目建设动工并投入使用，尼泊尔国内的电力紧张现象得到了极大缓解。

国之交在于民相亲，民相亲在于心相通。旅游合作也是中尼"民心相通"的重要组成部分，近年来，中尼两国深入开展了以旅游合作为代表的人文交流与合作。为此，尼泊尔政府做了大量工作。2018 年 1 月，尼泊尔制定旅游发展规划，要将 2020 年打造为"尼泊尔旅游年"，目标是在 2020 年吸引来自印度和中国等国家 200 万国际游客。[②] 尼泊尔财政部部长在 2018-2019 财年预算中提到，新预算的重要目标在于促进国内旅游业发展，对此政府将推进必要的基础设施建设和旅游产品的开发，并对全年旅游发展提供特别预算安排。在尼泊尔政府的努力下，作为一个新兴的国际旅游热门地区，尼泊尔吸引了越来越多的国际游客。2019 年上半年，尼泊尔接待外国游客达到 585531 人，其中，中国游客 85318 人，位居第二，同比增长 19.53%。[③]2019 年全年超过 17 万中国游客访问尼泊尔，中国已成为尼泊尔第二大旅游客

---

① "中企承建的尼泊尔上崔树里 AAA 水电站进入商业化发电期"，中新网，2019 年 11 月 19 日，https://www.chinanews.com.cn/gj/2019/11-19/9010981.shtml；参考尼媒的前期报道：Prahlad Rijal, "Upper Trishuli 3A hydroelectric project starts churning out 30 MW," *The Kathmandu Post*, May 17,2019,https://kathmandupost.com/money/2019/05/17/upper-trishuli-3a-hydroelectric-project-starts-churning-out-30-mw.

② "Govt to attract 2 million tourists," *The Himalayan Times*, July 08, 2018,https://thehimalayantimes.com/nepal/govt-to-attract-20-million-tourists.

③ "尼泊尔 2019 年上半年接待外国游客人数增长 12%"，中华人民共和国驻尼泊尔大使馆经济商务处，2019 年 8 月 2 日，http://np.mofcom.gov.cn/article/jmxw/201908/20190802887209.shtml。

源地。2020 年和 2021 年，由于新冠疫情肆虐，中尼双边跨境旅游活动受到限制，但合作潜力仍然巨大。

在"一带一路"倡议背景下，中尼跨境铁路进入前期调研阶段，中尼公路修缮升级，两国开辟了更多的国际航线，除了目前唯一的国际机场特里布文机场外，尼泊尔正在新建的国际机场——蓝毗尼佛陀国际机场和博卡拉国际机场也是由中资企业承建。两国正初步形成包括公路、航空和光纤网络等在内的跨喜马拉雅立体互联互通网络，这必将带动更多的中国游客赴尼泊尔旅游。在旅游资源的开发与保护、宣传与推广、基础配套设施、产业升级、旅游脱贫扶贫等方面，中国拥有丰富的经验，中尼两国可以借此深化合作，依托独具特色的地方文化旅游资源，打造落地可行的旅游活动和人文交流平台，进一步推动两国民众的相互了解，推动尼泊尔经济快速可持续发展。

第四节　中尼命运共同体构建的可行性分析

一、中尼两国高层的战略引领，政治交往密切

1955 年 8 月 1 日，中国和尼泊尔两国正式建立了外交关系，掀开中尼关系的新篇章。1956 年 9 月，中尼两国签署了《中华人民共和国和尼泊尔王国保持友好关系，以及关于中国西藏地方和尼泊尔之间的通商和交通的协定》，进一步巩固和深化了双边关系，并废除了尼泊尔在西藏的种种特权。1957 年 1 月，

周恩来总理访问尼泊尔。1960 年 3 月，为了正式解决两国边界线存在的争议问题，科学合理妥善地解决边界线划定问题，中尼两国签署了《中国政府与尼泊尔政府关于两国边界问题的协议》，次年还在该协议基础上签署了《中华人民共和国和尼泊尔王国边界条约》；①1960 年 4 月，两国签署了《和平友好条约》。这些协议和条约的签署为中尼关系友好发展提供了法律上的支撑。此后，中尼两国政治交往更加密切，双方高层交流不断增多。尼泊尔国王马尔亨德拉、比兰德拉，尼泊尔首相等多次访华。1978 年 2 月，应尼泊尔王国首相比斯塔邀请，邓小平副总理访问尼泊尔。进入 20 世纪 90 年代后，两国政治关系迈上新的台阶。1996 年底，江泽民主席对尼进行国事访问，两国建立世代友好的睦邻伙伴关系。2008 年，尼泊尔新任总理打破尼总理上任首访印度的外交惯例，于 8 月出席在北京召开的奥运会开幕式。2009 年，尼泊尔总理尼帕尔访华，双方发表《联合声明》，决定在和平共处五项基本原则基础上，建立和发展世代友好的全面合作伙伴关系。2016 年，尼泊尔总理奥利再次"打破常规"首访中国，而非印度。在中尼联合声明中，双方认为，高层交往对双边关系发展具有重要意义。②2019 年，中国国家主席习近平访尼，双方决定，将"中尼世代友好的全面合作伙伴关系"

---

①　《中华人民共和国和尼泊尔王国边界条约》，中华人民共和国驻尼泊尔大使馆网站，1961 年 10 月 5 日，http://np.china-embassy.org/zngxs/zywj/201307/t20130717_2039456.htm。

②　"中华人民共和国和尼泊尔联合声明"，中华人民共和国外交部网站，2016 年 3 月 23 日，https://www.mfa.gov.cn/web/gjhdq_676201/gj_676203/yz_676205/1206_676812/1207_676824/201603/t20160323_7990823.shtml。

提升为"中尼面向发展与繁荣的世代友好战略合作伙伴关系"。[①]
此次访问，由"全面合作伙伴"上升到"战略合作伙伴"，无
疑是双边关系质的提升，表明中尼双方把"合作伙伴关系"都
上升到本国战略层级这个外交政策最高地位，这必将为中尼命
运共同体建设起到政治引领和推动作用。

二、中尼两国产业和资源禀赋上的互补

目前尼泊尔仍然是最不发达国家行列中的一员，但尼泊尔
在某些要素禀赋方面具有比较优势。一方面，是劳动力成本优
势。选定样本国家的劳动力结构研究指出，2020 年，尼泊尔 15
岁以上的男性劳动力占尼泊尔 15 岁以上总人口的 83.7%，女性
中这一比例为 81.5%，在所有劳动力人口中，女性的比例达到
55.8%，这两项女性指标都远远高于其他样本国家。从这些数据
可以看出，尼泊尔人口中的绝大多数都是劳动力，女性成为劳
动力的比例也非常高，超过了 50%，最近 5 年来劳动力的年均
增长率达到 1.6%。[②]根据 2021 年尼泊尔第 12 次人口普查数据，
尼泊尔总人口达 2919 万余人，较 2011 年增长约 270 万人，增
长率为 10.18%，人口增长仍保持较为强劲的势头。[③]这充分说明，
尼泊尔劳动力资源非常丰富。但由于工业基础较差，服务业的

[①]　"中华人民共和国和尼泊尔联合声明"，中华人民共和国外交部网站，2019 年
10 月 13 日，http://np.china-embassy.org/zngxs/zywj/202002/t20200211_2039470.htm。

[②]　"World Development Indicators: Labor Structure," World Bank, http://wdi.
worldbank.org/table/2.2.

[③]　"Key highlights from the Census Report 2021," Nepal Economic Forum, February
15, 2022, https://nepaleconomicforum.org/key-highlights-from-the-census-report-2021/.

发展也相当有限，尼泊尔薄弱的经济没有更多机会吸纳众多的就业人口，所以大量的尼泊尔年轻人前往国外就业。但近年来，由于全球民粹主义的发展和疫情的影响，国外就业机会减少，大量归国的就业人口使得尼泊尔劳动力供给更加过剩，丰裕的劳动力供给和较少的需求导致尼泊尔的人工成本较低。另一方面，根据《2016 全球制造业竞争力指数》报告，中国目前仍然是最具有竞争力的制造业国家，但是自 2005 年以来，中国的劳动力成本上升了 5 倍，比 1995 年上涨了 15 倍。到 2030 年，预计中国年轻人口（即 15—39 岁的群体）所占的比例将有可能从 2013 年的 38% 下降到 28%。[①] 尼泊尔可以充分利用劳动力成本的优势，大力发展劳动密集型产业。但尼泊尔工业水平非常落后，基础工业薄弱且规模很小，多是轻工业领域的中小微企业，主要有食品加工、制糖、纺织和皮革制造等。受薄弱的基础设施、落后的技术和管理、人力资本不足等因素影响，尼泊尔劳动力成本的优势没有转化为制造成本的优势。而与之相对应，中国是世界上最大工业制造国，具备世界上最为完备的工业制造体系，在基础设施建设、制造业和能源开发利用等方面具有较强的优势和经验。同时，中国在资金、技术、管理经验等方面也具备较大的优势。因此，正是中尼在产业结构、资源禀赋、生产力发展水平等方面的差异性，给两国在"一带一路"框架下的合作提供了较强的互补性。

---

① 2016 Global Manufacturing Competitiveness Index,https://www2.deloitte.com/content/dam/Deloitte/global/Documents/Manufacturing/gx-global-mfg-competitiveness-index-2016.

表 3 劳动力结构表

| | 劳动力参与率（15 岁以上所占的比例） | | | | 劳动力（15 岁以上）单位：百万 | | | 劳动力增长率 |
| | 男 | | 女 | | 合计 | | 女性占总劳动力的比例 | |
	2020	2015	2020	2015	2020	2015	2020	2015—2020
美国	68.6	68.4	56.8	55.8	165.2	160.7	46.2	0.6
日本	71.7	70.8	53.6	49.9	68.7	66.4	44.3	0.7
中国	75.7	77.2	60.6	62.6	775.8	791.3	43.6	−0.4
印度	75.9	78.1	20.8	21.8	471.7	477.3	20.3	−0.2
尼泊尔	83.7	84.2	81.5	80.4	16.0	14.8	55.8	1.6
巴基斯坦	81.9	80.8	21.7	23.9	72.3	67.8	20.1	1.3
斯里兰卡	73.7	75.8	33.6	35.7	8.6	8.6	33.7	−0.2
孟加拉国	81.5	80.4	36.4	32.4	67.2	62.6	30.5	1.4
阿富汗	74.5	76.2	21.8	18.8	10.7	9.2	21.6	3.0
不丹	73.9	72.6	59.5	58.3	0.4	0.3	40.8	1.6
马尔代夫	84.6	82.4	41.6	45.1	0.3	0.2	20.2	3.7
世界	74.3	75.1	47.3	47.7	3390.9	3325.4	38.9	0.4
南亚	77.1	78.6	23.6	24.1	647.2	640.8	22.4	0.2

资料来源：World Development Indicators: Labor Structure，World Bank。[1]

三、深厚的人文交流基础

尼泊尔文明是 3000 多年来中国西藏—蒙古和印度（印度—雅利安）影响力的独特融合，是三者甚至更多参与者相互之间长期贸易、移民和征服的结果。深受印度文明影响的尼泊尔与中华文明存在着较大的差异性，但中国和尼泊尔是山水相连、世代友好的亲密邻邦，两国文明互鉴、文化交流源远流长。相传中国文殊菩萨曾不远万里从五台山来到今尼泊尔加德满都劈山泻湖，造

---

[1] "World Development Indicators: Labor Structure," World Bank, http://wdi.worldbank.org/table/2.2.

就了今日的加德满都谷地。中国晋代和唐代高僧法显、玄奘到访尼泊尔，他们的著作《佛国记》和《大唐西域记》中有对尼泊尔较为详细的描述；尼泊尔僧人佛陀跋陀罗也曾应中国僧人智严的邀请，到达中国长安弘传禅学。唐代时期，尼泊尔李查维王朝的尺尊公主出嫁吐蕃松赞干布；元朝时期，尼泊尔出名的工匠阿尼哥受邀来华建造白塔寺和妙应寺。

中华人民共和国成立之后，两国的友好关系进入一个新的阶段。自 1955 年 8 月 1 日中尼两国正式建立外交关系以来，两国高层往来密切。尼泊尔国王、首相多次访问中国。周恩来总理曾两次访尼。1996 年底，江泽民主席对尼进行国事访问，两国建立"面向 21 世纪的世代友好的睦邻伙伴关系"。

2019 年 10 月，在对尼泊尔进行国事访问前夕，中国国家主席习近平在尼泊尔媒体发表题为《将跨越喜马拉雅的友谊推向新高度》的文章，提出两国要扩大人文交流，促进教育、青年、旅游等领域交流合作，支持两国航空企业开通更多直航，增加人员往来规模，鼓励更多中国公民赴尼泊尔旅游观光，为尼泊尔优秀青年提供更多政府奖学金，培养更多尼方建设需要的人才。[①]

20 世纪 60 年代，尼泊尔国内一大批青年学生来到包括北京大学、北京师范大学、四川大学等高校交流学习。同时，中国有关学术机构也逐渐开始与尼泊尔交流，开展尼泊尔相关文化研究。尼泊尔留学生对中国怀有非常深厚的感情，也正是在他们几十年

---

① 《习近平在尼泊尔媒体发表署名文章》,《中国宗教》,2019 年第 10 期,第 6 页。

的努力和带动之下，尼泊尔国内成立一大批致力于推动尼中关系友好发展的组织，包括尼中友好协会、尼泊尔中国研究中心、尼中文化委员会、阿尼哥协会、尼中协会、尼泊尔中国友谊论坛等。尼泊尔中国研究中心于1999年由以马丹·格雷米为首的12名尼泊尔知识分子发起建立，致力于研究中国事务和推动中尼关系友好发展，曾和中国外文局合作翻译了《习近平谈治国理政》一书，出版了如《南亚与中国——走向区域合作》《中国、美国与尼泊尔》等书，同中国国际友好联络会（CAIFC）、中国现代国际关系研究院（CICIR）、中国国际问题研究院（CIIS）、中国国际交流协会（CAFIU）开展了众多的交流互访的合作项目，同中国驻尼泊尔大使馆、玄奘研究中心、西藏社会科学院（TASS）、复旦大学等交流密切，互动频繁。尼泊尔中国友谊论坛是于2013年成立的非营利性非政府性的组织，旨在阐述与尼泊尔和中国相关的经济、文化、政治政策及其他各种问题。2018年12月，尼泊尔中国友好论坛联合中国大使馆发起熊猫图书角活动，旨在推动中国历史、语言、文化在尼泊尔的传播，该项目初步建立了一个图书角，向五所学校提供了5000本书，并提供了大量的中文学习资料。此外，2019年1月，尼泊尔中国友谊论坛再次联合中国驻尼泊尔大使馆向尼泊尔学生提供丰富的中文教材，并通过各种书籍和课外活动帮助学生学习汉语，了解中国文化。

我国也积极开展与尼方的人文交流。主要涵盖以下几个方面。一是文化产业的合作交流。中尼文化合作已经走出早期主要以官方合作为主的阶段，逐渐在出版、媒体、文创、电影等行业开展合作。2016 年，中尼签署"四项媒体合作协议"，在图书出版和影视作品两个领域开展合作；2019 年，中尼文化、美食和投资合作展在北京举行，通过展会推介的方式吸引资本投资中尼文化合作项目。二是教育和学术合作交流。中尼教育合作交流主要依托在尼文化机构、留学项目、职业培训等实现。中国在尼共设有两个孔子学院、两个孔子课堂和一个中国文化中心，前两者旨在推广汉语教育和资格认证、后者专注中华文化的推广；截至 2018 年 8 月，中国政府已向尼来华留学生提供了 6400 个奖学金名额，涉及学习工程、医药、商务等专业，均为尼泊尔经济建设急需的人才类型；2019 年，中国为尼泊尔培养和提供奖学金的公务员人数达到 850 人。中尼学术交流主要依靠各类学术会议及高校、智库之间的合作交流。中尼每年举行数十场各类型学术会议，高校之间的交流也甚为频繁，中国高校的南亚研究机构在其中扮演了重要的角色。三是友好城市的辐射和推动。为了进一步增进中尼友谊、促进共同发展，中尼双方多个城市建立友城关系，积极开展在政治、经济、科技、教育、文化和青少年交流等领域的交流合作。在 2016 年的《中尼联合声明》中，中方明确表示欢迎成都市和加德满都市、玉树州和博克拉市、山南地区和巴德岗市建立友城关系。中方鼓励西藏、四川、云南、青海等省区加强对尼合作。在 2019 年的《中尼联合声明》中，双方明确表示欢迎南京市和加德满都市、西安市和布特瓦尔市结为友好城市。尼泊尔许多城市具有深厚的宗教、手工艺品制作等文化资源，必要的市场化运作可助力其产生实际效益。中国相关文化企业可以充分利用友城关系，与尼泊尔地方政府实现对接，以扩大对尼泊尔文化产业投资，拓展业务范围。四是旅游合作。作为一个新兴的国际旅游热门地区，尼泊尔吸引了越来越多的中国游客。2019年，超过17万中国游客访问尼泊尔，中国已成为尼泊尔第二大旅游客源地。未来尼泊尔还可以通过蓝毗尼及佛教文化吸引更多中国游客，中国游客人数持续增加，有利于两国人民更好地了解跨文化之间的差异与特点，提升彼此的文化认同，求同存异，促进跨文化沟通和协同。同时旅游业还增加了对商品与服务的需求，比如从交通运输、手工艺品、各种旅游项目中所获得的收益，也能对尼泊尔的经济社会发展提供有力的支持。

2007年，加德满都大学成立孔子学院。2009年，中尼两国建立了青年代表团定期互访制度，我国每年为尼泊尔政府提供150个赴华学习的奖学金名额，截止到2018年底，获中国政府奖学金的尼泊尔本科生和研究生总计6400名。此外，我国在尼泊尔设有孔子学院和孔子课堂，还有100多名汉语教师志愿者。2018年超过15万人次的中国游客到访尼泊尔，同比增长接近50%；同时，中国是除印度之外尼泊尔最大游客来源国，每年有超过30万次的人员往来，尼泊尔宏伟的人文景观和自然景观吸引着一大批中国游客前往，两国间已开通拉萨、成都、昆明、广州、西安、香港等城市至加德满都往返航线，极大地推动了中尼两国的人文交流。越来越多的中尼两国城市结为友好城市，尼泊尔"中国节"和加德满都文化论坛已成功举办多届，这些活动为中尼两国的民间交往注入强劲活力。

根据双方在 2016 年 3 月达成的谅解，中方将为 200 名尼泊尔的旅游企业人员（每年 40 名）提供为期五年的汉语培训。到目前为止，一共有 180 人次先后参与了 4 期尼泊尔旅游人才汉语培训。[①] 双方还通过定期和不定期举办文化节、美食节、电影展及其他各种展览等方式，促进两国民间交流与合作，增进了两国人民之间的相互认识和了解。

---

① 第一、二期为 80 人，第三期在一二期中选拔出的 40 名优秀结业者继续学习，第四期为 60 人。

第二章
中尼命运共同体构建的影响因素

近年来，美国提出的"印太战略"将美国亚太安全体系扩大到印度洋区域。而美、日、印、澳"四边机制"则借着维护"印太"地区海上秩序的借口，意在孤立和制约中国。随着"一带一路"合作在南亚地区的推进，印度认为这是中国对印度在东南亚的霸权构成了威胁。所以，中尼命运共同体的构建引起了印度的担忧甚至阻挠，此外，美国扩大对尼泊尔的介入也使尼泊尔面临的国际环境和国内政治变得复杂化，这些复杂的地缘政治环境都会对中尼命运共同体的构建产生重大影响。

第一节　南亚地区的地缘政治

一、南亚地形

在地缘政治家看来，地图是了解一个国家或地区最直观的工具。南亚次大陆被高大的山脉阻隔在亚洲大陆一隅，其地理环境和气候带别具一格，是一个相对封闭的区域。[①]在南亚这片土地上，

---

① Graham P. Chapman, "The Geopolitics of South Asia: From Early Empires to the Nuclear Age," *Ashgate Publishing Limited*, 2009,p.6.

独特的地理孕育出别具一格的文明。北部的板块隆起形成喜马拉雅山脉和青藏高原，形成南亚地区与中国的边界；次大陆的西边是阿拉伯海，南部是广阔的印度洋，东部则是延伸至东南亚的茂密森林。次大陆还紧靠麦金德划分的"心脏地带"——中亚，且掌控海上重要战略通道印度洋，天然地将亚洲、非洲、大洋洲和南极洲联系在一起，牢牢把握住了海权和陆权交会的枢纽位置，能够将临海优势和巨大的大陆资源整合在一起，其地理区位中蕴藏着巨大的潜力。

次大陆的内部地形由北到南分别是山地丘陵、两河平原、高原和沿海低地，北部山地包括喜马拉雅山、喀喇昆仑山、兴都库什山等及延伸的斜坡地带，海拔由北向南递减；[①] 南亚次大陆的第二地形是印度河平原与恒河平原，呈东西向分布，自古以来是次大陆地势条件好、交通条件好、农业条件好的发达地区，也是政治经济的中心；第三地形是德干高原，历史上受德干高原中部崎岖地貌的影响，次大陆从来没有实现过强有力的统一，德干高原就是一个分水岭，阻挡了北印度寒冷季风的南下和南印度暖湿季风的北上，从而造成了次大陆广泛的气候差异。在南部，东高止山和西高止山向海洋延伸的部分是沿海低地，地势平坦，气候宜人，人口的分布也相对集中。

次大陆的地理条件在客观上赋予了印度海权和陆权的枢纽地位，但并不绝对封闭的北部边境及绝对开放的南部地区同时造成

---

① 杨焰婵：《南亚地缘政治历史演变研究》，中国社会科学出版社2017年版，第81页。

次大陆对外来威胁的担忧。此外，内部复杂的地理划分出不同的地理区块，各区块内部的经济发展、民族构成、宗教文化等由此呈现出多样化的形态，这对该地区内部政治、文化认同的整合带来巨大挑战。

二、南亚地缘政治沿革

在古代，南亚次大陆长期处在分裂状态。印度河与恒河呈东西走向，将次大陆一分为二，德干高原在中部崛起，两侧的东西高止山巩固了高原区域的独立性。每个地形区域内部的复杂程度让人难以想象。[①] 在技术条件落后的情况下，地形限制了次大陆内部的联系，王国、村社和部落林立，逐渐形成具有独特性并难以兼容的文化，强化了民众独立发展的观念。这导致在外敌入侵时，各地区民众没有团结一致对外的共同利益需求，只是狭隘地保护好自身利益不被侵犯。特别是由于阶级分化和阶层固化，加剧了地区的贫富差距，富裕地区的剥削程度愈来愈强，贫困地区的基本权益得不到保障，进而导致地区和种族渴望独立的追求越来越强烈，离心倾向明显，甚至选择依靠武力另立门户。种族、宗教、种姓制度、语言等因素成为割据或撕裂社会的消极因素。时至今日，南亚各国中的分裂势力依然强大，威胁中央政权，甚至威胁与邻国的关系，成为南亚次大陆一个显著的政治特征。

在英国殖民统治时期，殖民者依靠其经济和军事实力，使印度逐渐实现了政治上的统一。对于印度的地理位置，英印总督寇

---

① 吴俊才：《印度史》，三民书局1982年版，第31页。

松认为，印度具有其他国家无可比拟的中心地位，其任何举动都将对周边地区产生重要影响，他提出的"印度中心论"对尼赫鲁的外交思想产生了重要影响。为防止当时英殖民者的最大敌人沙俄南下，寇松主张在南亚北部建立缓冲区，而中国的西藏地区必须在英殖民当局的控制下，组成阻挡沙俄南下的安全屏障。在这一观点的指导下，英殖民当局侵略西藏，强迫清政府签订《拉萨条约》，组织或教唆分裂分子的分裂活动。这为日后中印关系复杂化埋下隐患。[①] 到了殖民后期，二战点燃了印度的民族情绪和独立意识。为了巩固殖民统治，英印当局人为地固化并放大了宗教、种姓和语言上的分裂状态，"分而治之"的策略故技重施，为延续至今的南亚矛盾埋下祸根。

二战后，受国内外因素的影响，英国被迫决定退出南亚次大陆。1947年6月，"蒙巴顿方案"公布，"次大陆被分裂为两个国家，一个是印度教的，一个是穆斯林"，南亚地缘政治进入新时期。[②] 由于印度教与伊斯兰教有着无法消除的历史恩怨，难以磨合的信仰、追求、习俗和生活方式[③]，印巴之间的矛盾无法调和，长期冲突、对抗成为两国的宿命。

1971年，巴基斯坦被肢解，东巴基斯坦独立，巴基斯坦国力大减，印度确立了其在南亚的绝对优势地位。在冷战的大背景下，

---

① 随新民：《寇松总督时期英国（印）西藏"前进政策"及其遗产》，《南亚研究》，2019年第4期，第103页。

② Stephen P. Cohen, *India: Emerging Power*, Washington, D.C.:The Brookings Institution Press, 2001,p.203.

③ 培伦主编：《印度通史》，黑龙江人民出版社1990年版，第631页。

美苏两国出于各自的战略利益在南亚展开激烈竞争，并挑唆积怨已久的印、巴两国互相对抗。美巴、苏印四国虽然两两结盟，但盟友之间的共同利益、敌人和目标并不牢固，缺乏凝聚力使得联盟不稳定。南亚地区的两极格局与国际体系的两极格局相互叠加，也使得南亚地区国家之间的地缘政治关系更加错综复杂。①

　　苏联解体标志着持续近半个世纪的冷战终结，国际社会形成"一超多强"的格局。在21世纪的第一个十年，南亚在国际体系中的重要性显著下降，美、俄等大国的战略重点从南亚转向了世界的其他地区。在21世纪的第二个十年，随着中印两国相继崛起，美国加强了在亚太的战略部署，亚洲成为世界关注的焦点。由于印度洋是世界上最繁忙的海上要道，印度也成为美国合作、拉拢的主要对象。从奥巴马政府的"亚太再平衡"战略到特朗普政府推出及拜登政府继承的"印太战略"，无不是美国欲加强与包括印度在内的印太盟友合作以遏制中国崛起。但印度在外交政策上仍然保留相当程度的独立自主性，如在以俄乌冲突为代表的重大国际政治事件中超然于美国的战略，有意识地避免公开谴责俄罗斯。② 与此同时，中国在新时代所提出的建立新型大国关系及人类命运共同体主张，赢得越来越多国家的支持和响应，南亚次大陆及其周边地区的地缘政治态势发生了明显的变化。

　　① 杨焰婵：《南亚地缘政治历史演变研究》，中国社会科学出版社2017年版，第172页。

　　② Sumit Ganguly, "India Must Take a Stand on Russia's War in Ukraine," *Foreign Policy*, March 3, 2022, https://foreignpolicy.com/2022/03/03/india-ukraine-russia-war-putin-weapons-un/.

三、南亚的地缘政治格局

（一）印度在南亚地区的主导地位

作为南亚地区最大的国家，印度在领土面积、人口规模、军事实力和经济发展水平等方面居于绝对优势地位。印度拥有近 300 万平方千米的领土，14 亿多人口，占据地区经济总量的将近 80%。近年来，印度经济实现了持续快速增长，2018 年，印度 GDP 增长率高达 7.3%，连续 4 年成为 GDP 增长率最高的大国。2021 年，印度 GDP 增长 8.9%，2022 年上半年，GDP 又实现 6.9% 的增长，超过英国，成为世界第五大经济体。印度在南亚地区还有无与伦比的地缘优势，印度处于整个南亚次大陆的中心，其他南亚国家都与印度接壤或者隔海相望，相互之间除了巴基斯坦与阿富汗并不毗邻。所以对周边国家来讲，相互之间无论是经济联系还是人员往来，都在不同程度上依赖印度。特别是尼泊尔和不丹两个内陆国家，其对外贸易高度依赖印度，成为印度把控它们内政外交的重要手段。此外，印度还为南亚国家的精英提供教育，为普通民众提供就业机会。这些都是印度成为南亚地区主导力量的优势条件。在主观上，印度以英国在南亚殖民体系的继承者自居，南亚被视为其理所当然的势力范围，域外任何发展与南亚国家的关系都被印度认为是对其利益的威胁和挑战。

（二）美国加紧对南亚渗透，南亚地区尤其是印度的地缘政治重要性日益突出

奥巴马时期的"亚太再平衡"战略，以及特朗普政府提出、

拜登政府继承的"印太战略"将美国亚太安全体系扩大到印度洋区域，作为"印太战略"重要支柱的美、日、印、澳"四边机制"近年来也比较活跃，它们把中国在印度洋日益增加的存在视为威胁和挑战，借着维护"印太"地区海上秩序的借口，实施孤立、制约的中国战略合作。作为印度洋和南亚的力量中心，印度成为美国拉拢的对象。2016年3月，负责南亚和中亚事务的助理国务卿尼沙·德赛·比斯沃在华盛顿表示："作为一个致力于推进以规则为基础的国际秩序的地区大国，印度已成为印度—太平洋地区推进海上安全的关键参与者和重要伙伴。美国和印度为保护所有国家的航行自由进行了'前所未有'的合作。"①2017年11月，特朗普开启亚洲之行前，白宫发言人在记者会上谈到，印度在印度和太平洋地区发挥重要作用。②2022年2月，白宫发布的《简报：美国的印太战略》中提出要"支持印度的不断崛起及其地区领导地位"。③面对美国的拉拢，印度在积极参与的同时也表现出了相当的谨慎，印度一些学者认为："美国地区安全秩序的愿景是基于安全战略上的对华遏制，这与印度建立包容性地区秩序的愿景相矛盾。尽管中国在某些方面被印度视为对手，但新德里也将

---

① "India has become a key player in Indo-Pacific region: US," https://www.dailyexcelsior.com/india-has-become-a-key-player-in-indo-pacific-region-us/.

② "India plays big role in Indo-Pacific region: US," https://www.tribuneindia.com/news/nation/india-plays-big-role-in-indo-pacific-region-us/490722.html.

③ "FACT SHEET: Indo-Pacific Strategy of the United States," The White House, February 11, 2022, https://www.whitehouse.gov/briefing-room/speeches-remarks/2022/02/11/fact-sheet-indo-pacific-strategy-of-the-united-states/.

北京视为双边和全球事务中的重要伙伴。"①2018年6月，印度
总理莫迪在第十七届香格里拉对话会上发言也指出，印度洋—太
平洋是一个自然区域，印度并不把印太地区视为一个战略概念，
不认为它是一个由有限成员组成并试图占主导地位的集团，也绝
不认为它是针对任何国家的。印度在印太地区的愿景是积极而多
元的，包括建设一个自由、开放、包容的地区，包容各方，共
同追求进步和繁荣。它包括这一地理区域的所有国家及其他与
之有利害关系的国家。②

（三）印度与其他南亚国家控制与反控制的斗争

南亚是一个相对独立的地缘政治区，在政治、文化、社会
差异及宗教等方面与世界其他地区截然不同。③长期以来，印度
一直运用自身在区域政治、经济、军事和文化方面的优势，来
控制南亚其他国家。冷战时期，印度肢解巴基斯坦、吞并锡金
等行为都加剧了南亚小国的生存担忧。有些印度领导人尽管在
执政初期会对周边国家采取"怀柔"政策，以争取周边南亚国
家的支持，如20世纪90年代"古杰拉尔主义"的睦邻政策和
2014年上台后莫迪政府提出的"邻国优先"政策，但这些政策
从本质上来说与尼赫鲁的"印度中心"构想和英·甘地的"英
迪拉主义"是一脉相承的，目的都是防止外部势力介入南亚，

①　"India's cautious courtship with the US-led order in Asia," https://www.
eastasiaforum.org/2018/09/24/indias-cautious-courtship-with-the-us-led-order-in-asia/.
②　龙兴春：《美国的"印太战略"及印度的考量》，《人民论坛·学术前沿》，
2019年第8期，第72页。
③　[美]索尔·科恩著，严春松译：《地缘政治学：国际关系的地理学》，上海社
会科学院出版社2021年版，第361页。

其主导南亚的战略目标没有改变，偶尔改变的只是途径和方式，这些南亚邻国一旦在内政和外交上走得超出印度的限度，印度又会重新通过封锁边界、干涉内政等手段迫使它们屈服。2013年7月，不丹大选前，印度就通过停止对不丹油气的补贴，让执政党落败，政权易主。2008年，放弃武装斗争、回归议会政治的毛派领导人普拉昌达当选尼泊尔总理，随后不久就选择以参加2008年北京奥运会闭幕式的方式首访中国；2016年3月，尼泊尔总理奥利也将首次出访国家选择为中国，这些被印度认定的"亲华"政府很快就因为印度施加的影响力而倒台了。印度在马尔代夫的影响也是无处不在，2018年9月的马尔代夫大选，在印度的操纵下，反对党候选人萨利赫击败了与中国有着很多经济贸易合作的时任总统阿卜杜拉·亚明。11月17日，马尔代夫新任总统萨利赫宣誓就职，在出席职仪式的300余名外宾中，印度总理莫迪是唯一一名现任国家领导人，这也是莫迪2014年就任总理以来对马尔代夫进行的首次访问。莫迪出发前在社交媒体上接连发文称，祝贺萨利赫胜选，"这是马尔代夫民众对民主、法治和繁荣未来的集体愿望"。[①]2015年9月，尼泊尔通过新宪法，印度以该宪法未能满足马德西人在单独建省、公民权利和选区划分等方面的政治诉求为由，随后对尼泊尔实施了长达4个半月的封锁。而对于宿敌巴基斯坦，莫迪政府则采取极限施压的政策，企图利用反恐问题和印度不断扩张

---

① 胡博峰："印度欢呼'夺回马尔代夫'"，环球时报评论，2018年1月19日，https://baijiahao.baidu.com/s?id=1617521224323326134&wfr=spider&for=pc。

的经济影响力将巴塑造成为国际上的"贱民"。①

　　除了对南亚国家内政赤裸裸的干预、经济上的蛮横封锁之外，印度还利用自己在区域内强大的综合实力和地缘优势，故意采用多种方式弱化南亚区域合作联盟（简称"南盟"）的作用，包括自立门户，在东北部推进自己的"BBIN"计划，建立孟加拉国—不丹—印度—尼泊尔四国间的区域合作网络；在印度洋区域建立"环孟加拉湾多领域经济技术合作倡议组织"。这样既可以避免其他南亚国家通过南盟联合起来对付印度，同时也将宿敌巴基斯坦排除在外。面对印度的控制，周边南亚小国也希望通过多种方式摆脱印度的控制，加强与域外大国和国际组织在经济贸易、基础设施建设、过境运输和民间交流等多方面的合作是最常用且最有效的方式。通过这些方式，南亚国家对印度在经济等方面的依赖有了较大程度的降低，在维护国家利益和主权独立等方面有了更多的选择。此外，南亚各国的民众在多次面临印度的控制、干涉、制裁和封锁以后，民族主义感情、反印情绪不时爆发出来，他们认识到只有团结起来，才能更好地应对这些不利的局面，国内的政治精英和各政治势力顺应民意，在对印政策上有时表现得更加独立。

（四）中国的影响力逐渐增加

　　在"一带一路"倡议提出后，中国与巴基斯坦、斯里兰卡、马尔代夫、尼泊尔和孟加拉国等南亚国家的合作已取得积极进展，

---

　　① 吴孟克：《"极限施压"对阵"战争边缘"——莫迪执政以来的印巴关系》，《世界知识》，2019年第2期，第178页。

基础设施建设领域的合作成效显著，贸易合作呈现强劲发展势头，金融合作稳步推进，民间交流与合作不断扩大。2021年，中国与南亚国家进出口总额超过1870亿美元，其中中印双边贸易额达到1256.6亿美元，同比增长43%，并首次突破千亿美元大关，中国超越美国成为印度第一大贸易伙伴。中国承建了南亚国家多个重大的基础设施建设项目，包括马尔代夫北马累环礁旅游岛项目、中马友谊大桥、马累国际机场改扩建等项目，马尔代夫还是继巴基斯坦之后第二个与中国签署自由贸易协定的南亚国家；孟加拉国的铁路改造项目和帕德玛大桥项目；尼泊尔的多个水电建设和蓝毗尼、博卡拉国际机场项目；中斯汉班托塔港及中巴经济走廊合作项目等，这些项目的建设和陆续投入使用有力地促进了当地经济的发展，方便了当地民众的生活。中国在南亚的影响力显著扩大。作为"一带一路"建设的旗舰项目，中巴经济走廊使印度在安全和领土问题上感到不安。[1] 中国在南亚的存在尽管主要是为了寻求与邻国的友好关系，但这些邻国对印度具有重要战略意义。印度认为，中国的行动是试图推翻印度在南亚的主导地位。[2] 印度历届政府都对任何域外大国染指这一地区十分敏感。

---

[1] "India–China ties improve, but doubts remain," https://www.hindustantimes. com/india-news/india-china-ties-improve-but-doubts-remain/story-GbwJKIs2JplhktTQpLUcpM.html.

[2] "Along the Maritime Silk Road: China's Growing Ties with the South Asian Littoral States," https://lkyspp.nus.edu.sg/cag/events/details/along-the-maritime-silk-road-china-s-growing-ties-with-the-south-asian-littoral-states.

第二节　尼泊尔和印度之间的地缘现实

一、地理位置毗邻，边界开放

尼泊尔是南亚次大陆的内陆国家，北部是巍峨的喜马拉雅山脉，与中国接壤。在交通设施开发极为不足、建设技术极为落后的古代，喜马拉雅山脉几乎是不可逾越的天险，但两国人民经过艰难的探索，在漫长的人文交流和商贸往来中依然形成了20多个山口供来往通行，其中最为重要的是科达里山口和拉苏瓦山口。沿着科达里山口修建了中尼阿尼哥公路，沿着拉苏瓦山口修建了沙拉公路。这两条连接中尼两国的国际公路需要翻越喜马拉雅山脉，地形、地势复杂，沿线地震频繁，山体滑坡、泥石流等自然灾害频发。中尼公路和沙拉公路在2015年尼泊尔大地震中损毁严重，直到2019年5月，因灾中断的中尼樟木—科达里口岸才又重新恢复货运功能。

尼泊尔东、西、南三面被印度环绕，与印度有长达1751千米的边界线。尼泊尔南部特莱平原地区地势平缓，与印度之间联系极为便捷。尼印边界形成了世界上较为独特的开放边界，两国人民可以自由跨越边界，进行贸易、朝圣和旅游等活动，每天都有大量的人员、货物进出边境口岸。印度还可以为尼泊尔人提供不少就业机会，大量尼泊尔人会因此进入印度谋生。2022年4月，印度总理莫迪与到访的尼泊尔总理德乌帕共同宣布，开通首条连接两国的客运铁路。这条跨境宽轨铁路长约 35 千米，连接印度比哈尔邦的杰伊讷格尔与尼泊尔的古尔塔。[①]

从地缘位置可以看出，尼泊尔仅有的两个邻国是存在边界争端且日益崛起的中印两个大国。北部自然环境较差，受喜马拉雅山脉的天然阻隔，与中国交通极为不便，气候条件恶劣，而且远离中国经济活跃区域。加德满都距离拉萨约 900 千米，距离中国东部沿海经济发达地区则更遥远。中尼铁路即使在规划之中，但由于其经济和战略价值还有待进一步研究论证，面临的地质和地缘政治风险也有待化解，尼泊尔北向通道建设的长期性和复杂性、对比南向通道的便捷、快捷，尼泊尔仍然主要通过印度进行过境运输，其高度依赖印度作为贸易通道的现状短时间内难以改变。[②]

尼印之间开放的边界也导致尼泊尔南部的特莱地区涌入大量印度移民，且人数逐年增加。这严重影响了尼泊尔南部的社会稳定、就业问题和人口结构。尼泊尔政府采取一系列措施限制印度移民，随后两国爆发多起歧视、驱逐事件，严重影响两国关系。此外，印度境内的恐怖分子利用开放的边界逃脱政府的抓捕，并给尼泊尔带来极大的安全风险。

二、文化上的同质性

印度和尼泊尔的紧密联系不仅仅只是地理上的毗邻，还包括

---

① "印度和尼泊尔开通首条连接两国的客运铁路"，新华网，2022 年 4 月 3 日，http://m.news.cn/2022-04/03/c_1128528649.htm。

② 徐亮：《尼泊尔对印度的经济依赖研究》，人民日报出版社 2015 年版，第 16 页。

两国文化上的相似性。共同的语言和民族认同、印度教传统、相似的节日和食物，相似的衣着和思维方式，使印度和尼泊尔两国有着天然的紧密联系。①

在历史渊源上，遥远的古代尼泊尔和印度王室间便有姻亲联系，尼泊尔多个王朝由印度移民建立，近代印度也帮助推动了尼泊尔民主化进程。早期的民族融合、相近的语言习惯、相同的宗教信仰加深了两国民众文化上的认同。尼印两国深厚的同质文化加上开放的边界，有力地推动了双边人员交往和人口流动，进一步促进了两国民众在宗教、文化、语言与生活习俗等方面的交融。但是，文化上与印度的相似性削弱了尼泊尔自身的文化独特性，成为尼泊尔受印度影响而发生社会动荡的一大主要原因。

宗教问题往往和民族问题牵扯在一起。在 2008 年以前，尼泊尔是世界上唯一的"印度教国家"。②尼泊尔历代王朝利用印度教教化百姓、构建统治基础。印度教的教义在各朝各代的大力宣传下已经成为社会公认的道德准则，指导尼泊尔民众的日常生活。不仅如此，印度的寺庙也多被印度人把控，极大地便利了印度控制尼泊尔国内的活动。2008 年，尼方宣布收回对寺庙的主导权，引起了轩然大波。最后尼泊尔政府虽然放弃该计划，但印度教组织的威胁使人们意识到，印度教已经成为尼泊尔政治稳定的一大隐患。

---

① Major S.K. Sharma,*The Deepening Sino-Nepal Relation Should India Worry*, Published by Prashant Publishing House 2013, p.190.

② 徐亮：《尼泊尔对印度的经济依赖研究》，人民日报出版社 2015 年版，第 74 页。

尼泊尔的文化独特性在印度教的长期浸染下，几乎被消磨殆尽。大同小异的文化背景成为印度干涉尼泊尔内政的方便条件。尼印关系是"独一无二"和"被统一文化分开的两个国家"。[①]这导致两国需要适当地捆绑对外政策。"与印度保持善意和友好是尼泊尔获取美国和英国等外部力量帮助的首要条件……尼泊尔执行对外政策需要与印度协商并与印度对外政策一致，我们（印度）希望其他友好国家理解这一立场。"[②]

但是，历史和宗教的双重纽带未必会带来坚如磐石般的永久友谊。尼泊尔习惯用经验教训来指导现实，二者可能存在一定的偏差。外交经验的不合时宜导致两国对外政策相左，产生误会。正如罗伯特·杰维斯所说，"我们的盟友做的事是好事，是支持我们的事。而我们的敌国的意见和行为就一定会伤害到我们的利益，是在支持我们的敌对力量"。[③]

三、经济上的依赖性

尼泊尔经济高度依赖印度，尤其是过境运输和油气资源的供给。1950 年，尼印签订《贸易和商业条约》，尼泊尔对通过印度边境和港口向印度以外的国家出口商品享有完全的和不受限制的

---

① Dharamdasani, Murlidhar D., et al. *India Nepal Partnership and South Asian Resurgence*,New Delhi: Kanishka Publishers, 2000.

② Bhasin, Avtar Singh, ed, Nepal–India, *Nepal–China Relations: Documents 1947– June 2005*,Nepal–India. Volume–III,New Delhi: Geetika, 2005. 转引自吴兆礼：《尼泊尔——印度关系:传统与现实》,《南亚研究》,2010 年第 1 期,第 55 页。

③ [美]罗伯特·杰维斯著,秦亚青译：《国际政治中的知觉与错误知觉》,世界知识出版社 2003 年版,第 112—113 页。

运输权和过境权。双边商贸条约不断修订和续签，最近修订后的商贸条约于 2009 年 10 月签署，有效期为 7 年。2016 年 10 月，这项条约自动续签 7 年。该贸易条约允许尼泊尔商品单方面免税进入印度市场。在 20 世纪的多数时间里，尼泊尔与印度的货物贸易占尼泊尔总贸易额达 90% 以上。进入 21 世纪以来，尼印货物贸易占尼泊尔贸易总额的比例仍然很高，2020–2021 年度，尼泊尔向印度出口 1063.7 亿卢比，占尼泊尔出口总额 1411.2 亿卢比的 75.3%。从印度进口 9716 亿卢比，占尼泊尔进口总额的 15398.4 亿卢比的 63%。[①]

印度和尼泊尔也有《过境运输协定》，该条约规定双方通过商定的路线和方式，有在对方领土上过境的权利。其修订版于 1999 年 1 月签署，此后每 7 年自动更新一次，最近一次更新是在 2020 年。该条约允许尼泊尔的商品通过印度的公路、铁路和港口运往世界各地。尼泊尔的过境贸易也主要通过印度—尼泊尔边境与加尔各答、霍尔迪亚和维沙卡帕特南等港口进行。印度为尼泊尔几乎所有的与第三国贸易提供过境服务。在新冠疫情突发的 2020 年 7 月中旬至 2021 年 4 月中旬的 9 个月中，尼泊尔与印度和世界其他地区 99% 的陆路贸易是通过印度边境进行的。[②]2019 年，中尼虽然签署《过境运输协定的议定书》，尼泊尔可以使用中国 4 个海港和 3 个陆港与其他国家进行贸易，

---

① "Annual Report 2020/21Fiscal Year," Nepal Rastra Bank, https://www.nrb.org.np/contents/uploads/2022/05/Annual–Report–2020–21–English.

② "Commerce Wing Unclassified Brief," Embassy of India, Kathmandu, Nepal, https://www.indembkathmandu.gov.in/page/about–trade–and–commerce/.

但其过境贸易仍然主要依赖印度。2011年10月，尼印签署了双边投资保护和促进协议（BIPPA）。目前，印度是尼泊尔最大的投资国，印度对尼泊尔的投资总额占尼泊尔FDI总存量的30%以上。在油气方面，尼泊尔几乎全部依赖印度。2019年9月，印度石油公司出资建造的南亚第一条跨境石油管道项目开通。在投入运营后，该管道能够为尼泊尔石油公司每月节省1.5亿卢比的资金。2020年12月，该管道在一个月内向尼泊尔供应了1亿升柴油，创造了历史纪录。①

印度也时常利用贸易和过境运输条约向尼泊尔施压。2018年8月，印度政府再次决定对两国间的贸易和过境条约进行全面审查。印度还可以通过关税政策和控制兑换外汇等措施间接地控制尼泊尔与其他国家间的贸易。② 尼泊尔对印度的经济依赖，已经成为印度控制尼泊尔的主要工具和得力手段。

四、安全防务的受制性

在安全防务方面，受历史现实和传统观念的影响，印度秉承陆地战略并延续"喜马拉雅边疆政策"，认为针对本国的安全威胁来自北方。中华人民共和国成立后，印度媒体更是经常渲染"中国威胁论"。尼印双方一个为了保护本国安全，避免共产主义传播，另一个出于寻找缓冲国的战略需要，两国经过

---

① "Commerce Wing Unclassified Brief," *Embassy of India, Kathmandu*, Nepal, https://www.indembkathmandu.gov.in/page/about-trade-and-commerce/.

② 吴兆礼：《尼泊尔——印度关系：传统与现实》，《南亚研究》2010年第1期，第53页。

多轮谈判，签订《和平友好条约》和《贸易和通商条约》，印度顺利全方位地控制了尼泊尔。《和平友好条约》及与其相关的文件把尼泊尔与印度安全实现了捆绑。条约规定，"如果与任何邻国发生任何严重摩擦或误会可能损害双方政府间现有的友好关系时，应互相通知"。条约还赋予尼泊尔政府通过印度"进口尼泊尔安全所需的武器、弹药或军用物资和装备"的权利。而且，尼泊尔应首先从印度购买所需的军事装备和物资，从非印度渠道购买必须得到印度的同意。

1949 年 11 月，中国政府宣布将解放西藏，尼印在藏特权将无法保留。对此，尼赫鲁宣布："我们不能容忍来自任何外国对印度次大陆任何地区的外部入侵。对尼泊尔的任何可能入侵会不可避免地涉及印度的安全。"[1] 尼泊尔政府担心共产主义的渗透危及其封建统治，国内的动荡和军事叛变可能会动摇其统治根基。所以，两国加强防务合作，印度采取一系列措施帮助整顿尼泊尔军队，提高其现代化水平。印度还在尼泊尔北部边界设立情报机构，加派军事顾问，建立监听站，加大对北部边界的监控。

印度的过度介入在 20 世纪 50 年代中期引发了尼泊尔的抗议。进入 60 年代，尼泊尔在防务领域开始有限度地实行"多元化"政策，加强与美英的军事合作，接受它们提供的军事援助。对此，尼印两国政府在 1965 年达成一项协议，新德里同意尽其可能资助尼泊尔军队的全部需求。只有当印度无力提供所需装备时，尼泊尔

---

[1]　Parlimentary Debate, pt.II, Mar.17, 1950, Vol.1697-98. 转引自 [美] 里奥·罗斯著，王宏伟、张荣德译：《尼泊尔的生存战略》，中国藏学出版社 2018 年版，第 193 页。

才能寻求美国和英国的援助。通过这种方式，尼泊尔希望独立自主地与第三国进行武器交易，并要求印度撤走军方技术人员和军方联络小组。60年代，应马亨德拉国王的请求，中国开始援建加德满都—科达里公路，但印度反对，认为这会给尼泊尔带来共产主义从而损害印度的国家安全。[1]80年代，印度对尼泊尔的移民渗透和内政频繁干涉，使尼泊尔提高了警惕并产生不满。尼泊尔政府便采取措施试图摆脱印度的控制，包括颁布法令，禁止居住在尼泊尔但没有政府签发工作许可证的外国人在尼泊尔就业。1988年，尼泊尔还与中国在情报共享，以及购买包括防空火炮在内的武器方面达成一项秘密协议。尼泊尔这些"不友好"行为被指责违背条约精神，招致了印度强烈不满，印度便以尼印贸易和过境条约过期为由对尼泊尔实行了经济封锁。

五、印度对尼泊尔政治影响深远

由于两国实力悬殊，以及尼印之间的特殊地缘政治现实，两国关系中的不平等现象较为突出，印度对尼泊尔国内政治、民主进程有着深远的影响。独立以来，印度一直以英殖民帝国的继承人自居，享有英殖民时期的各项权利，在对南亚各国交往中奉行霸权主义，不顾及其他小国利益。而尼泊尔在双边关系中，受到多方面掣肘，"小国综合征"表现明显。[2]

---

[1] Shiva Hari Dahal,*China-Nepal-India Triangle: The Dark Side of Indo-Nepal Relations*,Pudlished by Sangri-La Pustak P.Ltd. 2018, p.166.

[2] 王宗：《尼泊尔印度国家关系的历史考察（1947—2011）》,世界图书出版广东有限公司2014年版。

印度对尼泊尔政治的深远影响和互动主要体现在以下几个方面。一是尼印之间的"特殊关系"。1950 年，尼泊尔和印度签署了《和平友好条约》，尼泊尔民主进程也从此打上了深深的印度烙印。1951 年 2 月签订的《德里协议》终结了拉纳家族上百年的封建统治，尼泊尔成立临时政府，国王重新拥有实权，尼泊尔外交政策开始"一边倒"。或者说那时的尼泊尔还没有真正的"外交政策"，因为印度在尼泊尔对外关系中的影响无所不在，以致由加德满都来制定外交政策似乎是完全多余的。新德里关于尼泊尔利益的主张，几乎是自动地为加德满都所接受，至少在官方层面上是如此。一些尼泊尔领导人在这方面的反应可能的确有些过度，甚至将印度人漫不经心的建议当作要付诸行动的劝告。[1]印度也派出专家团队在政治、外交、经济和军事领域对尼泊尔进行援助重建工作。尼印"特殊关系"形成以来，虽然偶有反复，但总体趋势依然是牢不可破的，在对外关系中"亲印"还是尼泊尔政治人物、民众的自然表露和第一选择。所以尼泊尔以前的首相，现在的总理一上任，一般首先访问印度，听取印度政府的建议，寻求印度政府的帮助。

二是印度对尼泊尔国内政治、制宪进程的深度介入。在历史上，尼泊尔早期的民主进步人士绝大部分在印度留学，接受印度的思想，回国指导尼民主进程，也与印度高层保持亲密联系。尼泊尔大会党产生于印度，其领导人与印度高层有着特殊的友谊，

---

① ［美］里奥·罗斯著，王宏伟、张荣德译：《尼泊尔的生存战略》，中国藏学出版社 2018 年版，第 203 页。

是亲印党派。尼大会党具有浓厚的反共色彩，1950 年，党派元老苏瓦纳·沙姆谢尔称，大会党要尽全力阻止共产主义的渗透。[①]如今，大会党要维护自身利益，实现自己的政治诉求，会牢牢抓住印度这棵大树。除此之外，印度利用自己与尼泊尔其他政治派别、军方和工商界等的紧密联系，不断在尼泊尔政党的分化组合中发挥影响，进而左右尼泊尔国内政局。2008 年 5 月，尼泊尔开启制宪进程以来，印度基于自身利益的考量，希望尼泊尔制宪进程向自己期待的方向发展，并想方设法左右尼泊尔宪政思想和宪法条款。2015 年 9 月，印度期待的宪法条款并没有写入尼泊尔宪法，为此，印度认为这不是一部包容性的宪法，未能满足尼泊尔国内所有地区和所有族群的愿望。随后，印度便以尼泊尔南部地区的安全形势不佳为由，先是在边境口岸加大"安检力度"，大幅度降低了通关速度，接着又关闭几乎所有口岸，对尼泊尔实施"非正式禁运"，停止输送燃油，使尼泊尔国内经济、社会发展受到重大影响。

三是尼泊尔反控制的斗争。20 世纪 50 年代初期，尼印关系进入了蜜月期，但随着印度对尼泊尔的介入不断深入和扩大，印度的傲慢和大国沙文主义引发了尼泊尔各界不满，1955 年继位的马亨德拉国王希望摆脱印度控制，维护主权独立。在外交上，马亨德拉国王开始尝试弱化与印度的"特殊友谊"，寻求和维持不结盟运动，通过均衡发展与中国、苏联和美国的关系来摆脱印度

---

① Paramānanda (Bhāī), *The Nepali Congress Since Its Inception: A Critical Assessment* ,New Delhi: BR Publishing Corporation, 1982.

的控制①，通过有层次地引入这些第三方势力以平衡印度影响，发展与世界各国平等的外交关系，扩大外交范围。1955 年 8 月尼泊尔与中国正式建立外交关系，12 月成功加入联合国。为了使尼泊尔走向世界，马亨德拉国王不断扩大对外交往，深化与美英等国的外交关系。1971 年，印度在苏联的支持下，肢解巴基斯坦，1975 年吞并锡金，尼泊尔担心自己会重蹈覆辙，国王便提出建立"和平区"的设想。2008 年以来，印度对尼泊尔制宪进程的干涉导致了国内民族主义情绪空前高涨，这也促使新宪法得以在艰难中顺利通过，尼泊尔人民希望摆脱印度在政治、经济、社会文化及军事安全等领域的控制，真正维护国家的领土完整和主权独立。尼共（毛）总理普拉昌达指出："尼泊尔不能接受任何一方采取任何企图削弱我们主权的行动，颁布宪法，仅仅是在维护我们的主权，并没有针对任何国家。我们不能屈服于任何人的压力和劝说，这事关我们自己的良心和自尊的问题，这次尼泊尔人民终于实现了 70 年的梦想——通过自己的努力写出一部自己的宪法。"②对于印度方面的封锁、干涉和指责，尼泊尔方面给予了有力的回击，尼泊尔境内的反印情绪也不断高涨，新闻舆论及政界人士纷纷寻求更多来自中国的支持，以期望在中印两个大国之间实现地缘政治平衡。

---

① 索尔·科恩著，严春松译：《地缘政治学：国际关系的地理学》，上海社会科学院出版社 2021 年版，第 355 页。

② Yubaraj Ghimire, "Any act that amounts to undermining Nepal's sovereignty is not acceptable: Prachanda," *The Indian Express*, September 23, 2015, http://indianexpress.com/article/world/neighbours/any-act-that-amounts-to-undermining-nepals-sovereignty-is-not-acceptable-prachanda/.

第三节 地缘政治对中尼命运共同体构建的影响

一、积极影响

（一）作为中国通向南亚的重要通道，尼泊尔的重要意义也更加凸显。这有利于两国更加重视和积极推动中尼命运共同体的建设

由于其重要的区位要素，拥有 17 亿多人口潜在大市场的南亚是我国"一带一路"合作的重要伙伴，是抵消美国"印太战略"围堵，建设北接西藏、南抵印度洋的南亚地区战略通道的重要目标。作为连接中国和南亚的重要通道，尼泊尔的战略地位也就显得更加重要。历史上，美国在尼泊尔的目标就是"支持民主，防范侵略"和保持尼泊尔政治上的独立，其暗指的威胁主要是来自共产主义和共产党国家。[1]近年来，美国甚至还希望通过尼泊尔把"印太战略"推进到喜马拉雅地区。2018 年 12 月，尼泊尔外交部长贾瓦利应邀访美，在与美国国务卿蓬佩奥的会晤中，他们讨论了尼泊尔在一个自由、开放和繁荣的印度—太平洋地区扮演的核心角色。蓬佩奥还强调美国致力于与尼泊尔建立强有力的伙伴关系。[2]美国《印太战略报告》指出，尼泊尔是世界增长最快的经济体之一，其巨大的潜能促使美国与之建立良好的伙伴关系，满足自身的战略需

---

[1]　S.D.Muni, Foreign Policy of Nepal , published by Adroit Publishers 2016, p.163.

[2]　"Secretary Pompeo's Meeting with Foreign Minister Pradeep Gyawali of Nepal," https://np.usembassy.gov/secretary-pompeos-meeting-with-foreign-minister-pradeep-gyawali-of-nepal/.

求。[①] 此外，尼泊尔是南盟 2014 年 11 月至今的轮值主席国，也是"环孟加拉湾多领域经济技术合作倡议"（BIMSTEC）的成员国，尼泊尔在印度—太平洋地区发挥着重要作用。[②]

同时，尼泊尔对中国实施西部大开发、推动"一带一路"建设、带动西部省份的发展，具有重要意义，尼泊尔有意将自己打造成中国与印度的"转口经济体"。此外，尼泊尔对于中国西藏地区的稳定和发展有很大的战略作用。尼泊尔是印度与中国西藏地区的缓冲地带，也是遏制达赖集团分裂活动的前沿地带，是中国防范西方国家利用藏独分裂中国的重要地带。在非传统安全领域，尼泊尔加强与中国的合作，在打击跨境犯罪、地区恐怖主义和防重大传染疾病等方面也有重要的作用。在新时期，两国可以通过文化上的互联互通、促进尼泊尔对中国文化的了解，扩大中国文化在南亚地区的影响。作为中国通向南亚的重要通道，尼泊尔在经济、安全和文化交流等方面的重要意义更加凸显，这有利于两国更加重视和积极推动中尼命运共同体的建设。

（二）印度对尼泊尔的控制和打压，有促使尼泊尔向中国靠拢的一面，实施真正中立平衡的对外政策

尼泊尔是一个生存于中印之间的内陆国家，其对外贸易主要局限于印度和中国西藏地区。由于其北部与西藏接壤的边界地区

---

①　"Department of Defense, Indo-Pacific Strategy Report 2019," https://media.defense.gov/2019/Jul/01/2002152311/-1/-1/1/DEPARTMENT-OF-DEFENSE-INDO-PACIFIC-STRATEGY-REPORT-2019.PDF.

②　"Gopal Khanal, Indo-Pacific Strategy And Nepal," *Nepal Foreign Affairs*, https://nepalforeignaffairs.com/indo-pacific-strategy-and-nepal/.

山高路险，双方人员往来和开展贸易异常艰险。两国之间的贸易主要在边境地区开展，且规模相当有限。这决定了尼泊尔只能更多地与印度开展贸易。1950年，尼泊尔与印度签订了《贸易条约》，尼方可以通过印度领土和港口与其他国家发生经济和贸易联系。由于尼泊尔经济，尤其是对外贸易对印度高度依赖，工业发展落后，石油、天然气等战略资源缺乏，几乎所有的能源需求都来自印度。一旦尼印发生矛盾，尼泊尔的地缘劣势就显露无遗。1969年、1989年和2015年，印度对尼泊尔实施了3次正式或非正式封锁。印度还利用自己的影响力干涉尼泊尔国内政治。这些封锁和干涉加深了尼泊尔国内对印度的不满，迫使尼泊尔越来越倾向实施真正的中立平衡外交政策。2016年3月，尼泊尔总理奥利访问中国，两国签署了《中尼政府间过境运输协定》，中国允许尼方与第三国的贸易运输过境中国。该协定的签署将为尼方对外贸易开辟新通道。[1]2017年5月，中尼两国政府签署"一带一路"合作协议，尼方希望通过参与"一带一路"建设加强与中国的互联互通，提升公路、铁路及其他基础设施水平，实现国家繁荣。[2]2018年6月，尼泊尔总理奥利再次访华时，两国签署中尼铁路项目合作备忘录，双方强调该备忘录是中尼合作历史中最重要的协议，希望能为两

---

① "尼泊尔成立谈判小组来加快落实《中尼政府间过境运输协定》"，中华人民共和国驻尼泊尔经济商务处，2016年6月28日，https://investgo.cn/article/gb/gbdt/201606/332281.html。

② "中尼两国政府签署'一带一路'合作协议"，中华人民共和国外交部网站，2017年5月13日，https://www.fmprc.gov.cn/web/gjhdq_676201/gj_676203/yz_676205/1206_676812/1206x2_676832/201705/t20170513_9301161.shtml。

国跨境互联互通开启新的一页。①2019 年 2 月 18 日，尼泊尔外交部长贾瓦利在参加尼泊尔世界事务理事会成立 71 周年纪念会议时，再次重申了在独立自主的原则下开展平衡外交的重要性，并具体指出尼泊尔同印度和中国都应保持良好的关系，以及追求经济议程对尼泊尔外交的支柱性作用。②"与中国发展关系平衡印度对尼乃至南亚的影响力成为尼泊尔外交的重要策略选择，当尼泊尔政府的利益可能受到印度伤害时，尼泊尔通过向中国或其他国家提供项目来打击印度的战略敏感性。"③

（三）中巴经济走廊、中巴命运共同体的示范效应，使尼泊尔政府、民众更加支持与中国的"一带一路"合作项目，支持中尼命运共同体建设

巴基斯坦作为南亚次大陆上两个实际拥核国家之一，也是南亚国家中唯一对印度在南亚的霸权保持自主的国家。"中巴经济走廊"作为两国共建"一带一路"的示范性项目，自 2013 年以来，该项目的建设给巴基斯坦的社会经济带来了巨大变化。"中巴经济走廊"的经济和社会效益逐渐显现，一批能源和基础设施项目

---

① "中华人民共和国和尼泊尔联合声明"，中华人民共和国外交部网站，2018 年 6 月 22 日，https://www.mfa.gov.cn/web/gjhdq_676201/gj_676203/yz_676205/1206_676812/1207_676824/201806/t20180622_7990825.shtml。

② "Remarks by the Minister for Foreign Affairs Hon. Mr. Pradeep Kumar Gyawali at the 71st Anniversary Programme of Nepal Council of World Affairs," Ministry of Foreign Affairs , Government of Nepal, https://mofa.gov.np/remarks-by-the-minister-for-foreign-affairs-hon-mr-pradeep-kumar-gyawali-at-the-71st-anniversary-programme-of-nepal-council-of-world-affairs/.

③ Sangeeta Thapliyal, "India and Nepal Relations: Politics and Perceptions," in Ranjan A. eds., *India in South Asia*,12 May, 2019,pp.75-91.

为当地民众提供了大量就业机会，并大幅改善基础设施状况和当地民众的生活质量，为促进巴基斯坦经济发展发挥了积极作用。项目启动后的 5 年间，巴基斯坦 GDP 年均增长率达 4.77%，尤其是 2017-2018 财年，巴基斯坦 GDP 增速达 5.8%，为近 13 年来的新高。[①]2018 年 11 月，巴基斯坦总理伊姆兰·汗访华期间，两国政府发表了《关于加强中巴全天候战略合作伙伴关系、打造新时代更紧密中巴命运共同体的联合声明》。两国政府还签署了《中巴经济走廊社会民生合作谅解备忘录》，走廊建设将向民生领域倾斜，这些项目"直接把中巴合作与巴基斯坦老百姓的需求对接起来，让更多的实惠延伸到普通老百姓当中去"。[②]2022 年 4 月，夏巴兹·谢里夫在当选为巴基斯坦新总理后发表的国民视频演讲中明确表示将会积极推进"中巴经济走廊"建设，并对中巴关系及"中巴经济走廊"建设给予了高度赞赏。"中巴经济走廊"和中巴命运共同体的建设，在大幅提高巴基斯坦的经济实力的同时，也会大幅提高巴基斯坦在南亚的影响力。对此看在眼里的尼泊尔政府、民众也会提升对"一带一路"合作项目的认识，从而增加对中尼命运共同体及未来中尼印经济走廊建设的支持。

（四）中印在尼泊尔的竞争性合作有利于尼泊尔经济发展，而尼泊尔经济发展有利于中尼命运共同体建设

由于历史和地缘位置的因素，中国和尼泊尔之间的经贸联系

---

① "唐孟生：中巴经济走廊建设前景依然光明"，云南省社科院网站，2019 年 7 月 4 日，http://www.sky.yn.gov.cn/ztzl/zg-nyzklt/zgsd/054822465154095404176。

② "专访：打造新时代更加紧密的中巴命运共同体——访中国驻巴基斯坦大使姚敬"，新华网，2019 年 5 月 25 日，http://www.xinhuanet.com/world/2019-05/25/c_1124541205.htm。

较少。21世纪以来，尤其是2006年以来，中国明显加强了与尼泊尔的经贸合作，贸易量得到了快速增长。2002年双边贸易额只有1.1亿美元，2007年达到4亿美元，短短4年多时间双边贸易额增加了将近3倍。主要有两个原因：一是2006年底尼泊尔结束内战，医治战争创伤、重建家园、发展经济成为尼泊尔的主要任务，国际国内对尼泊尔的信心增强了。二是2006年7月青藏铁路通车，中国有条件通过铁路运输加强内陆地区与尼泊尔之间的贸易。随后，中尼贸易额一路走高，2014年跃升到23亿美元。中国与尼泊尔的经贸合作已经扩大到基础设施、能源、过境运输、农业、旅游、灾后重建、医疗卫生、教育等众多领域。对此，印度感受到了较大的压力，为了保持自己在尼泊尔的影响力，印度通过参与尼泊尔基础设施建设、帮助灾后重建、提供经济援助等方式与中国进行竞争。2018年4月，尼泊尔总理奥利访问印度期间，双方同意加强互联互通合作，商定修建两国间的内陆航道和铁路。印度媒体称，这是对中国在尼基础设施"进攻"的积极应对。[1]2018年5月，莫迪访问尼泊尔时与奥利共同出席由印度投资10.4亿美元的"阿伦3号"水电站工程奠基仪式。[2]当中国表示进一步加强中尼铁路建设合作，并尽快将青藏铁路延伸到中尼边境甚至加德满都时，印度也承诺一年内完成加德满都—拉克鲁

---

① 王慧："不甘落后中国 印度要给尼泊尔搞基建"，观察者网，2018年4月8日，http://k.sina.com.cn/article_1887344341_707e96d5020007vwx.html。

② "Oli-Modi lay stone for Arun III Hydropower Project," https://www.business-standard.com/article/news-ians/oli-modi-lay-stone-for-arun-iii-hydropower-project-118051101409_1.html.

铁路线调查，并在不久之后确认开工时间表和筹资方式。[①] 在这种竞争和对比之中，中尼合作的质量和效率明显高于印尼合作，中国帮助尼泊尔发展的诚意也明显高于印度，这会促使印度更加重视尼印之间合作的质量和效率。中尼合作推动尼泊尔基础设施建设和经济发展，对中尼命运共同体的构建具有重要意义。正如奥利总理在访问中国前接受《环球时报》的采访时说的那样，两个邻国可以在尼泊尔的经济繁荣中相互补充。我们不认为我们的邻国在尼泊尔为了地缘政治利益而相互竞争，如果有任何竞争，那也应该是为了友谊和发展。[②]

二、消极影响

（一）欧美等西方国家的挑拨与拉拢

以美国为首的西方国家认为，中国的崛起不符合它们的利益。为阻碍中国的发展，它们尽可能地挑拨中国与其他国家"一带一路"合作，拉拢中国的目标合作伙伴，以阻扼中国的发展。近年来，中国为帮助周边国家和"一带一路"合作国家发展基础设施，在进行直接投资的同时，还提供大量低息贷款，以解决合作方缺乏资金的问题。对此，一些西方媒体或政客却大肆攻击中国的投资和贷款会诱使这些国家陷入"债务陷阱"，并在长期内损害参与

---

① 王慧："不甘落后中国 印度要给尼泊尔搞基建"，观察者网，2018 年 4 月 8 日，http://k.sina.com.cn/article_1887344341_707e96d5020007vwx.html。

② "尼泊尔总理：我们的领土不能用来伤害邻国，中国空前成就震惊世界"，环球时报评论，2018 年 6 月 20 日，https://baijiahao.baidu.com/s?id=1603742761835067201&wfr=spider&for=pc。

国的主权与利益。他们还诬蔑中国的"一带一路"倡议缺乏透明度，旨在实现中国自身的安全和战略利益，而不是促进合作方的经济发展。① 对于西方的攻击和诬蔑，中国和有关合作国家已经多次通过翔实的数据批驳了这些谬论，澄清了事实。为了拉拢尼泊尔，美国政客还说："尼泊尔也可以从美国的《更好利用投资引导发展法案》（BUILD Act）中受益"，"美国和尼泊尔有着历史性的关系，美国一直希望与尼泊尔合作并帮助尼泊尔"。②2017 年 9 月，美国与尼泊尔德乌帕政府签署了一份"千年挑战计划"协议（MCC协议），根据该协议，美国将通过千年挑战公司为尼泊尔提供 5亿美元的援助资金以改善道路质量和修建跨境输电线路。由于协议中存在可能损害尼泊尔主权的条款，以及该协议可能是美国"印太战略"的一部分，尼左翼政党坚决反对尼大会党欲将该协议提交至众议院表决的做法，为此，在 2021 年底至 2022 年初爆发了激烈的政党斗争。③ 由于美国等西方国家对尼泊尔国内政治势力的拉拢和挑拨，尼泊尔国内将会对政府债务保持警惕，这限制了尼泊尔政府不断扩大基础设施和大型能源建设项目的投资能力。

---

① "US officials warn China's BRI could lead to debt trap, undermine sovereignty," https://thehimalayantimes.com/nepal/us-officials-warn-chinas-bri-could-lead-to-debt-trap-undermine-sovereignty/.

② "US officials warn China's BRI could lead to debt trap, undermine sovereignty," https://thehimalayantimes.com/nepal/us-officials-warn-chinas-bri-could-lead-to-debt-trap-undermine-sovereignty/.

③ 参见 MCC 网站 https://www.mcc.gov/where-we-work/country/nepal；尼泊尔议会网站，尼泊尔 MCC 协议原文，https://hr.parliament.gov.np/uploads/attachments/ns1zpda2uw3x2odp.pdf；Tika R. Pradhan，"Parliament ratifies MCC compact after years of delay," *The Kathmandu Post*, February 27, 2022,https://kathmandupost.com/national/2022/02/27/nepal-parliament-ratifies-mcc-compact.

（二）中尼合作面临印度的压力

面对"一带一路"共建合作在南亚的展开，印度却不愿意同中国携手建设南亚。一方面，印度认为"一带一路"倡议具有地缘政治涵义，印度不能放任其在南亚推进。另一方面，则源于印度根深蒂固的地盘意识，认为南亚是印度的南亚。[①] 近年来，中国和尼泊尔在政治和经济上的联系日趋密切，印度通过加强对尼泊尔的渗透和干预，来阻碍中尼合作。2016 年 7 月，奥利被迫辞去尼总理职务，一个重要的原因就是因与中国接近，引起了尼大会党为首的亲印派不满。[②] 2017 年 11 月，在印度的干预下，亲印度的尼泊尔德乌帕政府单方面取消了与中国葛洲坝股份公司签订的价值 25 亿美元的布达甘达基水电站开发合同。2018 年 2 月，奥利再次当选为尼泊尔总理，当年 9 月，奥利政府又做出决定将布达甘达基水电站项目交还给葛洲坝集团。[③] 布迪甘达基水电站项目投资承建权几经变更，主要是由于印度干扰，导致不同的尼泊尔政府对此有着不同的立场，这严重打击了中国投资者在尼泊尔投资大型工程项目的信心。[④]

① 林民旺：《"一带一路"与南亚地缘政治》，世界知识出版社 2018 年版，第 191 页。

② "Nepali Premier KP Oli's Comeuppance," http://thediplomat.com/2016/07/nepali-premier-kp-olis-comeuppance/.

③ "Nepal reinstates $2.5bn hydropower deal with Chinese firm," https://www.brecorder.com/2018/09/24/441589/nepal-reinstates-2-5bn-hydropower-deal-with-chinese-firm-2/.

④ Gopal Sharma, "Nepal restores $2.5 billion hydropower plant contract to Chinese firm," Reuters, September 23, 2018, https://www.reuters.com/article/us-china-nepal-hydropower/nepal-restores-2-5-billion-hydropower-plant-contract-to-chinese-firm-idUSKCN1M30CZ; Hariram Upreti, "Budhi Gandaki project to restart as asset valuation dispute is resolved," *The Kathmandu Post*, January 23, 2022,https://kathmandupost.com/money/2022/01/23/budhi-gandaki-project-to-restart-as-asset-valuation-dispute-is-resolved.

与此同时，印度也加强了与尼泊尔在水电领域的合作。2022 年
4 月，印度总理莫迪在访问尼泊尔期间发表了《印度—尼泊尔
电力部门合作联合愿景声明》。尼泊尔电力局声称，至 2022 年
12 月，尼泊尔对印度的电力出口额预计高达 2.34 亿美元。印度
和尼泊尔在能源合作领域的接近，将进一步加强两国间长期存
在的"特殊关系"。此外，印度甚至拒绝在周边国家购买由中
国参与所产生的电力。在这种情况下，中国在尼泊尔投资所产
生的电力将因缺乏印度这一庞大的市场而造成损失。[①] 此外，
印美还支持并策划"藏独"分子进入尼境内，设立"办事处"、
控制加德满都大部分的藏传佛教寺庙，并打压排挤不听指挥的
藏人。[②] 企图利用这样的方式干扰中尼合作。

中尼命运共同体建设面临的国际政治形势复杂，特别是美
国、印度等域外因素的干扰不可忽视，涉及的国际关系和地缘
政治竞争也将比较激烈。所以，未来中国同尼泊尔的深度合作
必然会引起印度的强烈反应。考虑到印度对尼泊尔的强大影响
力，中国企业的一些投资项目、中尼命运共同体的构建可能将
充满挑战。

---

① 里希·古普塔：《能源合作：印度与尼泊尔关系的新维度》，武大边海院编译，
2022 年 10 月 7 日，https://mp.weixin.qq.com/s?__biz=MzI5NzQxMzQ5Ng==&mid=224750
2525&idx=2&sn=fc95ddafa0db5958148b697046576feb&chksm=ecb7f4aadbc07dbcd57ec49
b61109fd970bbe44d250713b01b0111a9519bc783c34719e3016b&scene=27。

② 宋国栋：《尼泊尔境内"藏独"势力历史与尼政府对其政策》，《世界经济与
政治论坛》，2011 年第 5 期，第 107 页。

第四节　中尼命运共同体构建的其他影响因素

一、尼泊尔国内政局不稳

自 2008 年以来，尼泊尔在政治上进入历史转型期，政局一直动荡不安，最直接的表现就是尼泊尔总理更迭频繁，近 14 年时间里先后选举出了 10 任总理，还有 2 位过渡性代总理，主要原因是尼泊尔政党众多，党派之间矛盾错综复杂，党派内部也存在着较大分歧，由此经常发生各政党、各政治力量之间的分化组合。2017 年 10 月，尼泊尔左翼政党尼共（联合马列）和尼共（毛主义中心）组成联盟并在随后的大选中大获全胜。2018 年 5 月，两党正式合并组成尼泊尔共产党，尼共由此成为尼泊尔最强大的政党，尼共政府有望成为自 1990 年多党制恢复以来尼泊尔最稳定的政府。但在实行双主席制的尼共内部存在权力分配、意识形态上的巨大分歧，内部的派系斗争也从未停止，再加上印、美大国的间接干涉，尼泊尔共产党在 2021 年 3 月公开分裂。最强大政党解体、最稳定的民选政府倒台，说明尼泊尔民主进程、政治转型还有很长的路要走。缺失强大的执政党和稳定的政府，导致尼泊尔很难形成政策的连续性和稳定性。尼泊尔政府还存在腐败和效率低下问题，在国际反腐败组织"透明国际"发布的 2021 年全球清廉指数（CPI）中，尼泊尔评分只有 33 分，排名世界第 117 位。[①] 尼泊尔动荡不

---

① "the corruption perception index," https://www.transparency.org/en/cpi/2021.

安的政局在很大程度上影响了与中国的经贸合作。

二、尼泊尔经济发展落后

尼泊尔是一个农业国，工业落后，基础设施薄弱，是世界最不发达国家之一；经济发展严重依赖外援，外国捐赠和贷款约为预算支出的四分之一。受疫情的影响，2019-2020 财年，尼泊尔 GDP 同比下降 2.1%。2020-2021 财年，尼泊尔 GDP 总额 336.5 亿美元，同比增长 4%，人均 GDP1155 美元，其中农业占比 26.41%，工业占比 12.53%，服务业占比 61.06%。[①]2021 年，中尼贸易额 19.8 亿美元，同比增长 67%。其中，中国对尼出口 19.5 亿美元，同比增长 67.1%；自尼进口 0.3 亿美元，同比增长 63%。[②] 同期中国企业对尼非金融类直接投资 5201 万美元，同比下降 50.5%；中国企业在尼新签工程承包合同额 12.8 亿美元，同比下降 31.4%；完成营业额 4 亿美元，同比下降 1.2%。[③]

从中国和尼泊尔的双边贸易数据可以看出，中国对尼泊尔的出口远远大于中国从尼泊尔的进口，进出口差额非常大。造成这样的困境，尼泊尔落后的经济发展水平和技术发展水平是一个重要的原因。另外，尼泊尔国内制造业还处在初级阶段，产品在质量、价格、样式等方面缺乏优势。所以，要扩大尼泊尔商品向中国的

---

①　"Annual Report 2020-21," Nepal Rastra Bank, https://www.nrb.org.np/contents/uploads/2022/05/Annual-Report-2020-21-English.

②　"2021 年 1—12 月中国—尼泊尔经贸合作简况"，中华人民共和国商务部网站，2022 年 3 月 21 日，http://finance.sina.com.cn/jjxw/2022-03-22/doc-imcwipih9897884.shtml。

③　"2021 年 1—12 月中国—尼泊尔经贸合作简况"，中华人民共和国商务部网站，2022 年 3 月 21 日，http://finance.sina.com.cn/jjxw/2022-03-22/doc-imcwipih9897884.shtml。

出口，短时间内不现实。

尼泊尔国内基础设施相当落后，公路较少且没有真正意义上的高速公路。仅有一条连接印度长约30千米的铁路。全国机场数量也不足，运力缺乏，安全状况堪忧。尼泊尔的电话和互联网在中国和印度的帮助下有了较大的发展，但还存在不小的问题。基础设施落后也影响了中国企业在尼泊尔经贸活动的扩大。中尼在基础设施领域中的合作潜力巨大，但这需要投入的资金量极为庞大，且因投资运营周期比较长，企业单独承接时将面临巨大的资金周转压力，以及合同履约、经营管理等经济可行性风险。[①]

三、尼泊尔长期形成的依赖性民族特性

在长期的历史发展中，尼泊尔人形成了一些特殊的文化习惯和文化心理。在个人与集体、集体与国家利益发生矛盾时，尼泊尔人更看重个人利益，而忽视集体利益，更看重政党利益，而忽视国家利益。一些政党、民族为了自己党和民族的利益，甚至不惜牺牲国家利益。尼泊尔最需要一个稳定的经济发展环境，但各政党往往从自身利益出发，甚至从党的领导人的利益出发，政党之间不断分化组合，导致国内政局不稳，难以集中精力于经济发展。

在处理自力更生与依靠外援的关系时，尼泊尔更加依靠外援，自力更生的能力与动力不足，以至于其财政收入长期依靠出国务工人员寄回来的外汇和其他国家及国际组织提供的援助。道路的

---

① 张海冰、周太东等：《尼泊尔与"一带一路"》，时事出版社2019年版，第141页。

修建与维护也多依靠与中国、印度、美国、俄罗斯、日本、亚洲开发银行和世界银行等国家的合作和国际组织的援助。在未来中尼跨境铁路的修建上，尼泊尔也期待中方能够给予更多资金援助，而不仅仅只是按照商业原则提供优惠贷款。

此外，尼泊尔人与我们的思维方式也存在差异，有些人担忧中国企业在尼泊尔赚走大量利润并侵占更多工作和就业机会。尼泊尔是印度教国家，在印度教看来，宣泄情感和满足情感是为了情感升华。帮助别人是一种情感的宣泄与满足，为此可以获得人格升华、道德救赎与精神愉悦。所以上升到国家层面而言，中国对尼泊尔开展项目援助时，不要以援助者、帮助者自居，而要以更加平等的心态和方式与尼方进行合作。

第三章
中国与尼泊尔政治合作机制构建

中尼两国在近 70 年的双边关系发展历程中，构建起了中尼双边政治合作机制，为中国在南亚方向上赢得地缘战略空间发挥了积极作用。中尼双边政治合作机制是建立在双方彼此信任的基础上，为协调一致行动以推动双边关系行稳致远而确立的一系列原则与程序。目前，中尼双边政治合作机制的建设面临着尼内政动荡、印度干涉、域外势力干预等一系列挑战。为增进中尼战略互信，加强政治合作机制建设，在研判利益次序、管控印度敌意、拒止域外干涉、创新合作方式、推进既有合作等方面，中尼双方应携手并进、开拓未来。

自 2015 年尼泊尔新宪法颁布、2018 年尼共（联合马列）与尼共（毛主义中心）合并以来，中尼两国领导人实现了历史性互访，中尼关系在短时间内取得了诸多成就。近几年，在"一带一路"倡议和跨喜马拉雅立体互联互通网络建设的背景下，中尼双边政治关系稳步推进更是有了切实的保障。但在 2020—2021 年，尼泊尔内政形势急转直下：尼泊尔共产党（NCP）于 2021 年 5 月发生分裂，致使尼左翼政治遭遇重大挫折；2020 年底至 2021 年初，尼众议院两度解散，引发了严重的宪法危机；2021 年夏，新的联合政府一度难以组建，充分暴露出尼泊尔缺乏稳定执政力量的现状；同期马德西政党也发生了分裂，导致尼泊尔的政党格局更加破碎；2021 年底至 2022 年初，MCC 协议的批准问题引发激烈的政党斗争，执政联盟一度濒临解体；上述事件发生期间，几波新冠疫情又相继袭来，尼泊尔的国家治理局面异常艰困。在如此复杂的形势下，中尼许多合作项目被迫暂停，中尼政治合作面临巨大风险。在中尼的国家关系中，在政治领域增进战略互信无疑是在其他领域加强合作的先导。面对新冠疫情肆虐、国际权力格局转换及地缘政治冲突等一系列新挑战，中尼两国应增进战略互信以加强政治合作。这关系到中国与南亚携手发展、推进人类命运共同体构建等重大课题。

第一节　中国与尼泊尔政治合作机制建设

一、国际政治合作机制的定义

在国际关系理论中，对合作与冲突问题的探讨始终是核心议题。用不同理论来解释、评估乃至预测国际关系问题，均可视为对合作与冲突问题的探讨。在一定程度上，从双边到多边、从多边到整个国际体系，理论界与外交界始终在三个问题上不断进行探索与实践：构建什么样的关系？如何构建关系？如何改造既有关系？基于前提条件和参与要素的不同，不同的国际关系理论形成了对合作与冲突问题的不同看法和结论。如今，国际政治合作及其机制建设问题越来越受到关注，其本质是构建什么样的合作关系？如何构建合作关系？如何改造既有合作关系？作为促进国际政治合作的手段，国际政治合作机制的定义与功能是什么？对这个问题的回答既需要着眼于已有的理论探讨，又要关注理论的实际应用。

在当今世界，政治合作的达成往往建立在某种原则和程序的基础之上，这种具有道德、原则和法律等多重意义的基础被称为机制。基欧汉认为，在霸权后时代，合作还是竞争占优势，基本上取决于政府如何建立新的机制并遵守旧的机制。[1]奥伊则指出，机制就是要实现国际合作的制度化，通过制度加强国家间的交互作用。当前，在无政府状态下的国际社会，国际合作处于松散状态，做好三个环节就可以改变这一现状：一是利益一致性，二是预测共同性，三是参与者数目的调整。[2]在对冷战后复合型合作模式的阐述中，奥克塞罗德认为复合型合作需要4个要素：（1）完善强化合作行为的准则；（2）确定有关标准；（3）建立必要的合作组织；（4）构建相互影响的共同文化。[3]此外，米尔纳在对国家间合作影响因素的分析中提出，国际机制所强调的规则、原则和惯例对形成合作具有重要作用，国家

---

[1] Robert O.Keohane, *After Hegemony*, Princeton: Princeton University Press ,1984, pp.25-26.

[2] Kenneth Oye, *Cooperation Under Anarchy*, Princeton: Princeton University Press,1986,p.239.

[3] Robert Axelrod, *The Complexity of Cooperation—Agent-based Models of Competition and Cooperation*, Princeton: Princeton University Press, 1997.

间合作与国际机制密切相关。[①]可见，原则、标准、文化等词语对理解机制的含义至关重要。

在对国际机制的内涵具有开拓性意义的研究中，鲁杰较早提出了国际机制是指各国共同承认的一些规则和约束性制度，国家间的组织活动和财务投入都是依据国际机制进行的。[②]而克拉斯纳的定义更是被学界广泛接受，他认为国际机制是"某一特定问题领域内组织和协调国际关系的原则、准则、规则和决策程序"。[③]在这4个要素中，原则和准则是决定性的，它们规定着机制的基本属性。规则和决策程序更像是原则和准则的表现形式，它们的变化不会引起机制性质的改变。当然，国际机制的形成与维持也是有条件的，基欧汉认为国际社会行为者之间的某些共同利益及国际社会的组织化程度对国际社会行为者行为的影响是国际机制形成的两大条件。[④]进而制约和调节国际社会角色的行为是国际机制功能最为集中的体现。[⑤]因此，国际机制可以被理解为一种功能性的工具，国际社会利用它在一定的原则和准则指导下对国际关系行为体进行着行为的改变。这样的行为改变是不同意义上的，可能是避免冲突、缓解冲突，也可能是构建合作、促进合作。

国际机制的实践在当今世界相当普遍，从双边条约协议到多

---

① Helen Milner, "International Relations of Cooperation Among Nations—Strengthens and Weakness," *World Politics*, April 1992.

② John Ruggie, "International Response to Technology," *International Organization*, 28(3),1975.

③ Stephen Krasner ed., *International Regimes*,NY: Cornell University Press,1983, p.1.

④ Robert O.Keohane, *International Institutions and State Power*, p.3.

⑤ Stephen Krasner ed., *International Regimes* ,NY: Cornell University Press,1983,p.62.

边区域组织，再到全球性的合作组织、国际机制在各个特定问题领域，或综合性合作领域，均发挥着不可或缺的作用。例如，在俄罗斯联邦成立初期，中俄双方便确定了双边关系准则，即"中俄两国是好伙伴、好朋友、好邻居"，中俄之间"不结盟、不对抗、不针对第三方"，并在此后通过联合声明、条约等形式与时俱进地践行上述原则，并在此基础上构建新的、更高级别的机制以加强双边伙伴关系。又如，北约是美国和欧洲多国间建立的一种政治和军事同盟，本质上是国际机制在政治军事领域的实践。北约成员国一致认为，"日常生活中的安全是我们幸福的关键。该组织的目的是通过政治和军事手段保障其成员的安全和自由"。北约在政治和军事领域的行动是根据《华盛顿条约》第五条或者联合国的授权，单独与其他国家或国际组织合作而进行的。[1] 根据上述原则和准则，北约确定了其决策程序与组织架构，成员国也在上述原则和准则的约束下协调彼此的行为。再如，世界贸易组织这个当今世界最大的国际多边贸易机制规定其所坚持的立场是，"不歧视、更开放、可预测且透明、更具竞争力、对欠发达国家更有利、保护环境"[2]，这显然是其成员国一致确认的共同价值。当然，其在实际运行过程中，会受到国际权力结构的影响，但总体来说是国际机制在贸易领域较为成功的实践。

---

[1] "Organization-What is NATO Points," NATO-Homepage, https://www.nato.int/nato-welcome/index.html.

[2] "The WTO-What is the WTO? – what we stand for," WTO-Homepage-Global Trade, https://www.wto.org/english/thewto_e/whatis_e/what_stand_for_e.htm.

二、政治互信与国际政治合作机制建设

国际政治中的信任问题是国际政治合作关系及其机制建设的前提性问题。政治信任问题在现实的外交实践中常常表现为关系双方确立或者丧失政治信任。在对政治互信与政治合作机制的关系展开探讨之前，我们需要首先理解国际关系中信任问题的概念。

国内政治的信任理论起源于经济学中关于信任问题的研究，而国际关系中的政治信任问题则起源于对国内政治信任问题的探讨。威廉姆森认为经济学中的信任是基于利益的一种"计算性信任"。①亦即在经济活动中，人们建立信任关系是基于"理性经济人"关于其利益能否得到满足的认知。伊斯顿认为，在国内政治中，政治支持（信任）中的特定性支持是指公众对自己的需求能否获得满足的理性计算。② 这是循着制度主义的路径探求信任的概念与来源。在国际关系领域，理性主义者认为，信任是合作的必要条件，如果合作双方在对方可信性的认知这一问题上达成共识，那么合作便会产生。③ 总的来说，上述对信任概念的理解应归于认知维度，即认为信任关系建立在对于利益得失的理性认知上。但信任同时与人格特质、社会网络、文化认同等社会因素密切相关，这些因素侧重在情感的维度分析信任的概念。霍夫曼认为，

---

① Oliver Williamson, "Calculativeness, Trust, and economic organization," *The journal of law & economics*, Vol.36, No.1, 1993, pp.453-486.

② Easton David, "A Re-assessment of the Concept of Political Support," *British Journal of Political Science*, Vol.5, No.4, 1975, pp.435-457.

③ 尹继武：《国际关系中的信任概念与联盟信任类型》，《国际论坛》2008 年第 2 期，第 56 页。

信任是产生于情绪的一种态度而非理性计算的结果。^①关系信任的形成、基于社会实践和交换的社会交往处于支配性地位、个人与国家的同质性和品性是决定是否信任的基础。^②据此，国际合作机制的建立与运行不能仅仅建立在关于利益实现的理性认知之上，共有的情感、观念、认同等社会心理因素同样是合作机制建立的基础。

国际合作机制的建立需要以信任作为前提。国家间只有具备相信对方能在合作关系中满足自身利益的认识，以及彼此存在文化和情感上的相互认同时，才有建立合作机制的可能；而合作机制又以制度、组织、规则、标准、程序等规范对合作行为加以约束。互信由社会建构而产生，是一种基于认同的产物，没有互信就没有"对和平变迁的可依赖预期"。^③在自我身份的建构过程中，国家对于自己的利益与认同有了新的认识，在是否建立合作关系的问题上有了判断的基础。巴伯指出，信任是在社会关系和社会系统中产生并维持团结的机制。^④国际社会的团结，亦即国家间为解决某些国际关系议题而协调一致地采取行动，这种一致行动所基于的共有认知，即为国家间彼此拥有相信对方可以满足自身利益的预期。布鲁尔认为，国际关系领域的信任应该是一种普遍

---

① Aaron M. Hoffman, "A Conceptualization of Trust in International Relations," in *Europe Journal of International Relations*, Vol.8, No.3, 2002, p.382.

② 尹继武:《文化与国际信任——基于东亚信任形成的比较分析》,《外交评论》, 2011 年第 4 期,第 27 页。

③ Emanuel Adler and Michael Barnett, *Security Communities*, Cambridge:Cambridge University Press, 1998, p.30.

④ B.barber, *The logic and limits of Trust*, New Brunswick: Rutgers University Press,1983, p.21.

的信仰，也就是在国际行为方面，大多数国家的实际行为是否与正常预期相一致。[①] 只有当彼此建立起符合既有预期的认知时，合作关系及其机制才得以建立。因此，在类似中尼关系这样的双边关系中，形成相互认同和共有认知是彼此信任的基石，而政治互动无疑为达成共识创造了条件。

进一步地，信任关系的维持和加强有赖于机制的建立。合作机制通过一系列规则、程序来约束机制参与者的行为，其所体现的是机制参与者之间的共有观念。规则的建立有助于将国家与社会之间的价值理念保持协调。而国际机制的发展，正是为了促进国家行为体相互依赖的深化，有利于构建国家之间的共同利益，促进合作与信任。[②] 反之，国家行为体之间往往会因为一些不确定因素而削弱可信度，从而增加了合作的成本甚至终止合作。诺里斯认为，制度属性是信任的重要来源，即合理的、正当的制度设计有助于形成政治信任。[③] 机制建立对于信任关系的意义往往体现在信任关系已然确立之后，也就是发挥产生新的信任条件以增进战略互信的功能。合作机制使合作参与者不得不承担相应的合作成本，成本的增加可以彼此传递可信性的信号。因此，从功能上讲，机制建设的意义在于使合作关系的确认、运作、持续具

①　Paul R. Brewer et al. "International Trust and Public Opinion about World Affairs," *American Journal of Political Science*, Vol.48, No.1, January, 2004,pp.93–109.

②　杨扬:《社会学视角下的国际关系信任理论——兼析东亚区域合作中的互信》,《太平洋学报》2012 年第 7 期,第 30 页。

③　Norris Pippa, "Introduction: The Growth of Critical Citizens," in Norris, Pippa, ed., *Critical Citizens:Global Support for Democratic Government:Global Support for Democratic Government*, Oxford: Oxford University Press, 1999.

有制度规范的约束，并且在持续运作的过程中加深机制参与者之间的共同利益和价值认同。合作机制还被视为建立和维系信任关系的措施，这些措施实际上包括正规的或非正规的致力于防止、解决国家间不确定因素的单边的、双边的和多边的军事和政治措施。[①]具体来说，合作机制所提供的标准，首先，使合作参与方能够拥有可信性的判断参照；其次，合作机制规定的奖惩制度、协调方式、组织程序等规范可防止及挽回合作关系的削弱乃至终止。

上述理论探讨旨在澄清增进战略互信与构建合作机制之间的逻辑联系。综上所述，该逻辑联系可表述为：国际政治合作机制的建立需要以政治信任为前提，信任关系的维持和加强又有赖于机制的建立。国家间的理性预期和共有观念是建立信任关系的基础，合作机制的制度规范又成为合作行为的持续保障。

三、中尼政治合作机制的内涵

尼泊尔作为中国的近邻，中尼关系是中国周边外交的重要组成部分，对中尼政治合作机制内涵的把握是新时代外交实践和区域研究的重要课题。中尼政治合作机制的内涵包含特征、重要性、定义三方面。

首先，中尼政治合作机制呈现非对称性和不确定性交织的特

---

① RalphA. Cossa, "Asia Pacific Confidence and Security Building Measures," in RalphA. Cossa, ed., *Asia Pacific Confidence and Security Building Measures*,Washington, D. C. : Centre for Strategic and International Studies,1995, pp.1−18.

征。不可否认的是，中尼两国实力悬殊，双方政治合作关系处于权力极不对称的情况之中。根据洛伊研究所 2020 年的数据，从综合国力来看，经过对 8 项综合国力评价指标加权平均后，中国综合国力得分 76.1，尼泊尔则仅为 4.4。[①] 从发展的角度来看，2019 年尼泊尔的人类发展指数仅为 0.602，排名世界第 142 位，中国则为第 85 位。[②] 从经济总量的角度来看，即便在情况较好的 2019 年，尼泊尔的年度 GDP 也仅为 306.9 亿美元，而中国的数据是其 320 余倍。[③] 如此悬殊的国家实力对比，难免会影响双方的彼此认知，进而可能波及双方既有的信任关系。沃马克认为，在非对称的权力结构中，弱势一方会对强势一方产生系统性的误解。这种误解使得一方的行为越来越远离另一方的主观意图，谈判因此破裂。[④] 这旨在说明，当合作双方处于权力不对称的情境中时，建立及维持合作关系面临着巨大的认知挑战。另外，中尼政治合作还面临一些不确定因素。一是尼泊尔国内政治持续动荡，难以形成稳定一致的执政力量，对华政策的连续性无法得到有力保证。自 2008 年实现民主转型以来，尼泊尔就一直处于实质性的联合执政局面当中，政党联盟的崩溃和建立都相对频繁。其后果是，尼泊尔各届政府均难以实现稳定执政，相应地也就难以保

① "Lowy institute, Asia power index,2020 edition," https://power.lowyinstitute.org/compare/?countries=china, Nepal.

② "Human Development Report 2020," UNDP,http://hdr.undp.org/en/content/download-data.

③ "Nepal GDP-Gross Domestic Product," countryeconomy.com, https://countryeconomy.com/gdp/Nepal.

④ Brantly Womack, "Asymmetry and Systemic Misperception: China, Vietnam and Cambodia during the 1970s," *The Journal of Strategic Studies*, Vol. 26, No. 2, p.92.

证其政策的连续性。① 从 2020 年下半年起，尼内政形势更是急剧恶化，奥利政府在党内、党际斗争和司法干预中下台，德乌帕于 2021 年 7 月艰难组建五党联合政府。② 紧接着，围绕 MCC 协议的批准问题，执政联盟内部的左右之争又一度使联盟濒临崩溃。③ 在 2022 年众议院大选中，依然没有产生能够单独执政的政治力量，各政党必将迎来新的分化组合，左翼政党再次实现联合，普拉昌达当选为新一届尼泊尔总理。二是印度惯于将尼泊尔视为其传统势力范围，对中国在尼日益增长的影响力怀有强烈的焦虑感。对此，印度在经济民生层面通过灾后援建、化肥采购、抗疫援助、跨境电力等手段，努力化解尼国内一度高涨的反印情绪；在战略互动层面，印度则通过高层会晤、防务合作、政党交流、宗教活动、街头政治等途径，竭力对尼施加政治影响。与官方合作相配套的是，印度舆论界还时常传播虚假信息以抹黑中尼合作，鼓噪所谓中国威胁。在 2022 年的尼泊尔政党整合中，印度继续扮演"离岸平衡"的角色，支持符合印度国家利益的尼泊尔政党获取执政权力。三是域外国家采取精细化措施挑拨中尼关系的策略也已造成巨大破坏，这说明，地理距离并不妨碍域外国家在尼投射权力。MCC 协议所引发的政治乱局说明，美国通过针对性极强的经济援

---

① Amish Raj Mulmi, "Policy interrupted," *The Kathmandu Post*,September 30, 2021,https://kathmandupost.com/columns/2021/09/30/policy-interrupted.

② Anil Giri, "A year of political ups and downs and surprises," *The Kathmandu Post*, December 31, 2021,https://kathmandupost.com/politics/2021/12/31/a-year-of-political-ups-and-downs-and-surprises.

③ Shristi Karki, "MCC gets green light in Nepal," *Nepali Times*, February 27, 2022, https://www.nepalitimes.com/here-now/mcc-gets-green-light-in-nepal/.

助，精准干预尼泊尔的内政外交，不仅对尼泊尔国内政治造成巨大破坏，还进一步推高了环喜马拉雅地区的地缘政治博弈，这对中国在尼泊尔乃至南亚的外交政策形成显著的对冲效应。

其次，基于脆弱的地缘政治结构及国家稳定发展的需求，加强中尼政治合作机制建设在改善双边关系、稳定地区局势、增进互联互通、协调区域发展等方面的重要性正逐步显露。面对尼泊尔国内政治局势走向模糊的现实情况，从外部与尼泊尔的整体国家利益取得共同认识、建立共同机制可有效预防和应对尼国内政局变动对双边关系的消极影响，使中尼各方面合作具有可遵循的原则和准则。中尼政治关系行稳致远有助于稳定中国西部边疆安全，在中印之间形成某种意义上的政治、安全缓冲地带，在可能的情况下还可创设中印破解信任困境的条件。同时，"一带一路"建设在南亚方向上还需要更多国家参与，中尼深化政治合作将有助于"一带一路"倡议在南亚的响应。伴随中尼政治合作关系深化带来的溢出效应，尼泊尔国家整体与中国西藏地方的经济社会发展将在跨喜马拉雅区域互联互通建设的基础上迎来新的重大战略机遇期。

最后，中尼政治合作机制还指，中尼双方在政治领域彼此形成信任的基础上，为协调一致行动以推动双边关系行稳致远和两国经济社会加快发展而构建了一系列原则与程序。在南亚地缘战略方向上，尼泊尔位于喜马拉雅山南麓、南亚次大陆顶端，国境南北分别与印度、中国为邻的地理区位，决定了尼泊尔是中国内陆连接南亚次大陆乃至通向印度洋的天然"桥梁"。但受限于恶劣的自然条件和人为的政治因素，这座具有物理属性和社会属性的"桥梁"还主要是观念上的而远不是现实中的。为达成增进相互了解、推进双边合作、稳定区域局势、实现共同发展等目标，对中尼政治合作关系历史进程的梳理、风险挑战的感知、对策建议的思考是回应时代新课题的必行之举。

第二节　中国与尼泊尔双边政治合作的历史与现实

一、1955 年至 20 世纪 90 年代中期：缓慢发展时期

这一时期的历史特征是政治互动频率较低，互动内容基本局限于对政治原则性问题的处理。从政治合作机制建设的层面来看，这一时期也是构建中尼双边政治合作机制所需要的共有价值和关系认同逐渐积累的时期。中尼在这一阶段的双边政治合作行为，主要表现为在政治领域开展高层访问和签订政治协议。1955 年万隆会议期间，周恩来总理在与尼泊尔代表团会面时，提出两国建立外交关系的建议，得到尼方积极响应。在中尼双方浓厚的建交意向下，中国外交代表团于同年访问尼泊尔，并就双方正式建立外交关系的事务进行了详细磋商。1955 年 8 月 1 日，尼泊尔皇家顾问辛格与中国大使袁仲贤代表两国政府在加德满都签订了以和平共处五项原则（Panchasheel）为基础的外交关系协定，尼泊尔成为与中华人民共和国正式建立外交关系的第 22 个国家。[①]1956

[①]　"Bilateral Relations," Embassy of Nepal, Beijing, China, https://cn.nepalembassy. gov.np/page_id=1378.

年 9 月 20 日，中尼双方全权代表在加德满都签订《中华人民共和国和尼泊尔王国保持友好关系以及关于中国西藏地方和尼泊尔之间的通商和交通的协定》，该协定为双方的经贸往来提供了更为顺畅的环境。[①] 同年 9 月，尼泊尔首相坦卡·普拉萨德·阿查里亚应周恩来总理的邀请访问中国，这是尼泊尔政要第一次访华。在此期间，双方签订了中国对尼援助事宜的协定。1957 年，周恩来总理对尼泊尔进行了回访，在联合公报中两国政府领导人回顾了双方此前在北京举行的友好会谈，肯定了双方一直以来保持的传统友谊。[②] 建交初期的双边政治互动使双方开启了良好的政治合作关系，确认了双方在诸如支持中国加入联合国等重大问题上保持一致立场。建交初期，中尼双边政治合作最耀眼的成就是对中尼边境问题的协商解决。1960 年 3 月，尼泊尔首相毕·普·柯伊腊拉访华，就加强双边关系和修建拉萨至加德满都的公路取得共识。但此访最重要的成果是中尼签订《中华人民共和国政府和尼泊尔国王陛下政府关于两国边界问题的协定》，协定重申了两国对传统习惯线的尊重，并就现存的边界线出入确立了科学划出、正式标定的原则。[③] 在边界问题上，1961 年 10 月，尼泊尔国王马亨德拉访华时签订的《中华人民共和国和尼泊尔王国边界条约》更具实质意义，协定对中尼边界的具体划分方法做出了技术性的

---

① 穆阿妮："中尼建交的历史及其意义"，《南亚研究》，2012 年第 2 期，第 97 页。
② Niranjan Bhattarai, *Nepal and China, A Historical Perspective*；巴塔拉伊著，刘健等译：《尼泊尔与中国》，天津人民出版社 2007 年版。
③ 《中华人民共和国政府和尼泊尔国王陛下政府关于两国边界问题的协定》，中华人民共和国外交部，https://www.fmprc.gov.cn/web/gjhdq_676201/gj_676203/yz_676205/1206_676812/1207_676824/t372302.shtml。

规定。^①自 1960 年马亨德拉国王亲政以来，被视为尼泊尔现代外交政策开创者的他努力寻求尼泊尔在中印之间的平衡，支持中尼道路联通和边境贸易，他的善意还使尼泊尔从中国争取到了价值数百万人民币的经济技术援助。^②

在 20 世纪 70 年代和 80 年代的两个十年中，中尼双边政治合作的发展平稳但缓慢，双方高层虽维持着较为密切的互访，但并未取得双边政治合作的重大进展。在高层访问方面，1972 年、1978 年尼泊尔首相基蒂·尼迪·比斯塔两次访华，尼泊尔国王比兰德拉于 1973 年、1982 年、1987 年访华，中国领导人则在 1978 年、1981 年、1984 年和 1989 年访问尼泊尔。1972 年比兰德拉国王继位后，承袭其父马亨德拉国王的遗志，始终秉持同中国保持良好政治合作关系的原则，始终支持"一个中国"和尼领土不为反华分子提供庇护等双边关系原则立场。相应地，中国也始终支持比兰德拉国王所提出的尼泊尔作为"和平区"（Peace Zone）而存在的外交主张，尊重尼人民的选择，不干涉尼内政。^③在其统治期间，中尼基本延续建交初期维持高层互访、政治互动伴随经济援助的双边政治合作基调。1990 年，尼泊尔民众要求政府废除君主制以实行政治民主，尼泊尔国王比兰德拉在内外压力下引入多

① 《中华人民共和国和尼泊尔王国边界条约》，中华人民共和国外交部，https://www.mfa.gov.cn/web/gjhdq_676201/gj_676203/yz_676205/1206_676812/1207_676824/200710/t20071015_7990808.shtml。

② Buddhi Prasad Sharma, "China-Nepal Relations:A Cooperative Partnership in Slow Motion," *China Quarterly of International Strategic Studies*, Vol. 4, No. 3.

③ Girdhari Dahal, "an Overview of Foreign Relation of Nepal with China," *Journal of Political Science*, Volume XIX,p.86.

党制，推动国内政治民主化改革。1992年，尼泊尔首相吉里贾·普拉萨德·柯伊腊拉访华，中尼双方强调要增强互信、加强合作，在对过去中尼关系在和平共处五项原则基础上取得成就进行肯定的同时，表示愿意加强双边在经贸等其他领域的合作。[①]

尼泊尔的国内政治从1961年马亨德拉国王实行无党派评议制，过渡到了20世纪90年代初的多党议会制，到90年代中期又陷入尼共（毛）所发起的"人民战争"中。这一历史阶段尼国内政治格局几经更迭，但各派执政势力都整体上选择与中国保持良好的政治合作关系。中国在这一时期倾向于保持与尼执政高层而非某个政党或领导人的关系，直到2008年毛主义政党加入尼泊尔政治主流后，它真正取得了中国的支持。[②]总的来说，中尼在这一时期对彼此政权的合法性、边界划分、交往原则等政治领域的原则性问题给予了集中关注，但未能使双边政治合作更深入地引领经贸、文化等其他领域的合作，政治合作的溢出效应总体欠缺。

二、20世纪90年代中期至2008年：起伏发展时期

从1996年中尼建立面向21世纪的世代友好的睦邻伙伴关系，至2008年尼泊尔联邦民主共和国的成立，中尼双边政治合作经历了一个起伏发展的时期。在这一时期的前半期，即20世纪90

[①]　Niranjan Bhattarai, *Nepal and China, A Historical Perspective*, Adroit Publishers,2010,p.23.

[②]　Pramod Jaiswal, "Caught in The India-China Rivalry:Policy Options for Nepal," *IPCS*, March 2014,pp.2-3.

年代后期至21世纪初的头两年，尼泊尔国内政治经历了剧烈变化，中尼双边政治合作进程一度受此影响而有所迟滞。2001年6月，发生震惊世界的尼泊尔王室血案后，贾南德拉继承尼泊尔王位，中尼双边各领域合作在此后才得以加快发展。

1996年12月初，江泽民主席对尼泊尔进行国事访问，成为中尼双边政治合作的里程碑事件。在此次访问中，江泽民主席表达了中国政府与尼泊尔人民在各领域保持紧密合作的愿望，指出中尼关系是基于互信、善意和合作共赢的原则。[1] 自此，中尼两国建立起"面向21世纪的世代友好的睦邻伙伴关系"，中尼双边政治合作取得了自建交以来最具突破性的成就。

但尼泊尔国内酝酿已久的政治变革已然来到，世纪之交的中尼政治合作关系路途并不平坦。1990年，7个尼共派别组成的尼共左翼联合阵线与尼泊尔大会党，共同迫使比兰德拉国王组建由大会党、尼共左翼联合阵线和民主人士参与的联合政府。[2] 但尼共（毛）并不认同议会斗争的形式，于1996年发动了针对当局的"人民战争"。在此背景下，中尼双边政治合作难有积极作为。直至2002年7月，继位于其胞兄的贾南德拉国王访问中国，中尼两国签订了有关经济技术合作和尼藏通商问题的协定，中尼良好的双边政治合作关系这才逐渐开始深入引领双边经济社会发展合作。在21世纪的第一个十年，尼内政仍延续动荡局面，从

① Bhasin Avtar Singh, *Nepal's Relations with India and China.:Documents 1947–June 2005*: Volume V, Geetika Publshers (January 1, 2005).p.68.

② Bhim Rawal, "The Communist Movement in Nepal: Origin and Development," Katmandu: Accham-Kathmandu Contact Forum,2007,p.152.

贾南德拉亲政到恢复多党议会制，再从议会剥夺国王权力到尼共（毛）回归政治主流，这一时期尼政治围绕两条主线，即政治民主化和左翼政党的分化组合。中尼双边政治合作在纷乱的尼政局变革中却加快了步伐。进入 21 世纪后，中尼两国政治合作不仅在高层互访方面实现人员身份的多元化，双边政治合作的议题也更加多元化。当然，中国对尼泊尔的外交政策目标始终没有改变，那就是在短期内与尼泊尔保持各层次合作以消除达赖流亡集团的威胁，长期拓展与尼经济合作。[①]

三、2008 年至今：跨越式发展时期

这一时期中尼双边政治互动的频率大幅提高，双边政治合作充分发挥了对经济、文化、社会等各方面合作的引领作用。在这一时期，中尼双边政治合作机制建设的理性预期有了较大增长，中尼两国政府对中尼友好合作所承载的战略意义也有了更加清晰的定位。2006 年 4 月，尼泊尔末代国王贾南德拉在政党联盟所领导的人民运动中被迫放弃权力，尼共（毛）与尼泊尔临时政府于同年签署了《全面和平协议》，结束了长达 10 年的"人民战争"。2008 年 5 月，尼泊尔制宪会议宣布废除君主制，尼泊尔至此初步实现民主转型。8 月，普拉昌达当选尼泊尔总理后仅一周，便打破尼新任总理首访印度的传统，赴北京参加北京奥运会闭幕式，

---

① Kabi Prasad Pokhrel,"Nepal–China–India Relation: A Geostrategic Perspectives," *Journal of APF Command and Staff College* (2021) 4.1, pp.28-40.

并与中国国家领导人进行了会谈。①这表明尼泊尔政局经历十多年的动荡重组后，新的左翼政府依然延续以和平共处五项原则为中尼关系指导原则的外交传统。2009年12月，尼泊尔总理尼帕尔访华，中尼发表《联合声明》，决定两国将在和平共处五项原则的基础上建立和发展"世代友好的全面合作伙伴关系"。②但在尼共（毛）发动新一阶段的政治斗争之际，尼总理的此次访华被印度舆论视为意在寻求中国在基础设施、水电、旅游和农业方面的帮助。③2010年10月，尼总统亚达夫来华出席2010年上海世博会闭幕式，并与中国领导人举行会谈。亚达夫重申尼泊尔始终坚持一个中国原则，中国领导人则建议亚达夫总统通过政党间的共识来解决尼泊尔正面临的政治危机。④两国领导人还同意继续深化务实合作，以代代相传的友谊全面深化合作伙伴关系。2012年1月，温家宝总理访尼，中尼决定在和平共处五项原则基础上，进一步发展中尼世代友好的全面合作伙伴关系。在此次访问中，中尼还签署了《中尼经济技术合作协定》等涉及边境、经济、文化合作的多项双边协定，并表示就商签《投资促进和保护协定》保持沟通。关于基础设施项目投资是此次中尼领导人会谈的首要

① "Prachanda meets Chinese President; breaks tradition," *Times of India*, Aug 24, 2008,http://m.timesofindia.com/articleshow/3399147.cms?utm_source=contentofinterest&utm_medium=text&utm_campaign=cppst.

② "中国和尼泊尔联合声明"，中华人民共和国外交部网站，2009年12月31日，https://www.mfa.gov.cn/web/gjhdq_676201/gj_676203/yz_676205/1206_676812/1207_676824/200912/t20091231_7990821.shtml。

③ Utpal Parashar, "Nepal PM to visit China seeking help," *Hindustan Times*, Dec 23, 2009, https://www.hindustantimes.com/author/utpal-parashar-101608310300130.

④ "President Yadav returning today," *Nepalee*,November01,2010, https://www.nepalee.com/world/asia/president-yadav-returning-today.html.

议程,尼泊尔向中国寻求50亿美元的贷款以建设在博卡拉的水坝、机场等基础设施。[①]

2014年以来，中尼高层实现了更加密集的互访。6月，尼泊尔总理柯伊腊拉来华出席首届中国—南亚博览会；9月，尼泊尔副总统来华出席首届西藏旅游文化国际博览会；王毅外长则在同月出席联合国大会期间会见了尼外长潘迪，并在12月赴尼进行访问。2015年3月，尼总统亚达夫来华出席博鳌亚洲论坛2015年年会。4月，尼泊尔发生8.1级强震之后，王毅外长赴加德满都出席尼泊尔地震灾后重建国际会议。会议期间，中国宣布为尼泊尔的灾后重建提供47亿元人民币的赠款及丝路基金优惠贷款，并承诺向尼泊尔提供1500个培训名额。[②]这一时期的尼泊尔内政依旧动荡，2008年尼泊尔联邦民主共和国宣告成立以来，以尼泊尔大会党、尼共（联合马列）、尼共（毛主义中心）为代表的各政党一直未能就新宪法达成一致。直至2015年9月，尼泊尔制宪会议在数次延期后，终于颁布实施《尼泊尔联邦民主共和国宪法》，尼泊尔这才迎来民主转型历程中最具历史性意义的时刻。

在这一时期，伴随着中国援助尼泊尔进行灾后重建及中国"一

---

①　Ananth Krishnan, "Wen Jiabao makes brief Nepal visit, offers aid," *The Hindu*, January 14, 2012, https://www.google.com/url?sa=t&source=web&rct=j&url=https://www.thehindu.com/news/international/Wen-Jiabao-makes-brief-Nepal-visit-offers-aid/article13366452.ece/amp/&ved=2ahUKEwiohNDklenvAhXMfd4KHVRVC7MQFjACegQIDBAC&usg=AOvVaw2onfM58WCNtVuXb1VU0yb3&ampcf=1&cshid=1617697000307.

②　Prithivi Man Shrestha, "$4.4 bn aid pledged during donor conference," *The Kathmandu Post*, June 25, 2015, https://kathmandupost.com/miscellaneous/2015/06/25/44-bn-aid-pledged-during-donor-conference.

带一路"倡议在南亚地区的实践，3个《中尼联合声明》更加拓展了中尼政治合作的深层意涵。2016年3月，尼总理奥利正式访华并出席博鳌亚洲论坛2016年年会，双方签署10项双边协议及谅解备忘录，并发表《中尼联合声明》。中方赞赏尼泊尔新宪法的颁布，双方同意在"一带一路"倡议框架内开展重大项目合作。[①] 同年，在第四届中国—南亚博览会、第三届西藏旅游文化博览会、首届丝路国际文化博览会，以及环孟加拉湾多领域技术经济合作倡议（BIMSTEC）成员国领导人对话会上，中尼开展了卓有成效的双边及多边外交互动。2017年3月，尼泊尔总理普拉昌达来华出席博鳌亚洲论坛2017年年会，尼副总理兼财长马哈拉来华参加"一带一路"国际合作高峰论坛高级别会议。5月，尼泊尔外秘巴拉吉与中国驻尼泊尔大使于红签署了"一带一路"倡议合作谅解备忘录，尼外长表示这是加强中尼关系的重要一步，其所涉及的基础设施建设对尼泊尔非常重要。[②]

2018年6月，尼总理奥利再度来华访问，双方发表《中尼联合声明》，声明称中尼树立了不同规模和不同社会制度国家之间和睦相处的典范。此次外交互动的焦点在于确保执行2016年达成的10项协议，以及加强中尼之间的连通性。[③] 在中尼最近一段

---

① Amit Kumar, "Nepal PM K P Oli: Visit to China", Indian Council of World Affairs, April 27, 2016, https://icwa.in/show_content.php?lang=1&level=3&ls_id=5072&lid=800.

② Sanjeev Giri, "Nepal, China sign deal on OBOR," *The Kathmandu Post*, May 12, 2017, https://kathmandupost.com/national/2017/05/12/nepal-china-sign-framework-deal-on-obor.

③ "During his China visit, PM Oli's primary focus will be on implementing past pacts," *The Kathmandu Post*, June 11, 2018, https://kathmandupost.com/interviews/2018/06/11/during-his-china-visit-pm-olis-primary-focus-will-be-on-implementing-past-pacts.

时期的政治合作中，两国尤其注重拓展政治合作的战略引领作用。在确保中尼外交关系重大原则得到遵守的情况下，关注点更多地转移至投资、贸易、交通、电力等方面的经济民生合作。2019年，中尼两国不仅已在"一带一路"倡议框架下稳步开展了诸多务实合作，还在高层互访中实现了中尼关系质的飞跃。2019年4月，尼泊尔总统班达里对华进行国事访问，并出席了第二届"一带一路"国际合作高峰论坛和2019年北京世界园艺博览会开幕式。10月，国家主席习近平对尼泊尔进行国事访问，两国发表联合公报，决定将中尼两国关系提升为"面向和平与发展的世代友好的战略合作伙伴关系"。两国签署了18项谅解备忘录和2份意向书，协议主要涉及中尼铁路建设、边界管理制度、治理能力建设和刑事司法协助等方面的具体合作事务。[1]两国联合公报再次提到，中尼关系堪称不同大小国家之间和平共处的典范，这体现了两国政府对中尼政治合作特征的深刻把握。

2020—2021年，新冠疫情对中尼两国的公共卫生安全带来巨大挑战，中尼政治合作在全球公共卫生危机中寻找新的突破。中尼两国在这一年的外交活动基本借助线上方式进行。3月，王毅国务委员兼外长同尼泊尔外长贾瓦利通电话，后者表达了对中国抗击疫情行动的赞赏与支持，双方同意遵守两国领导人达

---

[1]　Sandeep Sen, "Xi wraps up Nepal visit with 20 pacts," *The Himalayan*, Oct 14, 2019, https://www.google.com/url?sa=t&source=web&rct=j&url=https://thehimalayantimes.com/ampArticle/258664&ved=2ahUKEwjk3NeA0uvvAhWSMd4KHUveCfc4FBAWMAB6BAgBEAI&usg=AOvVaw2ImuT003Of22L4vO4 ZFkUJ.

成的协议，推进中尼各领域合作不断发展。①4 月，习近平主席应约同尼泊尔总统班达里就抗击新冠疫情通电话，双方表示国际社会应该加强团结合作，维护多边主义与国际正义，并就继续推动"一带一路"合作和共建人类命运共同体达成共识。②

中尼政治合作关系自建交以来，经历了尼内政局势与国际格局的剧烈变革，但双方政治合作的历史与现状表明，两国不仅没在尼国内外政治形势的剧烈变革中出现关系的重大倒退，反而实现了双边政治合作关系由浅及深的渐进突破。中国驻尼大使侯艳琪在 2020 年 8 月接受媒体专访时，很好地总结了中尼双边关系四大特征，即两国领导人亲自引领、始终坚持和平共处五项原则、务实合作成果丰硕、民间友好交往活跃。③

对于尼方而言，坚持和平共处五项原则、奉行一个中国政策、不允许任何势力利用尼领土进行反华活动这三大基本原则不断得到重申和确认，成为中尼双边政治关系稳定发展的政治基础。在双边政治合作的第一个阶段，中尼双方基本上是在上述原则框定之下，以高层互访搭配经济援助的方式推动着中尼关系的缓慢

---

① "State Councilor and Foreign Minister Wang Yi Had a Phone Call with Nepali Foreign Minister Pradeep Kumar Gyawali," Ministry of Foreign Affairs, the People's Republic of China, March 9, 2020, https://www.fmprc.gov.cn/mfa_eng/zxxx_662805/t1754012.shtml.

② "President Xi Jinping Speaks with Nepalese President Bidhya Devi Bhandari on the Phone," Ministry of Foreign Affairs, the People's Republic of China, April 27, 2020, https://www.fmprc.gov.cn/mfa_eng/zxxx_662805/t1774262.shtml.

③ "务实合作硕果丰, 中尼友好世代传——侯艳琪大使分别接受尼泊尔国家电视台和 ABC 电视台专访", 中华人民共和国驻尼泊尔大使馆, 2020 年 8 月 4 日, http://np.chineseembassy.org/chn/xwdt/t1803827.htm。

发展。20 世纪 90 年代，尼泊尔内政开始陷入长期动荡，这一时期尼泊尔内政乱局虽使中尼双边政治合作进程有所迟滞，但双边关系并未出现明显倒退。进入 21 世纪以来，双边政治合作开始更多地引领两国在经济社会发展领域的务实合作，中尼政治合作逐渐摆脱单纯重申外交关系原则，以及提供单一经济援助的浅层次合作关系，双边政治合作所承载的战略意义开始加快拓展。在2008 年尼泊尔联邦民主共和国成立、2015 年尼泊尔新宪法颁布，以及 2017 年尼泊尔加入"一带一路"合作框架三大节点所串联起的历史时期中，中尼开展更为频繁、更为有效的政治互动。4份《中尼联合声明》成为 21 世纪第二个十年中尼政治合作发展的历史总结与未来规划。在"一带一路"倡议之下，中尼政治合作更加明确了其为两国开展经济社会务实合作提供政治保障的功能定位。

第三节　新时代中尼增进战略互信和加强政治合作机制构建的挑战

一、尼泊尔政局动荡，对华政策前景存疑

尼泊尔政局动荡的直接结果是执政集团的分化乃至更迭，进而影响到中尼政治合作关系的稳定。2017 年 11 月，尼泊尔大会党主席、总理德乌帕主持内阁会议，决定取消尼共（毛）总理普拉昌达领导的前政府与中国企业签署的一项水坝建设协

议。^①而舆论认为，由奥利领导的左翼政府会加强与中国的政治关系和基础设施建设合作，以延续其在尼泊尔民众中树立的针对印度的民族主义风格。^②2018年，尼共（联合马列）和尼共（毛）合并为尼泊尔共产党（NCP）后，两者一直纷争不断，引起人们对尼执政党与中国关系走向的揣测。2020年12月，奥利与普拉昌达之间的权力之争达到顶峰，前者解散众议院并要求重新选举，这种在新冠疫情肆虐中忽视国家利益而突然采取的政治行动让中国感到震惊和担忧。^③最终，尼泊尔共产党（NCP）在一系列权力斗争中于2021年5月走向了分裂，尼泊尔左翼政党也丧失了执政地位，大会党主席德乌帕在2021年7月领导组建了联合政府。基于其亲美倾向，尼泊尔大会党坚持批准MCC协议，该协议也使尼泊尔政坛在2021年底至2022年初爆发激烈的政党斗争。2022年11月，尼泊尔再次举行大选，依然没有一个政党能够在联邦议会众议院获得多数席位，但尼泊尔共产党（毛主义中心）总理普拉昌达在尼共（联合马列）等7个政党支持下第三次当选新一届政府总理。目前来看，尼泊尔左翼政党再次实现联合而上台执政，中尼政治关系、中尼经贸合作将

---

① Gopal Sharma, "Nepal scraps \$2.5 bln hydropower plant deal with Chinese company," Reuters, November 13, 2017, https://www.reuters.com/article/nepal-china-hydropower-idUSL3N1NJ3HD.

② Akhilesh Upadhyay, "As Nepal turns Left, K P Oli will deepen ties with China," *The India express*, December 12, 2017, https://indianexpress.com/article/opinion/nepal-elections-as-nepal-turns-left-k-p-oli-will-deepen-ties-with-china-sher-bahadur-deuba-4979374/.

③ Gopal Sharma and Rupam Jain, "China holds sway in Nepal as rival communist factions create crisis," Reuters, December 31, 2020, https://www.reuters.com/article/us-nepal-china-politics-idUSKBN295004.

迈上新台阶。但美国和印度还是会利用对尼泊尔的强大牵制能力分化执政联盟，尤其是尼共的再次联合，对尼泊尔政局稳定，对中尼"一带一路"合作的影响尚有待观察。

二、印度长期对尼施加影响，遏制中尼合作

印度仍在谋求其在南亚地区的霸权地位，继续扮演着中国与其他南亚国家合作的阻碍角色。在官方层面，印度政府通过高层会晤、政党交流、跨境能源、对尼援助、军事合作等渠道，维系着与尼泊尔政府的密切关系，意欲保持其在尼泊尔的传统影响力。例如，2020 年 10 月、11 月，尼泊尔国内政治动荡初现之时，尼泊尔领导人与印度情报局局长、陆军参谋长进行了深入接触，引发巨大争议。实际上，从 2002 年以来，印度安全机构很大程度上介入了印度的对尼政策。[1]2020 年 12 月，印度人民党领导人维贾伊·肖塔瓦莱访问尼泊尔，并与奥利等尼泊尔政党领袖会面，前者表示印度人民党愿意加强同尼泊尔不同意识形态政党之间的关系。[2] 此次访问是继情报局局长和陆军参谋长访尼后，印度政府为修复因领土争端而受损的尼印关系的

---

[1]　Arun Budhathoki, "To reset ties with Nepal, India must give up its colonial approach," *Trtworld*, December 15, 2020, https://www.google.com/url?sa=t&source=web&rct=j&url=https://www.trtworld.com/opinion/to-reset-ties-with-nepal-india-must-give-up-its-colonial-approach-42373/amp&ved=2ahUKEwjlkYeQoO7vAhXG7WEKHXNaD7E4KBAWMAB6BAgCEAI&usg=AOvVaw0eM4UNcJReB3iwgqv9DDQ3.

[2]　Anil Giri, "India's ruling Bharatiya Janata Party looks to expand its ties with Nepal's political parties," *The Kathmandu Post*, December 12, 2020, https://kathmandupost.com/politics/2020/12/12/india-s-ruling-bharatiya-janata-party-looks-to-expand-its-ties-with-nepal-s-political-parties.

又一举措。在新冠疫情流行期间，印度又进一步采取了行动。尼泊尔国内的民族主义情绪虽然很高，但印度借助向尼泊尔提供疫苗的机会来改变其陷入困境的"邻里优先战略"，印度此举具有抵制中国影响力的某些地缘政治意义。[①]而尼泊尔面临的疫情失控和政局动荡两大困境也会助推尼泊尔执政当局调整外交策略以寻求多方援助。在民间层面，印人党在执政后也支持印度教民族主义团体将其意识形态扩展至印度境外，近年来，一些印度教民族主义团体加强对尼泊尔的渗透。例如，世界印度教联盟（VHM）一直致力于鼓吹尼泊尔的印度教特性，尼泊尔的亲印政党及保皇势力也一直寻求将"世俗"原则从宪法中去除。[②]基于尼泊尔对印度的依赖和尼印深远的历史文化联系，印度习惯于影响乃至控制后者的政治进程。而印度政府似乎在尼泊尔前左翼政府与中国日益加深的合作关系中警醒，开始采用实用主义的方式对尼施加新的影响，以遏制中国在尼泊尔的影响力。此外，印度对中国与南亚国家在"一带一路"框架下的合作持有错误认知，对中尼双边政治经济关系的升温报以极大的敌视。这些认知与行为足以说明，印度将会在相当长一段时间内对中尼政治关系的稳定发展制造障碍。

[①] Anil Giri, "How India is using vaccine diplomacy to recalibrate its neighbourhood first policy," *The Kathmandu Post*, January 26, 2021, https://kathmandupost.com/national/2021/01/26/how-india-is-using-vaccine-diplomacy-to-recalibrate-its-neighbourhood-first-policy.

[②] Rushali Saha, "Exploring the Structural Challenges in India-Nepal Relations," *South Asian Voices*, July 23, 2020, https://southasianvoices.org/exploring-the-structural-challenges-in-india-nepal-relations/.

三、域外势力横加干涉，分化中尼关系

以美国为代表的域外势力希望在尼泊尔内部施加影响，干扰尼泊尔人民对于发展路径的选择。美国援尼的主要机构是美国国际开发署，该机构声称"其在尼的工作将通过促进透明度和包容性治理来实现加强民主制度、促进经济增长和改善自然资源管理的目标"，这样居高临下的合作态度说明美国对尼援助动机并不单纯。而更引人瞩目的无疑是千年挑战公司（MCC）与尼泊尔政府在 2017 年签署的一项价值 5 亿美元的援助协议，该援助宣称旨在改善尼泊尔的输电线路和道路设施。[①] 但是，该协议的部分条款超越尼泊尔国家主权，且被视为美国对冲中国影响力的"印太战略"的一部分，在尼泊尔国内引发强烈抗议。值得注意的是，美国政府在制定对尼政策时往往受到部分国会议员的影响，其中被频繁操弄的议题便是"确保流亡藏人经尼泊尔顺利抵达印度"。[②] 可见，美国对尼政策难以摆脱地缘政治博弈的底色，对美国来说，中尼关系的加强意味着中国"意识形态的扩张"。作为域外国家，美国不具备印度那样丰富的干预工具，其干涉尼泊尔内政的做法力求精准，显得更加精细化。但美印在对尼政策上的整体目标基本一致，即遏制中国在尼泊尔乃至整个南亚地区日益增长的地缘

[①] "U.S. Relations With Nepal," U.S. Department of State, July 29, 2020, https://www.state.gov/u-s-relations-with-nepal/.

[②] Anil Giri, "Battleground Nepal: China's Belt and Road Initiative vs the US MCC Compact," *The Kathmandu Post*, December 24, 2019,https://kathmandupost.com/national/2020/11/06/us-policy-towards-nepal-expected-to-remain-unchanged-whoever-wins-white-house-race.

政治影响力。毕竟，尼泊尔与美国在政治、经济方面的相互依赖程度仍然很低，排除政治原因，几乎没有其他理由能够解释美国为何在尼泊尔投入资源。如今，MCC 协议在 2021—2022 年所引发的激烈政治纷争增加了对中尼关系未来前景的担忧，美国通过成本相对低廉的行动，在一定程度上达到了分化中尼双边关系的目的，这表明尼泊尔执政者可能会因为争取物质援助而忽视中尼关系以及由此可能会遭受的损失。

四、中尼权力不对称，结构性错误直觉潜在

在非对称的权力结构中，尼泊尔国内民族主义情绪与对华错误认知的相互转化所造成的恶劣后果值得警惕。特别是近年来，一些怀有强烈极端民族主义情绪，带有亲印、亲美色彩的尼泊尔政客与媒体，时常传播有关中国的虚假信息，这对尼泊尔政府的对华政策形成不小的压力。尼泊尔个别媒体在其报道中抨击中国应对新冠疫情的做法，认为中国对尼泊尔的投资是带有"附加条件"的，并认为中尼之间的贸易给尼泊尔带来巨大的贸易逆差，这对尼泊尔民众造成严重误导。[1]2020 年，当尼泊尔共产党（NCP）深陷于党内斗争之际，中国驻尼大使就抗击新冠疫情等问题拜会了尼泊尔高层领导人，但这被尼泊尔前官员错误地理解为"中国对尼泊尔进行微观管理"。[2] 这样的错误认知显然带有极强的主

---

[1] Ankita Mukhopadhyay, "Nepal's delicate balancing act between China and India," *DW*, March 9, 2020, https://www.dw.com/en/nepals-delicate-balancing-act-between-china-and-india/a-52693835.

[2] Dipesh Shahi, "Is China now micro-managing Nepal politics?" *Nepali Times*, May 5, 2020, https://www.nepalitimes.com/latest/is-china-now-micro-managing-nepal-politics/.

观色彩，而且许多此类言论的发声者不乏有曾在尼泊尔政府担任职务的经历，由此可见，部分尼泊尔政治精英对中国仍抱有相当的敌意。实际上，这类错误认知的在于一味地将尼泊尔塑造为中尼合作中的受害者，认为中尼互动只会给尼泊尔带来利益损失。

五、敏感问题易受操弄，中尼合作存在不确定性

中尼政治合作中存在一些易受操弄的敏感问题，包括"流亡藏人"、边界管理、意识形态、政党关系等；但有个别问题纯粹是在人为炒作下才敏感化的。例如，中资在尼项目的环境保护和移民迁居、对尼疫苗援助等。并且，上述两种类型的敏感议题还会相互交织，从而使中尼关系面临一些偶发性的挑战。在流亡藏人问题上，西方国家时常诋毁中国与尼泊尔在流亡藏人问题上"进行交易"。有德国媒体声称，中国在援助尼泊尔灾后重建的过程中，以经济援助和基础设施建设投资换取尼泊尔加强对边境的管理，并提供财政奖励来鼓励尼泊尔移交逃离边境的藏人。[①] 且不论上述说辞是否属实，西方国家的这套话语逻辑意在表明，在中尼边境加强犯罪惩治力度就是对"流亡藏人"所谓人权的侵犯，这无疑是极不负责的言论。2020 年 10 月，尼泊尔卡尔纳利省大会党省议员杰万·巴哈杜尔·沙希提交报告称，中国在中尼边境的胡姆拉地区侵犯了尼泊尔的领土主权，该言论虽在第一时间就受到

---

① Marleen Heuer, "China increases influence over Tibetan refugees in Nepal," *DW*, August 29, 2016, https://www.dw.com/en/china-increases-influence-over-tibetan-refugees-in-nepal/a-19511365.

中尼两国政府的共同否认，但德乌帕政府还是在 2021 年 8 月决定成立调查组以调查此事。[①] 伦敦《每日电讯报》也援引该议员的说辞，称中国军队越境占领了尼泊尔数十公顷的土地，并以该地区边界标志不清为由炒作中国的所谓"入侵行为"。[②] 此外，对于尼泊尔左翼政党与中国共产党的友好合作，个别国家和媒体往往将正常的政党交流污蔑为中国共产党向尼泊尔左翼政党输出意识形态。2019 年 9 月，两国执政党签署谅解备忘录，呼吁高层互访、分享党员培训与发展模式等。但这种正常的政党交流伴随尼泊尔内部纷争，便被污蔑为中国共产党对尼泊尔党政和内政的干涉。[③] 可见，尼泊尔的个别政客和媒体围绕敏感议题所制造的虚假言论，虽然可能只是偶发性的单一事件，但足以对中尼政治关系带来伤害。

[①] Anil Giri, "Border dispute issue with China raised at Congress senior leaders' meeting," *The Kathmandu Post*, August 12, 2021, https://kathmandupost.com/national/2021/08/12/border-dispute-issue-with-china-raised-at-congress-senior-leaders-meeting.

[②] Gopal Sharma and Gabriel Crossley, "China, Nepal deny Nepali opposition's landgrab accusations," Reuters, NOVEMBER 3, 2020, https://www.reuters.com/article/us-china-nepal-border-idUSKBN27J0PP.

[③] Ranjit Rae, "Chinese political activism is on the rise in Nepal," *The Economic Times*, July 11, 2020, https://economictimes.indiatimes.com/news/international/world-news/chinese-political-activism-on-the-rise-in-nepal/articleshow/76900372.cms.

第四章
中国与尼泊尔安全合作机制构建

安全是国家发展的基石，是一国的根本利益。在中国所提出的人类命运共同体理念中，"普遍安全"是五大基本内涵之一。"普遍安全"理念是对传统"绝对安全"理念的深刻革新。当今时代，时空领域比历史上任何时候都要宽广，内外因素比历史上任何时候都要复杂，国家安全涉及的诸多领域，"无所不在，而且将随着社会发展不断拓展"。因此，现今的国家安全概念其实早已超出传统"国家"限界，必须将外部安全与内部安全、自身安全与共同安全、传统安全与非传统安全等统筹起来，才能真正维护好国家利益。[①] 为加强与尼泊尔的安全合作对于维护我国主权和领土完整、打击分裂势力、促进我国西部边陲繁荣和发展具有重要意义。

第一节　中尼安全形势

一、尼泊尔安全形势

在国内，尼泊尔长期受国家政权更迭频繁、政局动荡影响，

---

① 朱康有："人类命运共同体视域下的'普遍安全'"，《光明日报》2020年4月19日第7版。

国内仍存在着由原尼共（毛主义）分裂而成的极端派别所发动的恐怖主义袭击，破坏社会稳定。在外部，"新发展契约"下的印度虽然在一定程度上改变了对尼政策，强调尼印关系的平等性与发展的互利性，但由于印度仍将尼泊尔视为其维护自身安全利益与谋求南亚霸权的重要一环，并未放弃对尼国家内政的干涉，因此，尼泊尔国家主权仍受到印度方面的威胁。此外，美国对尼泊尔国家内政的干涉也实质上存在，其干预尼内政的主要目的也是出于地缘政治考量，最主要的针对目标就是中国。除此以外，因为尼泊尔长期缺乏高效运转的国家机器与他国进行安全协作，所以它成为如人口贩卖、毒品生产与运输等跨国犯罪问题的"滋生地"。

首先是国家内部面临的安全威胁。尼泊尔国内面临的首要安全问题是恐怖主义袭击，正如尼泊尔前总理奥利所言，"正在进行的恐怖活动对尼泊尔的和平、安全、经济发展和社会团结构成直接挑战"。[①]但总的来说，近几年，尼泊尔国内发生的暴力恐怖活动规模较小，其主要目标是袭击大型基础设施、政府办公室或与政府官员有关联的地点。而尼泊尔政府将大部分的袭击归咎于昌德组织（Biplav）集团，该组织于2015年从尼共（毛主义中心）分裂出去。[②]目前，尼泊尔境内共存在约35个恐怖主义团体，不过其中的32个恐怖主义团体几乎销声匿迹，仅3个团体活动

[①] "Terrorist activities major security challenges for Nepal: PM," Xinhua net, April 12, 2018, http://www.xinhuanet.com/english/2018-04/12/c_137106600.htm.

[②] "Country Reports on Terrorism 2019: Nepal," U.S. Department of State, https://www.state.gov/reports/country-reports-on-terrorism-2019/nepal/.

较为频繁①，其中对国内安全形势造成最大威胁的是由内特拉·比克拉姆·昌领导的前尼泊尔共产党（毛主义）分裂团体，即昌德组织（该团体之所以选择分裂，其中的一个重要原因就是认为以普拉昌达为首的部分领导人偏离了原革命路线）。2018 年，该集团多次制造小规模炸弹袭击事件，在印度总理莫迪访问尼泊尔的前几周，一枚炸弹在尼泊尔南部比尔甘杰的印度领事馆爆炸，炸毁围墙；随后不久，简易爆炸装置损坏了"阿伦 3 号"水电站项目的一堵墙，莫迪总理原定将为其揭幕；5 月，当局在昌德组织呼吁全国大罢工的同一天，找到并消除了他们在博克拉机场和农村公路大桥等多个地方埋设的小炸弹。②2019 年 2 月，在拉力特布尔（Lalitpur）发生一起炸弹袭击，死伤 3 人，该团体声称对此次袭击负责；2019 年 5 月，在首都加德满都发生 3 起爆炸袭击（一起在市中心，另外两起在郊区），造成 4 人死亡，7 人受伤，尽管没有人声称对此次袭击负责，但由于案发现场附近发现的小册子同该集团有关，因此，昌德组织被怀疑同这三起爆炸案件相关。③除此以外，该集团同印度极端左翼组织（纳萨尔）有密切的联系，不过由于尼印之间的开放边境缺乏严密的安全控制措施，所以尼泊尔也成为国际恐怖分子的"过境点"或"集结地"。其他恐怖

---

① "South Asia Terrorism Portal (SATP)," https://www.satp.org/terrorist-groups/nepal.

② "2018 Country reports on terrorism-Nepal," U.S. Department of State,https://www.state.gov/wp-content/uploads/2019/11/Country-Reports-on-Terrorism-2018-FINAL.

③ "Nepal explosions kill four in capital Kathmandu," BBC News,May 26, 2019, https://www.bbc.com/news/world-asia-48415620.

主义团体也偶有活动，2021 年 3 月，尼泊尔激进活动组织特莱人民解放阵线 [Janatantrik Terai Mukti Morcha（Revolutionary）] 在尼泊尔东南部锡拉哈地区的地税局办公室制造一起炸弹爆炸案，造成数人受伤。由于尼泊尔共产党分裂引发国内势力的剧烈洗牌，多个组织期望通过宣扬激进思想、采取激烈行动来实现其政治目的。

　　尼泊尔国内的安全形势总体可控，危害较小，但其所处南亚地区恐怖主义活动却非常频繁，危害巨大。根据经济与和平研究所（IEP）发布的《2022 年全球恐怖主义指数报告》显示，南亚地区是恐怖主义的"重灾区"，全球排名前 10 名的国家中南亚地区就有两个国家上榜。纵向比较南亚 8 国发现，2022 年，南亚各国恐怖主义指数排名由高到低分别是阿富汗 9.109，巴基斯坦 7.825，印度 7.432，斯里兰卡 5.445，尼泊尔 4.693，孟加拉国 4.411[①]，分别排名世界第一、第十、第十二、第二十五、第三十四和第四十位。而从经济与和平研究所发布的《2022 年全球和平指数报告》中也可得知，南亚地区虽然在过去的一年中和平程度有所改善，但它仍然是世界上总体和平程度第二低的地区，各国的和平指数等级除不丹以外都属于低等级：排名由低到高分别是阿富汗 3.554，巴基斯坦 2.789，印度 2.578，孟加拉国 2.067，斯里兰卡 2.02，尼泊尔 1.947，不丹 1.481。[②] 从横向比较，自 2009 年以来，尼泊

---

①　"Global Terrorism Index 2022," Institute for Economics & Peace, https://www.visionofhumanity.org/wp-content/uploads/2022/03/GTI-2022-web-09062022.

②　"Global Peace Index 2022," Institute for Economics & Peace, https://www.visionofhumanity.org/maps/#/.

尔的恐怖主义指数几乎连年高于 5，平均值约为 5.14，仅有 3 年恐怖主义指数略低（见图 1），由此可见，尼政府打击恐怖主义势力的形势仍比较严峻。除此以外，尼印之间有一段开放的边界，约为 1600 千米，由于缺乏足够的安全措施，所以尼泊尔成为国际恐怖主义团体的"集散点"和"中转站"，也成为跨国犯罪的"滋生地"。

其次是尼泊尔所面临的外部安全威胁。2016 年，尼泊尔的《国家安全政策》将外国干预、边境入侵列为主要安全挑战，而这些外部安全挑战都同一个国家行为体——印度密切相关。

一是国家内政干预。印度对尼泊尔的国家内政干预最早可以追溯至 20 世纪 50 年代。1950 年 7 月，印度和尼泊尔签署《和平友好条约》，条约规定以印度向尼泊尔提供经济援助和贸易出海口为条件来换取印度在尼泊尔安全与防务领域的特殊话语权。20 世纪 80 年代的"英迪拉主义"和 90 年代的"古杰拉尔主义"在本质上也都是为了防止域外大国干涉而由印度主导南亚事务，体现出鲜明的区域霸权性质。2015 年，印度借尼泊尔出台新宪法引起特莱地区的马德西人不满之机，再次对尼泊尔进行 4 个多月的经济禁运，给尼泊尔造成了严重的物资紧缺。直至 2016 年 1 月，尼泊尔当局对马德西人的政治诉求做出妥协之后才逐渐解除禁运。

二是尼印边境争端与摩擦。印度和尼泊尔之间主要存在两块争议领土，分别是卡拉帕尼地区和苏斯塔地区。1816 年，尼泊尔战败后同英属印度签订《苏高里条约》，条约规定以马哈卡利河

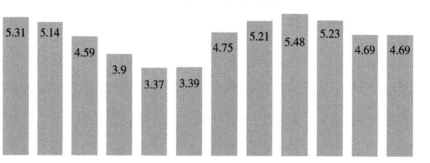

图 1 尼泊尔恐怖主义指数（2011—2022）

资料来源：Institute for Economics & Peace，"Global Terrorism Index"。

作为两国边界的一段，但是关于马哈卡利河的源头双方始终不能达成一致，由此产生了"卡拉帕尼争端"。[①]卡拉帕尼地区面积约为 75 平方千米，由于位于中印实控线附近，因此具有重要的地缘战略意义。1962 年，印度在中印边境战争中战败，在撤退过程中，印方意识到了卡拉帕尼地区的战略价值，随即出兵占领该地区，以此作为中印之间的战略缓冲地带。[②]2019 年 11 月，印度在最新发布的国家地图中包含了该地区，引发了尼泊尔的强烈抗议。2020 年 5 月，印度单方面通过里普列克山口（该山口位于卡拉帕尼地区，地处尼泊尔西北部边缘）修建公路的举动再度引起尼泊尔不满。尼泊尔首都加德满都爆发大规模游行示威。[③]6 月，

① "Defining Himalayan borders an uphill battle," The Free Library, https://www. thefreelibrary.com/Defining+Himalayan+borders+an+uphill+battle.-a058533253.

② 《里普列克：一条通往西藏的公路如何引发印度和尼泊尔的争端》，BBC News（中文频道），2022 年 5 月 22 日，https://www.bbc.com/zhongwen/simp/world-52754016。

③ Anbarasan Ethirajan, "India and China: How Nepal's new map is stirring old rivalries," BBC, https://www.bbc.com/news/world-asia-52967452.

尼泊尔议会通过的宪法修正案将里普列克山口等有争议地区明确划为尼泊尔领土，这引起印度外交部的批评，称"印度不会支持这种单方面扩张行为"。[1] 苏斯塔地区位于尼泊尔的南部边境，面积约为140平方千米，根据条约，两国边境线上有一段甘达基河，但由于该河改道，该河道附近的苏斯塔地区也被印度划在了本国的领土范围以内，要求尼泊尔放弃对该地区的主权要求，并出兵进行占领。

近年来，印度提出了"新发展契约"的概念，强调南南关系的伙伴性和互利性，对尼泊尔进行了交通、能源、卫生与教育等方面的援助，也展开了两国间的经济技术合作项目，一定程度上助推了尼泊尔的经济社会发展，但是由于印度本身同南亚国家合作的动机具有复杂性，因此在实践中并不能完全摆脱政治附加条件的桎梏。如此前所述的《尼印和平友好条约》，莫迪尽管上任后曾表示要对条约进行修改，但迄今为止仍无实质性结果；另外，中尼关系的发展在一定程度上也会影响尼印关系，使其经济援助与贸易合作具有针对性和反复性。

除了印度以外，美国对尼泊尔内政也有所干预，尤其是近年来在尼泊尔国内引起巨大争议的MCC协议。2017年9月，尼美两国签署MCC协议以后，尼泊尔将该协议上交给议会，但一直未被批准，原因就在于MCC协议里的部分条款会损害到尼泊尔

---

[1] Binod Ghimire, "Constitution amendment bill to update Nepal map endorsed unanimously at the Lower House," https://kathmandupost.com/national/2020/06/13/constitution-amendment-bill-to-update-nepal-map-endorsed-unanimously-at-the-lower-house.

的独立自主。根据该协议原文，属于协议文本范围内的争议点主要包括：（1）协议第二章第七条规定，尼泊尔政府确保 MCC 的资金不用于任何违反美国法律或政策的目的；（2）第六章第七条规定，尼泊尔政府同意，MCC 和美国政府的现任或前任官员、雇员免于尼泊尔法律的管辖；（3）第七章第一条规定，双方同意，本协议一经生效，将优先于尼泊尔国内法；（4）附录 5 的第一条规定，尼方必须就布德沃尔—戈勒克布尔输电线路的技术、财务、运行事务形成一份方案，且该方案必须征得 MCC 和印度的同意。① 美国驻尼泊尔大使馆针对民众的集会和抗议做出了关于"十点事实"的解释，称该协议是出于尼方要求制定的，并无任何军事意图，完全专注于经济发展，并表达了促进尼泊尔发展的真诚愿望。② 但美国官员也曾明确表示，MCC 条约体现了美国"印太战略"下广泛提及的价值观和原则。2019 年年初，美国负责南亚与中亚事务的代理助理国务卿爱丽丝·威尔斯曾将 MCC 与"印太战略"联系起来，表示 MCC 的核心目标是遏制中国的崛起和维持美国在亚太地区的经济军事优势。③ 几个月后，美国驻尼泊尔大使兰迪·贝瑞发表讲话，承认美国当前和未来对尼泊尔的所

---

① Millennium Challenge Compact,https://assets.mcc.gov/content/uploads/compact-nepal.pdf.

② "MCC in nepal, top ten facts," U.S. embassy in Nepal, https://np.usembassy.gov/mcc-in-nepal-top-ten-facts/.

③ "Santosh Sharma Poudel," Nepal's MCC Debate Reflects Flaws in Its Decision-Making," https://thediplomat.com/2022/02/nepals-mcc-debate-reflects-flaws-in-its-decision-making/.

有帮助都属于"印太战略"或者它的变体①；另外从其实际行动中不难看出美国对尼泊尔方面施加的压力。2022年2月，美国助理国务卿唐纳德·卢在与尼泊尔领导人进行电话交谈时明确提出，如果尼泊尔方面不能兑现签署协议的承诺，那么美国将会重新审视两国之间的关系，主要有三方面的要求：第一，要求尼泊尔议会必须就MCC协议进行投票；第二，MCC协议没有修改的余地；第三，除了重新审视美尼关系以外，美国对尼的援助与投资都可能削减。②美国对尼就批准MCC协议态度的强硬和其所称的"出于尼方要求""促进尼泊尔发展的真诚愿望"自相矛盾，在一定程度上可被视作"含蓄的威胁"，因此不难看出美国在尼泊尔有特别的战略意图和政治考量。

二、中国西藏地区的安全形势

西藏地区位于中国西南边陲，边境线约为4000千米，与尼泊尔、不丹、印度、缅甸等国及克什米尔地区接壤，具有重要的地缘战略地位，被称为"重要的国家安全屏障"。③目前，中国已同尼泊尔、缅甸两国划定边界，但同印度、不丹两国仍存在领土争议。总体来看，我国西藏地区安全形势较为稳定，境内"藏

---

① Biswas Baral, "The US failure on MCC compact," https://theannapurnaexpress.com/news/political-briefing-the-us-failure-on-mcc-compact-3619.

② "Top American official says US will review Nepal ties if MCC compact is not ratified," https://kathmandupost.com/national/2022/02/10/top-american-official-says-us-will-review-nepal-ties-if-mcc-compact-is-not-ratified.

③ 狄方耀、孙宏年等：《关于加强西藏边境地带安全稳定的意义与有效途径的研究》，《西藏民族大学学报（哲学社会科学版）》，2019年第4期，第29页。

独"势力基本被肃清，但是境外达赖集团自 1959 年发动叛乱失败，流亡印度，建立所谓"西藏流亡政府"之后，长期利用国际舆论和媒体扭曲事实，诱骗与教唆境内藏族僧侣信徒从事暴力活动，得到境外势力支持，培养从事"藏独"活动的武装分子。

首先是利用国际舆论和"藏独"媒体扭曲事实。自 20 世纪 70 年代末开始，十四世达赖集团为了转变自身不利的国际环境，提出了"中间道路"的政治口号，要求西藏"高度自治"，从而实现变相独立。"中间道路"的核心有 5 条：一是不承认西藏自古以来就是中国的一部分，破坏国家主权合法性；二是谋求建立所谓的"大藏区"，要求西藏、青海、云南和甘肃等藏族和其他民族聚居区合并在一起，实现民族分裂；三是要求实行西藏"高度自治"，即不承认中央政府的领导及西藏所实行的社会经济制度；四是反对中央政府在西藏驻军；五是实现藏人的"纯净化"。[①] 近年来，"藏独"势力加强了对"中间道路"的宣传，从而诱骗藏族僧侣与信徒进行暴力活动，扰乱社会治安。2012 年 9 月，十四世达赖集团公开鼓吹自焚行为，称采取这一行为的人为"民族英雄"[②]，煽动青年进行活动，在四川省阿坝藏族羌族自治州的格尔登寺所发生的多起自焚事件就与达赖集团相关。有的国际舆论恶意引导，类似于"自由西藏运动"（Free Tibet）、"自由亚洲电台"（RFA）及"西藏之声"电台之类的境外媒体长期在

---

① 《西藏发展道路的历史选择白皮书》，中华人民共和国国务院新闻办公室，http://www.scio.gov.cn/ztk/dtzt/2015/32720/32741/Document/1415493/1415493.htm。

② 同上。

网络上编造一些关于西藏的谣言。2020年1月，"自由西藏运动"就宣称西藏人大通过的推动"民族团结"的法律将会对藏人和其他少数民族产生消极影响，谎称藏人参加活动的"被迫性"。另外，该媒体还对中国政府进行恶意造谣，声称中国政府侵犯西藏人民群众的隐私，监视其私人信息来往。2021年4月，"西藏之声"电台谎称中国共产党在过去一年内以各种名义打压藏人人权，并破坏西藏的生态环境。这些所谓的国际媒体背后都有西方非政府组织的支持。以"西藏之声"电台为例，它就是于1996年由"挪威人权组织""挪威西藏协会"和"世界观权力组织"3个挪威非政府组织建立的。除此以外，还有一些西方媒体也在利用"西藏问题"编造谣言。2021年3月，英国媒体BBC就对所谓的"藏人流亡政府主席"洛桑桑盖进行了专题采访，而他本人在采访中多次对中国政府进行诬蔑，称"西藏是被占领的"，宣称"要把尊严还给西藏"，并在提到西藏地区的发展时利用"民族感情"和"历史问题"混淆视听。[1]

其次是联合境外势力培养武装分子。2012年6月，《南德意志报》曾发表评论表示，达赖喇嘛并不是如他所言的"和平主义者"，他对美国中情局在西藏行动的了解，远高于他所承认的。[2]1970年成立的"西藏青年大会"（简称"藏青会"）就是其中一个听命于达赖集团的激进组织。该组织曾宣称武装与暴力是西藏获得

① 《藏人流亡政府主席洛桑桑盖：我们早晚都会重新得到尊严》，BBC News中文，https://www.bbc.com/zhongwen/trad/chinese-news-56435080。
② 同上。

独立的必要手段^①，"藏青会"长期以来培训其武装力量，制造了多起暴恐事件，在这一过程中得到了境外势力的支持。"藏青会"在印度的达兰萨拉设有武装训练基地，组建"西藏自由战士协会"，同时还与国际恐怖主义组织相联系以寻求相互支持。境外势力除了对"藏独"势力进行物质支持以外，还在国际社会中对其进行所谓的"法律支持"及舆论支持。2020 年 1 月，美国 CNN 新闻报道众议院通过一项法案，即《西藏政策与支持法》，该法案指出，包括未来的第十五世达赖喇嘛在内的藏传佛教领袖的继任权应完全留给藏传佛教徒，而不受中国政府干预，如果中国官员强行对藏传佛教领袖转世进行干预，则会依据全球《马格尼茨基法案》对其进行制裁，该法案同时呼吁在拉萨建立美国领事馆。^②2021 年 5 月，"西藏人权与民主促进中心"（TCHRD）表示支持美国南希·佩洛西的讲话，敦促各方外交抵制 2022 年北京冬奥会。^③2018 年 2 月，印度总理莫迪到所谓"阿鲁纳恰尔邦"进行活动，此后不久，"藏独"分子在印度举行"纪念逃亡 60 周年"活动；3 月，举行"感谢印度"活动，印度文化部长马赫希·夏尔马等官员出席活动。^④ 由此可见，

---

① 《藏人流亡政府主席洛桑桑盖：我们早晚都会重新得到尊严》，BBC News 中文，https://www.bbc.com/zhongwen/trad/chinese-news-56435080。

② Haley Byrd, "House passes Tibet human rights bill," https://edition.cnn.com/2020/01/28/politics/house-passes-tibet-human-rights-bill/index.html.

③ Tibetan Centre for Human Rights and Democracy, "TCHRD supports calls for 'diplomatic boycott' and relocation of Beijing 2022 Olympics," https://tchrd.org/tchrd-statement-on-the-bipartisan-congressional-joint-hearing-on-china-genocide-and-the-olympics/.

④ "Dalai Lama faces cold shoulder as India looks to improve China ties," *Hindustan Times*, 2018 年 3 月 29 日，https://www.hindustantimes.com/india-news/dalai-lama-faces-cold-shoulder-as-india-looks-to-improve-china-ties/story-x87a4bFEOtPQAOuMOZ83CO.html.

境外势力的干预使得我国肃清"藏独"势力的任务颇具复杂性和艰巨性。

三、中尼边境安全形势

中尼边界线全长约1400多千米,边界线中方一侧是西藏阿里、日喀则地区的普兰、仲巴、萨嘎、吉隆、聂拉木、定日和定结7个县①,自20世纪60年代初两国边界正式划定以来,中尼边境治安状况基本良好,双方签署了一系列条约与协定来为边防警务合作提供法理依据。2012年1月,两国签署了《中华人民共和国政府和尼泊尔政府关于边境口岸及其管理制度的协定》,根据协定,两国边检部门必须根据自己国家的法律法规行使职权,相关人员、物品和运载工具也必须接受双方部门的检查,另外两国还应加强特殊或紧急情况下治安管理的合作。②与此同时,两国基层边防警务也基本建立起高效执法的合作模式。自2013年4月,中国警务合作处正式成立以来,已经同周边国家形成了"边对边"的跨境执法合作模式,中尼两国的跨境执法工作也进入了新的阶段,目前已经形成了总队级、支队级(支队、边检站)两级执法合作机制。③尽管如此,随着中尼边境贸易的发展,在政治经济利益的驱动下,两国之间跨境走私、金融诈骗等犯罪形势也愈发

---

① 益西加措:《西藏:加强边境基础设施建设,保障边疆安全稳定》,《边界与海洋研究》,2019年第6期,第15页。

② 《中华人民共和国政府和尼泊尔政府关于边境口岸及其管理制度的协定》第四条。

③ 洛桑扎西:《中尼边防执法合作问题初探》,《安徽警官职业学院学报》,2017年第2期,第68页。

严重，使边防检查与边境管控的任务更加艰巨。

首先是走私现象严重。中尼两国边境的走私物品主要有两大类，一是珍稀动植物，二是黄金及其制品。关于珍稀动植物，尼泊尔境内自然资源丰富，尤其是生物资源，有数据显示尼泊尔境内共有 6500 多种珍稀植物，如印度石莲花、版纳蝴蝶兰等；1000 多种野生动物和鸟类，如豹猫和红嘴相思鸟等。因此，随着中尼边境交通运输环境的改善，不法分子对此也趋之若鹜。2013年 6 月，尼泊尔警方就在其西部边境与中国接壤地区丁克尔缴获5 张豹子皮、50 千克豹骨、4 箱虎牙，以及两只象牙，共计价值5000 多万美元。该地区也是犀牛、大象与老虎等珍稀动物走私活动最为猖獗的地区，而走私活动的主要目的地就是中国。另外，2016—2017 年间，有 100 多人因走私动物制品被捕[1]，尼泊尔国家公园与野生动物保护部门的人员表示，由于野外办公资源不足，工作人员无法对每天过境的上百辆卡车和人员进行严密盘查与监控。关于黄金走私，因为南亚地区是全世界金价最高的地区之一，中国境内 24K 黄金的价格甚至低于尼泊尔当地 18K 黄金的价格，所以将黄金从中国走私到尼泊尔的非法盈利极高，并且尼泊尔仅是黄金走私的"中转站"，走私到尼泊尔的黄金 90% 以上还会

---

[1] Kalpit Parajuli, "Smuggling of rare animals such as tigers, elephants and rhinoceroses is rampant in the border area between China and Nepal," http://www.asianews. it/news-zh/%E4%B8%AD%E5%B0%BC%E8%BE%B9%E5%A2%83%E5%9C%B0%E5% 8C%BA%E8%80%81%E8%99%8E%E3%80%81%E5%A4%A7%E8%B1%A1%E5%92%8 C%E7%8A%80%E7%89%9B%E7%AD%89%E7%8F%8D%E7%A8%80%E5%8A%A8%E 7%89%A9%E8%B5%B0%E7%A7%81%E7%8A%AF%E7%BD%AA%E7%8C%96%E7% 8D%97-28167.html.

被进一步走私到世界上最大的黄金消费国——"印度"。[①]2017年9月，尼泊尔警方就在加德满都的特拉帕蒂（Chhetrapati）缴获88千克黄金，该批黄金是从中国西藏吉隆口岸至尼泊尔热索瓦口岸走私到境内的，这也是迄今为止尼泊尔警方破获的最大一起黄金走私案。[②]同年的1月初和8月底，尼警方就已经分别查获黄金33千克和15千克。在走私黄金暴利的诱惑下，甚至一些警方人员会"监守自盗"，2018年4月，尼副警察总监 Prajit KC 和 Govinda Niraula 就因涉嫌黄金走私而被逮捕。[③]由此可见，打击边境走私活动的任务相当艰巨。2019年7月，尼泊尔警方再次破获黄金走私案，并表示尽管通过机场走私黄金的发生率已大幅度降低，但是利用中尼北部边境走私黄金的犯罪案件层出不穷，难以有效控制与打击。[④]

其次是网络金融诈骗事件频发。随着中国境内打击网络电信诈骗的力度不断加大，一些犯罪团伙选择转移窝点，以旅游名义前往中国周边部分网络刑侦技术手段还有待完善的国家实施犯罪，尼泊尔就是他们选择的国家之一。2019年12月，尼泊尔警

[①]　Nayak Paudel, "Big hauls of gold are being smuggled through the northern border, authorities say," https://kathmandupost.com/national/2019/07/28/big-hauls-of-gold-are-being-smuggled-through-the-northern-border-authorities-say.

[②]　"尼泊尔警方破获88千克黄金走私案创该国新纪录"，新华网，2017年9月5日，http://www.xinhuanet.com/world/2017-09/05/c_129696074.htm。

[③]　Nayak Paudel, "Everything you need to know about the biggest gold smuggling racket in Nepal," https://kathmandupost.com/national/2019/03/13/everything-you-need-to-know-about-the-biggest-gold-smuggling-racket-in-nepal.

[④]　Nayak Paudel, "Big hauls of gold are being smuggled through the northern border, authorities say," https://kathmandupost.com/national/2019/07/28/big-hauls-of-gold-are-being-smuggled-through-the-northern-border-authorities-say.

方就逮捕了 122 名持旅游签证入境进行电信诈骗的中国公民，这起案件是尼泊尔警方 2019 年最大规模的"打击持旅游签证入境进行犯罪"执法活动。2022 年 2 月，尼泊尔警方逮捕了包括中国公民蒋某在内的 37 名贷款诈骗嫌疑人，该团伙由尼泊尔公民和中国公民组成，通过多个移动应用程序进行贷款诈骗。根据尼泊尔《银行和金融机构法》，尼泊尔的联合调查组将对其进行进一步调查。[①]

除此以外，在中尼边境城镇还存在一定规模的人口贩卖和其他犯罪活动。尼泊尔加德满都大学教授 Uddhab P. Pyakurel 在 2014 年 4 月前往中尼边境考察的报告中写道，"许多人（大多数人为妇女与儿童）因为性交易与劳力在边境间流动。据了解，地震前樟木镇存在许多舞厅、旅游餐厅和秘密的红灯区，一些尼泊尔年轻女性被带至当地进行性交易或劳力工作"。[②] 2019 年 8 月，尼泊尔警方在特里布文国际机场逮捕 10 名涉嫌人口贩卖的犯罪嫌疑人，这些犯罪嫌疑人主要从尼泊尔农村地区诱骗年轻女性"嫁到"中国，而贩运女性人口的犯罪趋势之所以在上升，一方面，是因为中国市场的"需求"庞大，且中国买家会向尼泊尔妇女的家庭提供高额的"彩礼"，约为 150 万卢比（约 13 万元人民币），以及向"新娘"赠送价值约 6 万卢比（约 5000 多元人民币）的礼物；另一方面，则是因为尼泊尔有关人口贩运的法律还有待完

---

① "37 people arrested for digital loan scam," https://nepalnews.com/s/capital/37-people-arrested-for-digital-loan-scam.

② Uddhab P. Pyakurel, "Valid documents are useless? Four incidents across the border between Nepal and China," https://www.thenewslens.com/article/12027.

善，其《2007 年人口贩运和运输法》并未将贩运限制为"为了买卖目的而将一个人带出该国"。[①] 由上可知，打击边境非法人口贩运的形势仍然比较严峻。

第二节　中国尼泊尔安全合作机制建设

一、中尼安全合作机制建设的机遇与内在优势

2013 年 10 月，在中华人民共和国成立以来首次举行的周边外交工作座谈会上，提出了要按照"亲、诚、惠、容"的周边外交理念和"与邻为善、以邻为伴"，坚持"睦邻、安邻、富邻"的周边外交方针[②]，加强同周边国家在各个领域、各个层次的友好交往和务实合作。尼泊尔作为与中国毗邻的一个重要邻国，近年来两国在政治、经贸等领域的合作不断扩大，合作范围也不断拓宽。这在一定程度上对中尼安全合作机制的建设起到了助推作用，具体表现在以下几方面。

（一）两国高层交往对建立良好政治、安全关系具有重要引领作用

国与国之间建立全方位安全合作机制的前提条件之一，就是

---

① Shuvam Dhungna, "Nepali women are being trafficked to China and sold as wives," https://kathmandupost.com/national/2019/09/09/nepali–women–are–being–trafficked–to–china–and–sold–as–wives.

② "特稿:亲望亲好 邻望邻好——写在新中国首次周边外交工作座谈会召开五周年之际",新华网,2018 年 10 月 23 日,https://baijiahao.baidu.com/s?id=1615108561701333457&wfr=spider&for=pc。

两国首先应有深厚的政治互信基础。两国要在安全领域进行合作，必须对彼此间关系有着高度信任，即相信合作的另一方不以干涉自身内政，甚至是谋求政权更迭与国家消亡为目的；安全合作机制建设涉及国家之间的情报互换、信息共享，包含维持社会秩序、人道主义救援、自然灾害和地区安全应对等方面的内容，所以国家之间健康成熟的政治关系对安全合作机制的建设至关重要。国家领导人及政府高层的密切交往，一方面，可以就重大关切问题进行开诚布公的会谈，从而更加高效地推动国家间关系向前发展；另一方面，通过领导人自身魅力与形象塑造，给予他国公众以亲切感和信赖感。除此以外，国家高层间的密切往来，本身就对国家间良好政治安全关系的建立发挥引领作用，政治互信也就逐渐建立起来，在此基础之上进行更加深入的军事安全领域的交流与合作，建立安全会晤机制也就更加容易、便利和快捷。

尼泊尔长期以来奉行"等距离"外交，在中印两国间"左右逢源"。当面临印度的压力时，为平衡印度的影响，也为促进本国经济发展，尼泊尔就会加强与中国的联系，再加上中尼两国间并无领土争端等敏感性问题，因此双方关系一直处于较为稳定的状态。2015年尼泊尔大地震后，中方的援助及印度的经济封锁助推了中尼两国关系的升温。2018年6月19日至24日，奥利再次出任尼泊尔总理后，对中国展开为期6天的国事访问，双方签署了包括铁路修建、水利工程在内的14项协议；2019年4月24日至5月2日，尼泊尔总统比迪亚·德维·班达里首次访问中国；2019年10月，中国国家主席习近平访问尼泊尔，两国签署《中尼联合声明》。中尼双方明确表示，不会允许任何势力在尼泊尔的领土从事关于所谓的"西藏独立"的反华分裂活动，中方也表示支持与尊重尼泊尔自主选择自身的制度和发展道路，支持与维护尼泊尔主权独立和领土完整，表明了两国鲜明的政治立场和态度。2020年11月，时任中国国防部部长魏凤和访问尼泊尔，会见尼泊尔最高领导人。双方都表示愿意加强彼此间的军事合作，将现有的双边友好关系推向新的高度。[①] 中国将为尼泊尔军队建设提供持续的援助和支持，中国还承诺，将在维护尼国家独立、主权和领土完整方面给予大力支持。

（二）两国凝聚安全与社会共识，对密切双边安全合作发挥稳固作用

国与国之间各个领域的深入合作，所要依靠的不仅是政府政策的指导，还有两国人民自身的有效互动。政府政策指导所能解决的只是两国合作所涉及的范围或领域，但要形成友好交往的长效机制，更多的是需要两国民众在长期交往中建立起一种双方都认可的"互动模式"——它或以情感联系为基础，或以互利互惠为基础，这种"互动模式"的产生，可以对国家间包括安全在内的各个领域的合作起到深化作用。中尼关系尽管数十年来基本保持稳定，但是直到近年来因为"一带一路"倡议的提出和尼泊尔内政外交的需要，中尼合作交流才更加紧密。可以断言，"一带

[①] "Chinese defence minister in Nepal to bolster military cooperation," *The Times of India*, https://timesofindia.indiatimes.com/world/south-asia/chinese-defence-minister-in-nepal-to-bolster-military-cooperation/articleshow/79475019.cms.

一路"合作的实施，对于中尼两国而言都是发展契机，一方面，它可以在一定程度上促进尼泊尔经济社会发展，加快摆脱贫困落后的状态，同时它也可以帮助中国企业走出国门，实现更大范围内的互利共赢；另一方面，随着双方各领域合作与交流的深入，民众对两国国情、文化、社会制度和经济发展模式有了更多的认识和了解，这有助于两国形成和谐的"互动模式"。除此以外，关于安全共识，由于中国企业在海外投资建厂等活动需要一个相对和平的环境，而尼泊尔谋求自身经济发展也需要保持社会的和平安宁，以争取更多的外国投资。中尼两国安全共识的形成，会对两国安全合作机制的建立与巩固，起着内在的强化作用。

（三）抑制外部势力干预，对稳步推进两国安全合作发挥促进作用

在"一带一路"合作下，中尼两国构建起跨喜马拉雅的立体互联互通网络体系，将会对双方在安全方面的深入合作产生积极影响。长期以来，由于地理条件的客观原因，尼泊尔同印度有着极为密切的联系，相较之下，同中国的关系则显得平淡，它所实行的"等距离"外交也更多是向印度"倾斜"。尽管如此，尼泊尔同印度在经贸、政治、文化与社会等各个方面的密切联系，它实质上更多是对印度的一种"非对称性"依赖，换言之，两国之间的关系是不平等的，印度就曾多次利用贸易禁运等经济手段对尼泊尔政治进行干预。而且由于尼泊尔在南亚地区的特殊地缘位置、中印之间薄弱的政治互信基础及印度自身的国家定位，中尼两国在安全方面的合作一定程度上会引起印度的猜忌，甚至会"故技重施"。因此，构建中尼之间的互联互通网络虽有利于尼泊尔在经贸方面摆脱对印度的过度依赖，但也可能招致印度新的瓜葛。

（四）与周边国家合作反恐的成功经验，为两国安全合作提供有益借鉴

长期以来，中国在同周边国家联合打击恐怖主义势力与民族分裂主义势力的合作中积累了宝贵的经验。中国曾向阿富汗军队提供价值数百万美元的军事装备，用于打击东突势力[①]；在同巴基斯坦十多年来的反恐合作中，中巴在双边和多边层面都展开定期交流，两国建立了部长级双边交流机制，相互磋商，共享情报信息，交流专业知识，进行联合反恐军事演习。[②]中国还向巴基斯坦提供了5亿多美元的现金援助、提供爆炸物扫描仪等先进装备，用于增强其反恐能力。[③]相较于尼泊尔警方而言，中国在资金、技术等方面具备一定的优势，而这将对两国建立安全合作机制产生积极影响。一方面，中国可以发挥自身在反恐领域的资金、技术优势，在侦破跨国犯罪案件中给予尼方一定的物质支持；另一方面，中国也可以在尼泊尔邀请下培训当地警务力量，提升其应急反恐能力，这也有利于培养两国警方在联合执法中的协调管理能力。

[①]　"What's behind China's Offer of Military Aid to Afghanistan," *The Diplomat*, https://thediplomat.com/2016/03/whats-behind-chinas-offer-of-military-aid-to-afghanistan/.

[②]　Khan, Rashid Ahmad, "Pakistan and China," *Strategic Studies*, Vol.32, 2012, pp.70-78.

[③]　Ibid.

（五）基层边防的长期友好合作，为两国安全合作机制建设奠定基础

近年来，中尼两国基层边防力量在边境管控与治理等方面已经采取了一系列的协同措施。2010 年，西藏公安边防总队成立警务合作办公室，以便更好地指导基层单位与尼泊尔的跨境执法合作，而在基层合作中，以边检站为主的基层单位联合相关部门成立了警务合作办公室，建立起联络员机制。① 与此同时，两国政府还签署了一系列条约或协定来为边防联合执法奠定法律基础。2012 年，中尼两国签署了关于边境口岸管理制度的协定（2019 年在协商基础上重新签署）。两国还加强在其他安全领域的合作。2014 年，两国央行签署《中国反洗钱监测分析中心与尼泊尔金融信息中心关于反洗钱和反恐怖融资金融情报交流合作谅解备忘录》，2019 年，中国国家主席习近平访问尼泊尔期间，两国签署《中尼刑事司法协助条约》。双方同意进一步加强执法机构信息交流、能力建设和培训合作。未来 3 年中方将为尼方每年培训 100 名执法人员。双方将继续加强安全人员互访、联演联训、救灾减灾、人员培训等领域交流合作。②

---

① 洛桑扎西：《中尼边防执法合作问题初探》，《安徽警官职业学院学报》，2017 年第 2 期，第 68 页。

② "中华人民共和国和尼泊尔联合声明"，中华人民共和国外交部网站，2019 年 10 月 13 日，https://www.mfa.gov.cn/web/gjhdq_676201/gj_676203/yz_676205/1206_67681 2/1207_676824/201910/t20191013_9301032.shtml。

二、中尼两国安全合作机制建设面临的问题与外在挑战

中尼两国尽管在安全机制构建上具有重大历史机遇和内在优势，但是两国也存在一些机制构建所面临的问题与外在挑战。

（一）尼泊尔国内对安全管控重视不够，能力不足

第一，尼泊尔国内关于恐怖主义的立法比较缺乏。目前，尼泊尔国内并没有一项专门针对恐怖主义和向恐怖主义犯罪提供物质支持进行定罪的法律。2018 年的《刑法典》尽管对涉及危害国家安全有较为广泛的规定，即"禁止个人建立拥有武装的军事或准军事组织，禁止任何人与有组织的武装结盟以破坏尼泊尔国家主权、领土完整或民族团结"，但是因为对恐怖主义的界定不够清晰，尼泊尔法院可能会根据与构成犯罪相关的其他法律条款起诉肇事者 [1]，如谋杀与纵火。除此以外，尼泊尔针对打击境外恐怖主义势力、调查跨国犯罪等方面申请司法互助，以及处理引渡请求方面的经验尚有待提高。

第二，尼泊尔国内执法部门侦破恐怖主义犯罪的能力有限。尼泊尔警察特别局是直接负责反恐活动的执法机关。该部门总人数为 120 人，人员配置较少且在处理现代刑事犯罪证据如网络追踪、DNA 采集比对等方面技术手段不足。另外，尼泊尔虽然成立了金融情报部门（FIU-Nepal）和洗钱调查部（DMLI），以打击恐怖主义背后的资金链流动，然而这两个部门仍然缺乏相关

---

[1] "2016 Country reports on terrorism-Nepal," U.S. Department of State, https://www.state.gov/reports/country-reports-on-terrorism-2016/.

的专业知识和能力，也缺乏同其他政府部门的资源共享与信息沟通 [①]，部门协调有待提高，在打击跨境恐怖主义资助等方面所制定的一些法律的实质成效有限。

第三，尼泊尔国际机场安全控制薄弱。特里布文国际机场是尼泊尔首都加德满都唯一的国际机场，该机场缺乏严格的旅客信息处理系统。作为出发点，它没有紫外线等技术手段检查旅客证件的真伪，作为目的地，旅客的着陆信息也没有录入数据库；缺乏对托运行李进行严密筛查的先进技术，目前，特里布文机场仅能通过金属探测仪和身体轻拍的方式对乘客本人进行安检，对其携带行李的安全性则有所忽视；机场安全设施也存在漏洞，员工进出的检查也是薄弱环节，员工入职和在职期间的背景调查也不够严格。由于尼泊尔国际机场的安全检查较为薄弱，因此它经常成为国际恐怖主义分子的过境点。

第四，尼印边界管控能力较弱。尼泊尔和印度之间有一段开放的边界，长达1600多千米。边境处设有少许检查站，检查站通常情况下只配备极少数移民官员，安检人员严重缺乏，因此，绝大多数过境车辆不会被要求停车进行检查，司机也可以很容易就绕行避过审查；检查站缺乏足够资源支持，安全设备有时甚至缺乏稳定的电力系统来对边境实施有效控制。[②]

---

① "2016 Country reports on terrorism-Nepal," U.S. Department of State, https://www.state.gov/reports/country-reports-on-terrorism-2016/.

② "2017 Country reports on terrorism-Nepal," U.S. Department of State, https//www.refworld.org/docid/5bcf1f90c.html.

（二）中尼边境治安管控仍存在缺陷

中尼边境治安管控的缺陷主要表现在边防执法的法律依据不足、合作层级较低，以及边防执法实践的平等性较为薄弱几方面。首先，中尼边防执法法律依据的数量、影响力都不够，目前仍是以联合声明为主。然而在理论层面上，联合声明本身的法律约束力存在争议；在实践层面上，它不能有效应对长期执法合作过程中出现的各种突发情况，不能满足日益发展的两国执法合作实践需求。[①] 其次，两国边防执法合作层级较低。2013 年，中尼两国边防已经正式形成了总队、支队的两级合作机制；但两国边境合作机制层级偏低，并不是立体式、系统化的联络机制，而这在一定程度上会影响边防执法的有效性。例如，受执法权限限制，对一些重大案件的合作无法及时做出回应。除此以外，两级之间的会晤由于具有临时性和专项性的特点，因此不能满足中尼边防执法点多线长面广的执法环境实际。[②] 最后，边防执法实践的平等性较为薄弱。这一问题存在的客观原因，是由于中尼两国移民局的现代化结构不同，中国已经建立了符合国际通用标准的一系列安检设施和程序，而尼泊尔在这一方面仍较为落后，因此，部分尼泊尔公民入境可能会因为公民身份证件语言并非国际通用语言，机器无法识别的原因造成"困难"，中国安检单位会在身份认证方面消耗更长的时间，从而产生所谓的"不平等"现象。

---

① 洛桑扎西：《中尼边防执法合作问题初探》，《安徽警官职业学院学报》，2017 年第 2 期，第 70 页。

② 同上。

（三）印度国家定位和战略规划带来的挑战

自独立以来，印度继承了英国殖民主义"遗产"，认为自身"肩负着维护南亚地区秩序与安全的责任"，将该地区纳入自己的势力范围。1983 年，印度总理英迪拉发表讲话，明确表示印度不会允许外国势力干预南亚地区事务，如果南亚各国需要援助，那么应首先从本地区内部寻求帮助，这堪称是印度版的"门罗主义"，由此可见，印度希望自己成为南亚地区的政治主导力量，更进一步，印度希望以南亚次大陆为"跳板"，成为世界性的大国。[①]事实上，印度也通过吞并锡金、肢解巴基斯坦和全面控制不丹内政外交等手段逐渐构建南亚次大陆的地缘政治格局。对于尼泊尔，印度尽管名义上承认尼泊尔的独立和主权，但是实际上却仍然把它作为"婆罗多巴什"（Bharatbarsh）（即印度次大陆）的一部分，两国间天然的文化、语言和地理上的亲密联系，更是从侧面强化了印度对尼泊尔的态度与政策。[②]因此，中尼两国安全合作机制面临的主要外部挑战就是印度，而印度之所以会对中尼两国安全合作机制建设进行干预，一方面，因为尼泊尔特殊的地缘战略位置和中印之间薄弱的政治互信基础，另一方面，中尼安全合作机制的建设一定程度上会使印度认为它在南亚地区的霸权受到削弱。

---

① 陈继东：《当代印度对外关系研究》，巴蜀书社 2005 年版，第 62 页。
② 如博·萨普科塔著，赵雪丹译：《中国—印度—尼泊尔三边主义：超越地缘政治的倡议》，《国际安全研究》，2016 年第 4 期，第 78 页。

第三节　中尼在传统安全方面的合作

一、建立中尼双边安全对话机制

安全问题是各国的头等大事，世界各国应共同应对各种全球化的挑战。但以美国为首的西方国家仍然固守冷战零和思维、大搞分裂对抗，不断推动北约东扩，最终引发俄乌冲突，"新冷战"降临欧洲。美国还通过拼凑所谓四方安全对话机制、美英澳三国联盟和亚太版北约在军事上围堵中国，在经济和科技领域建立各种"小圈子"，竭尽所能打压、排挤和封锁中国。面对错综复杂的国际形势和安全挑战，世界迫切需要新的全球安全治理。2022年4月，习近平主席提出全球安全倡议，倡导坚持共同、综合、合作、可持续的安全观，立足人类是不可分割的安全共同体，走出一条对话而不对抗、结伴而不结盟、共赢而非零和的新型安全之路。[①]

为了应对传统安全的挑战，中尼两国建立了多层次的安全对话机制。首先，领导人互访为两国安全对话和军事合作指明了方向。尼泊尔总统、总理多次访问中国，尼方一直坚定奉行一个中国政策，台湾是中国领土不可分割的一部分，西藏事务是中国内

[①] 习近平：《构建高质量伙伴关系 开启金砖合作新征程"在金砖国家领导人第十四次会晤上的讲话》，中国政府网，2022 年 6 月 23 日，http://www.gov.cn/gongbao/content/2022/content_5699921.htm。

政，决不允许利用尼泊尔领土从事任何反华分裂活动。[①] 中国领导人也多次访问尼泊尔，尤其是 2019 年 10 月，习近平主席访问尼泊尔，将中尼关系提升为面向发展与繁荣的世代友好的战略合作伙伴关系。中方将继续坚定支持尼泊尔维护国家独立、主权和领土完整，坚定支持和尊重尼方自主选择符合本国国情的社会制度和发展道路。[②] 两国领导人的友好互访、对两国核心利益的坚定支持，反映了两国人民追求和平与发展的强烈愿望，为两国的安全对话和军事合作提供坚强指引，为推动构建中尼命运共同体注入强大动力。

其次，加强军方高层的交流互动。2018 年 7 月，时任国务委员兼国防部长魏凤和会见来访的尼泊尔军队参谋长切特里。同年 10 月，时任中央军委副主席许其亮会见尼泊尔副总理兼国防部长博克瑞尔。2019 年 6 月，时任国务委员兼国防部长魏凤和在北京会见了尼泊尔军队参谋长塔帕，2020 年 11 月，尼泊尔总统班达里、总理兼国防部长奥利在加德满都分别会见到访的时任中国国务委员兼国防部长魏凤和，在此次会晤中尼方感谢中方多年来对尼军建设的大力支持，并表示愿进一步密切各领域关系，不断深化两军友谊与合作，中方也表示会一如既往为尼军建设提供支持帮助，为两国人民福祉和地区和平稳定做出更大贡献。[③]

---

① "中华人民共和国和尼泊尔联合声明"，中华人民共和国外交部网站，2019 年 10 月 13 日，https://www.mfa.gov.cn/web/gjhdq_676201/gj_676203/yz_676205/1206_676812/1207_676824/201910/t20191013_9301032.shtml。

② 同上。

③ "尼泊尔总统、总理会见魏凤和"，中国国防部网站，2020 年 11 月 29 日，http://www.mod.gov.cn/topnews/2020-11/29/content_4874836.htm。

最后，建立中尼边境基层警务合作机制。西藏普兰口岸联检大楼有一个特别联合指挥部，普兰边检站民警和尼泊尔驻胡姆拉县警察定期在此会晤。[①]2015年的尼泊尔"4·25"地震发生以后，樟木口岸边境防控管理形势严峻。担负着守边控任务的聂拉木边检站先后代表西藏公安边防总队多次与尼方开展边境事务管理会谈会晤，充分确保了中尼双方边境管理地区的和谐稳定。[②]多数中国边防民警还能熟练地运用汉、尼、藏三种语言，给中尼边民讲解法律法规，维护口岸秩序，架起了中尼基层安全合作的交流之桥。

二、携手联演联训，共建长治久安

2017年4月，中尼进行了为期10天的"珠峰友谊—2017"两军联合训练，这在中尼军事交流合作历史上尚属首次。2018年9月，尼泊尔退出在印度举行的"环孟加拉湾多领域经济技术合作倡议"（BIMSTEC）联合军演，转而在几天后于中国四川成都同中方一起举行"珠峰友谊—2018"联合训练。前两次的演练重点科目是反恐和灾害管理。2019年，在巩固前两次军演成果的基础上，进行了为期13天的"珠峰友谊—2019"联合训练，这是中尼两军特种部队第三次举行此项联合训练，也是第二次在尼泊

---

① 钟悦祺、张伟：《西藏普兰中尼边境"点把头"养成记》，中国新闻网，2020年6月12日，https://baijiahao.baidu.com/s?id=1669183575644128426&wfr=spider&for=pc。
② "中尼加强警务合作 西藏边防部队援助尼方警用物资"，中国新闻网，2017年3月10日，https://www.chinanews.com.cn/mil/2017/03-10/8170851.shtml。

尔举行此项联训。① 中尼军方携手开展联合培训，在提高两军特种部队反恐能力的同时，表明两国勠力同心打击恐怖主义的决心，彰显两国军方共同维护周边安全、实现中尼边境长治久安的良好愿景。

在注重军队能力提升的同时，中尼安全合作也注重对军事精英的培养。尼泊尔 4 个军事指挥战区的司令中就有两位曾接受中国的相关培训。尼泊尔中部战区司令部司令巴布拉姆·什雷斯塔曾参加中国旅长课程②，尼泊尔山谷司令部司令约格·拉吉·夏尔马曾到中国北京进行过执法培训。③2019 年，在《中华人民共和国和尼泊尔联合声明》中，双方同意进一步加强执法机构的信息交流、能力建设和培训合作。未来 3 年中方将为尼方每年培训 100 名执法人员。本着加强安全领域合作的目的，双方将继续加强安全人员互访、联演联训、救灾减灾、人员培训等领域的交流合作。④

三、注重边境安全，加强边境管控合作

边界是中尼友好的纽带、合作的桥梁，为两国关系发展做出

---

① 陈锦阳、晏良：《中尼举行"珠峰友谊—2019"特种部队联合训练》，《解放军报》，2019 年 8 月 29 日。

② "Biography of Major General Baburam Shrestha," Nepali Army,https://www.nepalarmy.mil.np/command/mid_command.

③ Ibid.

④ "中华人民共和国和尼泊尔联合声明"，中华人民共和国外交部网站，2019 年 10 月 13 日,https://www.mfa.gov.cn/web/gjhdq_676201/gj_676203/yz_676205/1206_676812/1207_676824/201910/t20191013_9301032.shtml。

了重要贡献。[①] 其历史可追溯到 20 世纪 60 年代中尼双方签署的《中尼边界条约》，中尼边境问题得以解决，双方在此之后签署的边界管理制度、司法协助条约、引渡条约等文件中均提到希望提升两国边境管理合作的水平，加强边境管理，共同打击非法入境。[②] 在 2018 年的两国联合声明中，双方同意尽早商签双边司法协助条约和引渡条约，加强边界管理，共同打击非法越界和跨境犯罪。双方同意加强边境安全和管理合作，商签边界管理制度协定。[③] 自新冠疫情突发以来，中国人民解放军多次向尼泊尔军队提供疫苗、防护服、医用口罩、额温枪等防疫物资的捐赠和援助。尼方积极响应中方"一带一路"倡议，愿进一步密切双方的政治、经济等各领域的关系，不断深化两军的友谊与合作。中共中央先后 7 次召开西藏工作座谈会，要求做好维护国家安全，确保边疆巩固和边境安全[④]，中尼边境不仅以西藏为"界"更为"介"，具体把省份作为抓手和落脚点，以此为边境合作管理的媒介，保卫西藏与尼泊尔边境安全。未来中尼双方需要继续在推进《中尼边界管理制度协定》、筹建边界联合委员会、建立边境疫情联防

---

① "中尼举行边界事务司局级磋商"，中华人民共和国外交部网站，2022 年 7 月 15 日，https://www.mfa.gov.cn/web/gjhdq_676201/gj_676203/yz_676205/1206_676812/xgxw_676818/202207/t20220715_10721901.shtml。

② "中华人民共和国和尼泊尔联合声明"，中华人民共和国外交部网站，2019 年 10 月 13 日，https://www.mfa.gov.cn/web/gjhdq_676201/gj_676203/yz_676205/1206_676812/1207_676824/201910/t20191013_9301032.shtml。

③ "中华人民共和国和尼泊尔联合声明"，中华人民共和国外交部网站，2018 年 6 月 22 日，https://www.mfa.gov.cn/web/gjhdq_676201/gj_676203/yz_676205/1206_676812/1207_676824/201806/t20180622_7990825.shtml。

④ 姬广礼、戴永红：《边境安全共同体：中国—尼泊尔边境安全的协同治理》，《西藏大学学报（社会科学版）》2022 年第 1 期，第 225 页。

联控机制、进一步提升口岸货物通关能力、推动边界联检等方面深化合作。

四、军事装备与技术的交流与合作

尼泊尔坚定奉行一个中国政策，各届政府都承诺绝不允许任何势力利用尼领土进行反华活动，这是中尼安全合作的基石。受周边环境条件限制及军事实力差异较大的影响（根据 GFP2022 年全球军事实力排名显示，尼泊尔在所统计的 142 个国家中位居第 119 位，中国则位居第 3 位）[①]，客观而言，两国所能涉及的合作范围有限，更多是中方为尼泊尔提供军事物资援助、技术支持，以及开展军事教育培训等。国务委员兼国防部长魏凤和在会见尼泊尔军队参谋长切特里时提到，中方将继续为尼国家和军队建设提供支持和帮助。中尼军方将会进一步加强战略沟通，拓展人员培训、装备技术、救援减灾等领域的合作，为构建人类命运共同体和"一带一路"建设做出更大贡献。[②]早在 1988 年，中国和尼泊尔就签署了一项情报共享协议，尽管这引起了印度的不满，但中国依然向尼泊尔提供了部分军备物资。[③]2009 年，访问尼泊尔的中国代表团表示中方为尼提供总额为 2080 万元人民币的非武器军事援助，到 2015 年，中国将两套总价值 5900 万元人民币的

[①]　"GLOBAL FIREPOWER 2022,Global Firepower Countries Index," GFP, https://www.globalfirepower.com/.

[②]　"魏凤和会见尼泊尔军队参谋长"，中华人民共和国国防部网站，2018 年 7 月 11 日，http://www.mod.gov.cn/leaders/2018-07/11/content_4819063.htm。

[③]　Pramod Jaiswal, Geeta Kochhar,*Nepal's Foreign Policy and Her Neighbours*, Published by Smt Neelam Batra G.B.Books 2016, p.161.

野战医院设备赠予尼军。在非军队的交流与合作中，中国武警警种学院无人机应用课题组依托无人机快速三维建模技术，拼接形成首张中尼边境道路严重坍塌区效果图，为救援部队后续作业提供了直观可靠的决策数据，助力尼泊尔防震救灾。①

第四节　中尼在非传统安全方面的合作

当今世界战争频发，地缘政治博弈加剧，冷战思维和强权政治阴魂不散，疫情困扰与粮食、能源、金融危机风险突出，传统安全和非传统安全威胁相互交织。面对这些威胁和挑战，中尼在应对经济安全、金融安全、网络安全、能源和粮食安全、公共卫生、生态安全，以及其他关系到发展中国家诉求的非传统安全问题上立场相同或相近，并已在多方面展开合作。

一、反恐维稳合作

中国国家主席习近平在2019年对尼泊尔进行国事访问期间，提出两国要加强执法合作，共同打击恐怖主义和跨国犯罪，维护共同安全。②恐怖主义、跨国犯罪等非传统安全问题是人类的公敌，中国西藏与尼泊尔等南亚国家的边境面临着"藏独"势力、毒品走私、人口贩卖和传染病等威胁，在非传统安全治理方面有

---

① "中国无人机快速三维建模技术助力尼泊尔救灾"，中国军网，2015年5月3日，http://www.js7tv.cn/news/201505_8741.html?from=singlemessage。

② "习近平同尼泊尔总理奥利会谈"，中华人民共和国中央人民政府网站，2019年10月13日，http://www.gov.cn/xinwen/2019−10/13/content_5439127.htm。

着共同的利益诉求，但当前中国与尼泊尔在遏制"藏独"的政策方面仍然缺乏长效机制，且容易受到美国、印度的影响。[①] 现今，尼泊尔是上海合作组织的对话伙伴，上海合作组织早在 2002 年就达成了成员国关于地区反恐怖机构的协定，在后续发展过程中，又陆续签订了《上海合作组织反恐怖主义公约》《上海合作组织反极端主义公约》，不断完善反恐机制，相信未来中尼两国会借助上合组织平台，在反恐维稳方面展开更深入合作。

为深化共识，进一步增进互相了解和友谊，提高两军特种部队的反恐和救援能力，中尼双方自 2017 年开始联合，连续成功举办 3 届"珠峰友谊"中尼特种部队联合训练。该联合训练以城市反恐为背景，以人质营救为课题，双方参训官兵同吃、同住、同训，先后完成了攀登滑降、特种射击、爆炸物排除等课目，并混合编组参加反恐综合演练。[②] 这一系列联合训练和反恐救援演练，表明了两国合力应对恐怖主义的坚定决心，彰显了两军共同维护地区和平稳定、携手共创和谐发展环境的良好意愿。[③]

二、救援减灾合作

（一）抗震救灾

2008 年，中国汶川发生地震后，尼泊尔慷慨捐款，支持中方

---

① 牛燕军："西藏南亚大通道建设中的非传统安全风险及治理"，《齐齐哈尔大学学报》（哲学社会科学版）2022 年第 1 期，第 42 页。

② "'珠峰友谊—2018'中尼特种部队联训落幕"，新华网，2018 年 9 月 27 日，https://baijiahao.baidu.com/s?id=1612769224459530967&wfr=spider&for=pc。

③ "'珠峰友谊—2019'中尼特种部队联合训练落下帷幕"，2019 年 9 月 10 日，https://baijiahao.baidu.com/s?id=1644274984356907182&wfr=spider&for=pc。

开展抢险救灾。在2015年尼泊尔遭受8.1级特大地震后，柯伊拉腊总理向中国发出了尽快提供救援支持的请求。中国政府十分重视此次灾情，立即决定向尼泊尔提供价值2000万人民币紧急人道主义物资援助。随着尼泊尔地震灾情进一步发展，中国政府又继续向尼地震灾区提供价值4000万人民币的第二轮紧急救灾物资援助，包括净水设备、外伤急救包、帐篷和毛毯等。中国红十字会也向尼泊尔提供了500万元人民币和50万元港币的人道援助。中国还派出62人的国际救援队和58人的医疗队，于地震次日抵尼开展救援和救治工作。中国军方救援队和医疗队共170人分批赴加德满都参与救援工作。[①] 除此之外，中国国航、东航、南航、川航4家航空公司还承担起运送滞留乘客回国的任务。面对尼泊尔特大地震，中国是第一个向尼伸出援手的国家，不仅积极参与抗震救灾，还成为尼最大的震后重建援助国。

尼泊尔是一个洪涝灾害频发的国家。2017年8月，尼泊尔南部特莱地区遭遇60年一遇的特大暴雨，35个地区遭受洪灾，造成160人死亡，20多万间房屋受损，受灾人数约170万。2017年11月，中国商务部与联合国开发计划署在北京签署经济技术合作协定，中国政府在南南合作基金项下向联合国开发计划署提供400万美元指定用途资金，通过联合国开发计划署尼泊尔办事处向尼南部地区提供人道主义援助物资，包括毯子、炊具、蚊帐、水过滤器和卫生用品包等，项目惠及2个省7个地区的3.18万个

---

① 聂晓阳、施建国："中国代表在联合国介绍中方援助尼泊尔抗灾情况"，新华网，2015年4月30日，http://www.xinhuanet.com//world/2015-04/30/c_1115142127.htm。

受灾家庭。该项目全部物资于 2018 年 3 月中旬发放完毕。[①]

尼泊尔是一个农业国家，但受干旱天气和农业生产技术水平落后等因素的影响，粮食缺口较大，全国 75 个县中有 38 个县存在粮食短缺问题。尼泊尔长期从印度等国进口粮食，进口量年均增长约 15%。[②] 为了缓解尼泊尔粮食危机，中国对尼泊尔提供了必要的农业技术援助。2015 年，中尼两国政府签署了有关换文，中国政府开始承担援助尼泊尔农业技术合作项目，将"绿旱系列"的杂交粮食作物引入尼泊尔，不仅节约了灌溉水，也极大地提高了粮食产量。[③]2018 年，中国杂交水稻在尼泊尔 5 个省推广种植 4500 亩以上，增产幅度为 40%~100%。这对提高尼泊尔农业技术、推动农业发展发挥了关键作用。除了农业技术合作外，中国正在多渠道帮助尼泊尔增产增收，实现粮食安全，如 2019 年西藏农科院在尼泊尔北部地区进行马铃薯等生产技术合作，帮助尼泊尔培训大量农业技术人才，中国企业还积极向尼泊尔推广适合尼农业生产的农业机械设备和环境友好的农药。[④]

（二）灾后重建

灾后重建是长期、庞大的工程，任重道远。在 2015 年尼泊

---

① "红大使出席中国援助尼泊尔南部灾区人道主义物资项目交接仪式"，中华人民共和国驻尼泊尔大使馆网站，2018 年 3 月 27 日，http://np.china-embassy.gov.cn/xwdt/201803/t20180327_1513102.htm。

② 周盛平："中国向尼泊尔传授杂交玉米技术"，新华网，2018 年 7 月 18 日，https://baijiahao.baidu.com/s?id=1606304436749411642&wfr=spider&for=pc。

③ 闫红果："21 世纪以来中国对尼泊尔的救灾援助述论"，《学术探索》，2021 年第 3 期，第 72 页。

④ 苑基荣："中尼粮食合作喜获'丰收'（共建一带一路）"，《人民日报》，2019 年 2 月 16 日，http://world.people.com.cn/gb/n1/2019/0216/c1002-30715663.html。

尔发生地震后，中国政府与尼方签署关于灾后重建援助项目规划谅解备忘录，中方承诺将落实 2016—2018 年对尼无偿援助，围绕基础设施建设、北部灾区民生恢复、文物古迹修复、灾害防治能力建设和医疗卫生合作五大领域实施双方商定的 25 个灾后重建项目。①加德满都杜巴中学创建于 1853 年，是尼泊尔的第一所现代教育学校，校舍在大地震中损毁严重。该重建项目由上海建工集团股份有限公司承建，2018 年 7 月开工建设，2020 年 8 月竣工，10 月完成移交工作。杜巴广场九层神庙是加德满都谷地世界文化遗产的重要组成部分，在地震中局部倒塌，受损严重。为了帮助尼泊尔还原历史建筑面貌，2017 年 8 月，由中国政府援助、河北省文物与古建筑保护研究院担任管理单位、中国文化遗产研究院承担整体修复任务的九层神庙修复项目正式开工，这是我国在尼泊尔开展的首个大规模文物援外项目。②2022 年 7 月，加德满都杜巴广场 9 层神庙建筑群文物本体维修圆满完成。尼泊尔考古局局长达莫达尔·高塔姆称赞修复项目保护了建筑群"原本的真实性、完整性和突出普遍价值"。③

① "中华人民共和国和尼泊尔联合声明"，中华人民共和国外交部网站，2016 年 3 月 23 日，https://www.mfa.gov.cn/web/gjhdq_676201/gj_676203/yz_676205/1206_676812/1207_676824/201603/t20160323_7990823.shtml。

② "中国援助尼泊尔加德满都九层神庙建筑群修复项目文物本体维修工作圆满完成"，环球网，2022 年 7 月 18 日，https://baijiahao.baidu.com/s?id=17386995675015408 20&wfr=spider&for=pc。

③ 易爱军："中国援助尼泊尔九层神庙修复项目传捷报"，新华网，2022 年 7 月 20 日，http://www.news.cn/world/2022-07/20/c_1128848069.htm。

三、公共卫生安全合作

（一）医疗卫生合作

为帮助尼泊尔提高在妇幼保健领域的医疗水平，培育妇幼健康专业人员，2017年1月，中国国家卫生与计划生育委员会与尼泊尔卫生部共同签署了《中华人民共和国国家卫生和计划生育委员会与尼泊尔卫生部关于开展妇幼健康工程试点项目的协议》。这是中尼双方首次在妇幼保健领域开展合作，也是中方首次专门在妇幼保健领域援助尼方。根据协议，中方将捐赠有关设备及药品，开展妇幼健康监测、筛查和咨询等活动。[①] 双方还签署了《开展医院对口支援合作的协议》，河北医科大学第四医院与尼泊尔B.P.柯伊拉腊纪念肿瘤医院在病理专科建立合作关系，进一步巩固了中方援尼医疗卫生成果。2022年5月，为推动四川中医药与尼泊尔传统医药深度合作，西南医科大学附属中医医院和尼泊尔传统医药研究培训中心签署相关合作协议，建立"中国—尼泊尔远程医疗＆培训中心"。中尼两国传统医药的交流合作，体现了两国文明的交流互鉴，加深了对彼此传统文化的认识与了解，未来双方将进一步拓展和深化在医疗卫生领域的交流合作。

（二）抗疫合作

自新冠疫情突发以来，中国同尼泊尔通过各种渠道积极开展抗疫合作。在武汉抗击新冠疫情最艰难的时刻，尼泊尔千方百计地筹措到10万只口罩，第一时间通过使馆捐助到中国。面对西

---

① "中国政府向尼泊尔提供妇幼保健援助"，新华网，2017年1月19日，http://www.xinhuanet.com/world/2017-01/19/c_1120344735.htm。

方诬蔑指责中国抗疫政策，尼泊尔坚定秉持正义立场，为中国仗义执言。尼泊尔的疫情发生后，中国通过多种渠道向尼泊尔提供了 2000 多万剂新冠疫苗，是尼最大的疫苗供应国。[①]2021 年，尼遭受第二波疫情冲击后，医疗资源十分短缺，中国紧急向尼空运了一批急需的氧气罐和制氧机，西藏自治区还利用区位优势，克服大量困难向尼援助液氧，搭建了一条跨越喜马拉雅山的生命走廊，帮助挽救了大批尼泊尔普通民众的生命。除了提供抗疫物资援助以外，中国还同尼方就抗疫诊疗方案和防控措施进行了交流。2020 年 4 月，中国同尼泊尔两国执政党和医疗专家举行抗疫经验视频交流会，双方围绕新冠肺炎诊疗方案和防控举措进行了深入交流。[②]新冠疫情突发以来，中国向尼泊尔提供了包括疫苗在内的大量抗疫物资，主动分享抗疫经验和诊疗方案，派遣医疗专家团队提供技术支持，以实际行动积极构建"中尼卫生健康共同体"，为增强尼方应对疫情能力，帮助尼泊尔早日战胜疫情做出了重要贡献。

（三）卫生援助

尼泊尔医疗卫生系统不够完善，许多医疗机构设备短缺、技术落后。中国一直大力支持尼泊尔医疗事业发展，从 1956 年开始对尼泊尔的卫生发展进行援助，初期以物资援助为主。目前

---

① "中尼关系：大小邻国间相处的典范——侯艳琪大使接受《大国外交》节目专访"，中华人民共和国驻尼泊尔大使馆，2022 年 5 月 5 日，http://np.china-embassy.gov.cn/xwdt/202205/t20220505_10681714.htm。

② "中国—尼泊尔两国执政党和医疗专家举行抗疫经验视频交流会"，新华网，2020 年 4 月 30 日，https://baijiahao.baidu.com/s?id=1665325364255332631&wfr=spider&for=pc。

援助的关注点是大型医疗设施建设，辅以医疗服务提供和人才培养。[①] 自 1996 年起，中国加大了援助力度，先后援建了公务员医院和传统医药研究中心，并在尼泊尔首位民主选举产生的首相——B.P. 柯依拉腊——的家乡奇特旺地区援建了 B.P. 柯依拉腊纪念肿瘤医院，并从 1999 年起向肿瘤医院派遣援外医疗队。[②] 截至 2022 年 6 月，河北已经派遣 14 批援尼泊尔医疗队。[③]2018 年 9 月，中国对尼泊尔公务员医院进行了升级改造。2022 年 9 月，中国援助的尼泊尔辛杜巴尔乔克县医院恢复和改造项目正式开工。近年来，中尼两国还在医疗人才的交流进修和远程诊疗等方面加强合作。2017 年 12 月，由尼泊尔中尼媒体协会举办的"'一带一路'走进尼泊尔——尼中医疗交流项目"正式启动。

中国民间组织经常举办医学交流活动，以促进两国人民友好交流和医疗合作。中国医疗专家多次赴尼泊尔开展慈善义诊，如 2014 年的"阳光使者"活动，来自北京的脑科医生为尼泊尔 500 位病人提供治疗服务；2015 年的"潮青爱心光明行"活动，来自中国深圳的 6 名眼科医生免费为当地 80 位白内障患者实施手术。[④] 此外，中国企业每年还向尼泊尔无偿援助医疗器械和药品，相信会为尼泊尔当地医院更好地服务广大患者创造条件。

---

① 徐辉等："援尼泊尔医疗队心理问题产生原因及应对策略"，《承德医学院学报》，2018 年第 2 期，第 175 页。

② 杨昊旻等："中国和印度对尼泊尔卫生发展援助模式的比较"，《中国卫生政策研究》，2014 年第 7 期，第 18 页。

③ "中国（河北）第 14 批援尼泊尔医疗队启程"，中国新闻网，2022 年 6 月 11 日，https://baijiahao.baidu.com/s?id=1735318292202971362&wfr=spider&for=pc。

④ "中国医生赴尼泊尔义诊"，中国新闻网，2015 年 4 月 6 日，https://www.chinanews.com.cn/tp/hd2011/2015/04-06/501954.shtml。

四、打击跨国犯罪合作

（一）跨境执法合作协议

中尼打击跨国犯罪合作机制的建立始于 2000 年 4 月，两国在加德满都就跨国犯罪和恐怖主义等相关安全问题进行会谈，并就信息交流与合作遏制边境地区犯罪活动签署谅解备忘录，内容包括在边境管理方面强化两国中央和地方合作机制；交换有关跨境犯罪分子活动情报；采取有效措施打击边境地区的各种违法犯罪活动等。[①] 2010 年 7 月，中尼举行首次部长级边境执法合作会晤，并以此会晤为契机，建立和完善两国执法机构的会晤制度，深化在涉藏安全、执法信息交流、边境管控、执法能力建设等领域的务实合作，维护和促进本地区的和平与稳定。[②] 2012 年 1 月，温家宝总理访问尼泊尔时签署的《中华人民共和国和尼泊尔联合声明》中，双方表示将完善两国执法机构的会晤制度，深化在边境管控、执法能力建设等领域的合作，维护中尼边境地区的和平与稳定，营造一条和平、安宁、友好、合作的边界。[③] 中尼两国的司法机关也依据中尼刑事司法协助条约和两国检察机关签署的《合作谅解备忘录》，加强双方共同打击非法越界和跨境犯罪合作，促进双方边境地区的和平稳定发展。中尼两国还建立了边界事务

---

① 吴海芒：“尼泊尔与我国将加强合作 联合打击跨境犯罪活动”，新华网，2004 年 5 月 26 日，http://news.sohu.com/2004/05/26/55/news220265544.shtml。

② 何险峰、陈乔炎：“首次中尼边境执法合作会晤 27 日在尼泊尔举行”，新华网，2010 年 7 月 27 日，http://www.gov.cn/govweb/jrzg/2010-07/27/content_1665293.htm。

③ “中华人民共和国和尼泊尔联合声明”，中华人民共和国外交部网站，2012 年 1 月 15 日，https://www.mfa.gov.cn/web/gjhdq_676201/gj_676203/yz_676205/1206_676812/1207_676824/201201/t20120115_9301031.shtml。

司局级磋商机制。2022 年 7 月,中国外交部边界与海洋事务司与尼泊尔外交部东北亚司司长以视频方式共同主持中尼边界事务司局级磋商,并就推进《中尼边界管理制度协定》生效、筹建边界联合委员会、建立边境疫情联防联控机制、提升口岸货物通关能力、推动边界联检等议题深入交换意见,达成广泛共识。[①]

(二)跨境联合警务执法合作

在中方为尼方提供警务援助,对尼方警务人员进行培训的基础上,两国加强跨境警务执法合作,严厉打击违法犯罪表现在两个方面:一是作为国际刑警组织成员,中尼两国均在该平台基础上积极开展跨境联合警务执法。[②]面对各种跨国有组织犯罪日益猖獗的严峻形势及其呈现出高科技化、复杂化、智能化的特点,中尼政府在联手打击跨国组织犯罪过程中充分互信、高度配合,顺利破获多起跨国犯罪案件。2018 年 1 月,13 位中国公民在尼泊尔涉嫌"非法行医"被扣,尼警方称被抓扣人员涉嫌非法无照行医,尼警方是依法抓扣并进行调查。2019 年 12 月,尼泊尔警方在加德满都查获中国人在境外持旅游护照从事非法电信诈骗窝点,并抓获 122 名嫌犯。2020 年 1 月,尼泊尔警方将该批被告人移交中国警方。此次行动是中尼警方积极配合开展的一场重要行动,中方将继续同尼方加强包括执法在内的各个领域合作,共同

---

① "中尼举行边界事务司局级磋商",中华人民共和国外交部网站,2022 年 7 月 15 日,https://www.fmprc.gov.cn/web/gjhdq_676201/gj_676203/yz_676205/1206_676812/xgxw_676818/202207/t20220715_10721901.shtml。

② 黄德凯、梁岱桐:《中国—尼泊尔警务合作现状、挑战及前景分析》,《北京警察学院学报》,2020 年第 4 期,第 62 页。

打击跨境犯罪，推动两国人民的友好交往。中尼还在双方发布"红色通报"时都给予对方积极配合，拒绝外逃人员的入籍、永居、银行开户等申请，协助监控和通报"红通"逃犯下落，对被通缉人采取逮捕、临时羁押等强制措施，开展遣返或引渡合作。二是尼泊尔警察对"藏独"等分裂势力的打击。[①]"藏独"分子不仅破坏民族团结，影响社会稳定，还是中尼边境地区安全的最大乱源。为此，尼方一贯支持西藏事务是中国内政，决不允许任何势力利用尼泊尔领土从事反华分裂活动。

---

① 黄德凯、梁岱桐：《中国—尼泊尔警务合作现状、挑战及前景分析》，《北京警察学院学报》，2020年第4期，第62页。

第五章
中国与尼泊尔经贸合作机制构建

20世纪90年代以来，在经济全球化、区域经济一体化浪潮推动下，中国逐渐加强了与南亚国家的经贸合作。尼泊尔一直被联合国认定为世界上最不发达的国家之一。摆脱"最不发达国家"身份一直是尼泊尔长期以来经济建设的主要目标，因此，利用中国经济增长的外溢效应，搭乘中国发展的便车是尼泊尔实现经济增长的有效途径。中尼同为发展中国家，面对着建设国家、富足百姓的共同历史任务，两国充分利用"一带一路"建设的历史性机遇，经贸合作不断深化，贸易规模不断扩大，合作领域也不断拓宽。

第一节　中国与尼泊尔经贸合作机制建设

一、中尼经贸合作机制构建的动机

人类社会发展出"合作"是基于资源稀缺性和个人能力有限性所做出的必然选择。在合作的过程中，由于成员和内容的不断丰富，合作中的"熵"①也不断增多，因此为了确保合作的维系，就必须对合作成员的行为做出规范，由此构建了合作的秩序。而当这种秩序得到合作参与方的共同认可并表现出付诸实践的意愿时，合作机制的构建也就随之产生了。将这种发生在个体之间的合作引申至国家层面上也是基本类似的，国家之间的合作目的在于能够从中获取足够的收益，这种收益应该能够抵消独自行动所带来的成本，当两国或多国的合作成功后，新的合作往往随之展开，合作的内容将进一步深化，对合作机制的需要也随之扩大。

相对于大国间的对称性合作，实力对比呈现巨大差异的大国与中小国间的不对称合作似乎更为普遍。②全球化背景下的国际合作不再单是一个政治问题，经济因素的影响正在空前扩大，与政治实力差距相比，国家间在经济实力上的差距表现得更加直观。从理论角度看，中尼构建经贸合作机制至少涵盖了两个领域——国际政治与国际经济，这两个学科的研究各有不同又互相交叉，但从研究对象上来看，"国际关系理论关注的核心是国际关系中的权力，因此国际关系理论看到的更多是零和博弈，是冲突而不是合作。相反，尽管经济学也关注竞争，但是更关注福利的绝对水平，因为经济学下的博弈不仅是零和的，也可能是非零和的。

---

① 熵是一个物理学概念，用来衡量系统的混乱程度，它的大小与系统的混乱程度成正比。在合作的过程中，成员和内容的不断丰富，会导致系统内的信息、需求、意见等不断增加，合作中的混乱度（熵）也随之增多。

② 吴琳：《不对称合作中的政治风险与关系维持——以21世纪以来的中斯关系为例》，《太平洋学报》，2017年第3期，第26页。

因此相对国际关系理论，国际经济理论对合作的态度就显得更开放一些，更宽容一些"。①

在国际关系领域里，国家间的合作往往表现为在政治配合下的、以经贸往来为载体的、全方位的互动。经贸往来在和平时期通常会促进贸易伙伴间的政治联系，而在冲突时期则往往成为国家间政治博弈的重要工具。但不可否认的是，全球化提升了经济因素对国际关系的影响能力，经济合作对两国间紧密联系的构建发挥了一种全方位的影响。

从经济层面上看，中尼经贸合作的出发点是追求利益与经贸机制构建之间的联系。按照国际贸易理论，中国与尼泊尔要想从经贸合作机制的构建中提升国民福利（更简单的说法是提高本国的生产率），最直接的途径就是根据两国的专业化水平来细化分工，进而通过贸易的合作来推动市场的不断扩大②，此时，制度合作的需求便随之产生了。这表明，贸易规模与经济联系的不断扩大，催生了中尼构建经贸合作机制的需要。

政治层面的动机则主要来自全球化与地区主义的影响，表现为通过政治干预经贸合作，将国家间的经贸合作机制从经济领域内扩散出去，进而提升政治及其他领域的合作水平。具体来看，首先，"政治"力量为了进一步追求权力将开放国家的消费者与生产者的冲突不再局限于国内市场。其次，不单是机

---

① 孙杰：《合作与不对称合作理解国际经济与国际关系》，中国社会科学出版社2016年版，第31页。

② 注：这也表明市场内的合作情况会越来越复杂，使得合作向着无序化发展；换一种说法，随着市场的持续扩大，市场内的熵也在不断增加。

制内政治力量在干预，机制外行为体同样影响着一个经贸机制的构建，最直观的角度来自地缘经济和地缘政治。显然，一个机制化的合作将会提供更加稳定的合作收益，进而深化参与方的相互依赖程度。对于机制内成员来说，在大多数情况下，这固然是好事，但是对那些被排除在机制之外的行为体来说则不然，特别是当后者还同机制内一方或多方存在竞争关系的时候。这种竞争关系在地缘上表现为区域内弱势方构建合作机制，以挑战强国的域内主导地位，以及域外强国同域内弱国构建合作机制，使得域内强国主导能力相对下降。为了避免不利于本国利益的情况发生，机制内外各方都会围绕该机制的构建展开博弈斗争，从而成为新的政治力量。但从现实来看，中国的不干涉内政承诺实际上成为一个极具吸引力的政治保证，"中国在尼泊尔日益增长的经济和政治影响已经开始限制印度和欧盟在尼泊尔的活动，因为中国不干涉内政的承诺比欧盟巩固民主和支持包容性机构的努力更具吸引力"。[①]

经贸合作机制的构建是一个受到多方要素干预的过程，其构成动机并不简单地表现为贸易上的资源交换或经济优势的互补。对于机制参与方来说，如何通过合作为自身谋求利益最大化，决定了一个经贸机制的存续，而对于各个利益集团而言，各方力量的盘根错节同样决定了一个机制的命运。

---

　　① Kaya Ayse, "The EU's China Problem, 'A Battle Over Norms'," *International Politics*, Vol.51, No.2, 2014, pp.214-233.

二、实力不对称为中尼经贸合作创造新的机遇

（一）中尼实力不对称的表现

尼泊尔和中国的经贸合作机制建设具有一大特点，那就是两国巨大的实力对比差距。在宏观经济层面，中尼在市场规模、经济发展程度、收入水平等方面上出现了巨大的差距。2021 年，中国人口总数达到 14.11 亿人，人均 GDP 为 12551 美元，GDP 总量占世界 GDP 的比重超过 18%。而尼泊尔在 2020 年人口总数仅为 0.3 亿人，2020 年，尼泊尔的 GDP 为 330.66 亿美元，人均 GDP 仅为 1150 美元。[①]市场规模上虽然具有巨大的不对称，但中尼的实力不对称为双方的合作提供了机遇——优势互补——尼泊尔的繁荣与发展需要大量的资金和技术支持，"一带一路"建设需要参与方提供相关基础设施和政策支持，此时中尼的合作需求出现了。[②]

不对称既表现为参与方实力的不对称，也表现为合作收益分配的不对称。以最常被提及的国际贸易为例，由于各贸易参与国的自身实力基础不同，政府对竞争的保护力度不同，甚至贸易产品的资源禀赋也不同，因此，贸易各方难以通过贸易合作获得平等的利益。从引入中尼贸易合作来看，最明显的特点就是，中尼

---

① "Country Profile-Nepal," The World Bank, https://databank.worldbank.org/views/reports/reportwidget.aspx?Report_Name=CountryProfile&Id=b450fd57&tbar=y&dd=y&inf=n&zm=n&country=NPL.

② 注：后者表现为中方需要尼方提供基础设施支持，但显然尼泊尔没有能力在短期内迅速提升其国内基础设施水平，若要参与"一带一路"倡议，尼泊尔便产生了需要外部资本和技术支持其快速提升基础设施建设水平的需要，而相对地，中国同样产生了以自身供给满足这一需求的需求，以达成更高水平的对外交往，因此双方实际上仍然是互有所需的双赢关系。

双方的贸易相互依赖程度是不同的，以尼泊尔农业重点出口经济作物之一的茶叶贸易为例，虽然对尼泊尔来说，其对华茶叶出口额已经相当庞大，但是对于中国来说却仍然显得很"平常"，反而是尼泊尔茶叶行业对中国茶叶产业设备产生了巨大的需求，使得其从生产到销售均对中国产生了极大的依赖。[①] 因此，从双方的收益与付出上来看，尼泊尔的收益在于通过与中国进行茶叶贸易，在打通了国内茶叶销售渠道的同时，也获得了生产技术的革新提升；尼泊尔的"付出"则在于对中国市场的依赖程度不断加深，其茶叶行业的"脆弱性"和"敏感性"也在不断增加，这意味着尼泊尔的茶叶行业受中国市场相关行业的影响程度在加深。而中国方面虽然仅从同尼泊尔的茶叶贸易中获得了很"寻常"的福利满足，但是却取得了在这一贸易中的话语主导权。

（二）收益目标不同为中尼经贸合作创造机遇

中尼经贸合作机制的构建，必须把双方的不对称地位作为一个考量的重点，但这不意味着中尼之间存在严格的强弱势关系。不对称双方只要追求的目标不冲突，合作便是可行的。对于尼泊尔来说，其在政治力量上相对弱势，因此主要从经济层面出发，更多地关注绝对收益。这是因为较弱的综合实力使得其在合作中必须承担更大的压力，这种压力来自平衡国内的反对势力要求，以及确保有关设施快速更新以匹配新机制的需要，也来自与中国

---

① Rastriya Samachar Samiti, "Agriculture Minister proposes Nepal-China cooperation on tea production," *The Himalayan Times*, March 19, 2019, https://thehimalayantimes.com/nepal/agriculture-minister-proposes-nepal-china-cooperation-on-tea-production/.

对接及协调印度意见时的外交手段运用，尼泊尔因此很难将关注重点着眼于未来的长期收益，在短期内如何快速增加出口、创造就业机会和促进地区经济发展便成为中尼经贸合作机制构建时尼方考量的重点因素。参考已有的范例，与我国改革开放初期的情况相类比，"在最初的对外开放中，我们对外国投资者减税让利是因为我们相信即使让他们多拿走一些利益，我们的发展也还是会比不开放要快"。[①]尼泊尔虽然在合作过程中对合作方可能的大量得利表示担忧，但他们也相信，即使出让一定利益也会比选择不合作发展更快。

对于中国这样的大国而言，由于同尼泊尔经贸合作带来的经济收益相对有限，因此需要更多地从国际关系角度来进行分析，国家之间的经贸合作所关注的不仅只有自己的利益，还需要关注利益攸关方利益的变化，这个"攸关方"除了尼泊尔，还包括中尼命运共同体构建可能影响到的行为体。由于面对来自外部的竞争和压力，中国更需要关注未来和全局收益，因此对机制中收益分配和成本承担的评估视角也更加宽广，换句话说，中国更关注的应该是通过构建经贸合作机制带来的国家战略性收益，而不是短期的利益增长。

在中尼这样的不对称合作中，尼泊尔所能提供的战略资源越有价值，那么，它对其他大国而言就越发重要，也就越有可能被大国抛出合作的"橄榄枝"，尼泊尔也就顺势拥有相对强

---

① 孙杰：《合作与不对称合作：理解国际经济与国际关系》，中国社会科学出版社2016年版，第 68 页。

势的地位。由于中印博弈，特定时期尼泊尔在同中国的合作中也因此会处于一种更加有利的地位，尼泊尔自身利益诉求会得到较大程度的满足，中国则为了大局，会在一定程度对尼泊尔的诉求做出让利。这也是中国在同尼泊尔构建命运共同体中所需要把握的一个重点，实力不对称使得中尼各自的需求能够得到对方的理解和支持。不对称的实力对比，也为中尼经贸合作创造了更多可能。

三、域内大国对中尼经贸合作机制建设的影响

中尼合作必然会对印度在该区域内的主导地位造成一定的影响，因此，中国在开展同南亚其他国家的合作时需要考虑到印度的反应。所以，如何稳定印度，使其不做出对抗性的反应也是中尼双方都应考虑的问题。中尼经贸合作机制如果将会改变中印之间的实力对比，那么，中印之间实际上就出现了合作的需求，即如何把双方的实力对比变化控制在可接受的范围之内。假设印度是相对实力减弱方，如果这种变化超出了印度的可接受范围，那么即使中尼经贸命运共同体的构建能为印度带来可观的收益，印度也会选择干预中尼经贸合作机制的构建。从目前来看，这种干预很大概率是一种开放性保护，即通过扩大尼印贸易开放程度而非再像过去那样一味地采取封锁政策，确保中尼经贸合作对尼印合作的影响不会超出印度的可接受范围。一方面，原因在于随着中国对尼泊尔援助和投资的增加，印度的对尼封锁政策可能不再有效，甚至会增大尼泊尔对印度的离心倾向。同时，尼泊尔新政

府建立后印度的主动亲近也从侧面表明印度对尼外交的新思考；另一方面，原因在于一个现在已经被广泛证明的道理，"实施相对自由的贸易政策的发展中国家，其平均发展速度都要高于实行保护主义政策的国家"①，我们如果将这种"保护"放到尼印经贸关系上看，即封锁尼泊尔的行为使得印度在双方贸易中不自觉地变为保护主义者，虽然对于印度来说所受到的伤害绝对小于尼泊尔，但这对双方都会带来损失——无论是物质上还是国际声望上——的结论是毋庸置疑的。

对于为了达成中尼经贸机制建设而需要的中印合作来说，最直接的应对方法，就是采取能够维持原有权利对比或相对利益不变的分配方案，通过机制构建过程的公开不使印度感觉到利益受损，从而弱化对抗情绪。但这都是中尼双方都难以做到的，因为中国影响力在尼泊尔的扩大必然会相对降低印度影响力，从均势的角度来看，这意味着南亚地区的原有格局将会发生改变，印度要想维持原有的格局或影响力就必须投入资源予以干预，或引入其他大国——比如美国——的干预。选择前者实际上是抬高了尼泊尔的地位而加大了中印的成本投入，选择后者则是将地区局势进一步复杂化进而更加分化了印度的主导力。无论哪一个选项，印度都不会成为最大的赢家，因此只能与中国谈判，以确保实力对比变化在可接受的范围之内。实际上，环印度洋区域拥有

① Francisco Rodriguez and Dani Rodrik, "Trade Policy and Economic Growth: A Skeptic`s Guide to the Gross-National Evidence," in Ben Bernanke and Kenneth S. Rogoff,eds. *NBER Macroeconomics Annual 2000*, MA: MIT Press for NBER,2001.

的优势是较丰富的自然资源储备、大量未经训练的初级劳动力，以及理论上存在的巨大市场，但是资本流向、创新能力、规则制定权等依然掌握在欧美国家手中，大规模制造能力集中在东亚地区①，因此，对于印度来说，通过将中尼经贸合作机制产生的合作收益变为该地区的公共产品，而自身则扮演搭便车的角色，以相对实力的损失换取新的发展机会不失为一个好的谈判目标，而莫迪政府如何看待这一目标并"有所作为"，将是中印互动的观察点。

第二节　加强中尼跨境基础设施建设合作，实现设施联通

一、尼泊尔基础设施建设水平的现状评估

良好的基础设施建设可以加快货物和人员的流动，并同时减少货物运输成本。关键领域的基础设施建设，如交通、电信、电力和供水系统等，对一个国家的健康发展和国民福祉来说具有至关重要的作用②，而基础设施建设水平的提高要求一国拥有稳定的社会环境，经济能够平稳运行，并能够提供必要的资金和技术投入。这些因素对于尼泊尔来说均是其发展短板所在，除了资金

---

① 汪戎主编：《印度洋地区发展报告2013—2014》，社会科学文献出版社2014年版。

② John Moteff and Paul Parfomak (2004), "Critical infrastructure and key assets: definition and identification," sponsored by Library of Congress,Congressional Research Service,2004.

和技术投入能够通过引入外来投资解决以外，社会稳定和经济发展都需要尼泊尔自己主动去创造。

2015 年发生的 8.1 级大地震、印度封锁和新冠疫情重创了尼泊尔的经济体系，包括基础设施建设在内的灾后重建工作困难重重。大地震破坏了很多已有和在建的基础设施，基础设施水平出现较大程度的下降。特别是交通运输部门因 2015 年大地震所造成的损失及随后的重建，需要花费超过 280 亿的尼泊尔卢比 [①]；印度以尼新宪法引发骚乱为由采取的非正式封锁则加剧了尼泊尔国内的不稳定局势，尼泊尔经济发展也因此放缓。2020 年初开始的新冠疫情导致全球范围内资本、技术和人员流动受阻，供应链受损，投资和贸易量剧降，尼泊尔也深受影响，国内能源、交通等基础设施的建设项目被迫推迟。

为了能够更加直观地了解尼泊尔基础设施建设水平，在收集了近年交通基础设施和电信基础设施建设两个重要指标数据的基础上，对尼泊尔的交通基础设施和电信基础设施水平进行评估，以分析外国投资加大对尼泊尔基建的影响，旨在改善中尼未来基础设施建设合作方式与方向。

世界经济论坛发布的数据显示，2012—2017 年，尼泊尔的交通基础设施建设情况整体上处于一个较低的水平，2015 和 2016 年的评分较 2014 年有较大的降低。这同 2015 年大地震有密切的

---

① "National Planning Commission (2015) Nepal earthquake 2015: post disaster needs assessment (Vol. B: sector reports)," http://npc.gov.np/images/download/PDNA_volume_BFinalVersion.

联系，2014 年的评分为这些年数据的峰值，随后其交通基础设施建设因为地震的破坏开始有了不小的下降。尼泊尔主要交通方式包括公路、铁路和航空运输，目前公路一般集中在南部低地、中部丘陵及加德满都谷地和北部的很多地方，尚无法通过公路进入，而铁路和水路运输在尼泊尔更是落后，目前主要通过公路和航空网络的相互配合来实现人员和货物的流动。[①]

表 4　WEF GCI DATA 尼泊尔交通基础设施水平竞争力指数（2012—2017）

年份	2012	2013	2014	2015	2016	2017
评分	2.27	2.26	2.44	2.25	2.13	2.23

数据来源：The Global Competitiveness Index Historical Data，World Economic Forum，2018。

为推动经济发展，提升尼泊尔基础设施建设水平，大量引入外国资本和技术成为尼泊尔的重要国家政策。奥利时期，尼泊尔政府进一步放宽对外国投资的限制。德乌帕政府上台以后，尼泊尔政府在基础设施项目中引入公私合作模式，以便完成对民族自豪项目的开发，并按时扩建和升级主要公路。[②] 尼泊尔的基础设施建设也得到了国际社会的支持。2018 年 11 月 15 日，世界银行向尼泊尔政府提供了 1.557 亿美元的资金援助，用于必要桥梁的建设及改善低收入家庭和社区的粮食安全状况，世界银行表示将

---

① Jitendra Parajuli and Kingsley E. Haynes, "Transportation network analysis in Nepal: a step toward critical infrastructure protection," *Transportation Security*, July 25,2018,https://doi.org/10.1007/s12198-018-0194-0.

② "尼泊尔政府将在基础设施项目中引入公私合作模式"，中华人民共和国驻尼泊尔大使馆经济商务处,http://np.mofcom.gov.cn/article/jmxw/202205/20220503312892.shtml。

通过解决互联互通、人力资本发展和共同繁荣的需要，来推动尼泊尔的发展。[①]2022 年 6 月，世界银行批准向尼泊尔提供 2.75 亿美元的资金，用于升级东西向的高速公路。世界银行马尔代夫、尼泊尔和斯里兰卡国家主任法里斯·哈达德·泽沃斯曾表示，尼泊尔在区域贸易和出口方面拥有巨大的潜力，区域贸易不多通常是因为道路连接成本过高，该项目将通过加强各省之间及尼泊尔与其他国家之间的区域联系和贸易，帮助释放尼泊尔的经济潜力，从而支持尼泊尔绿色、有弹性和包容性发展。[②]

关于电信基础设施建设，世界经济论坛数据显示，2012—2017 年，尼泊尔的电信基础设施建设整体上处于一个高速增长之中。与交通基础设施指标不同，2015 年，大地震对电信基础设施造成的影响有限，2016 年，该指标的增长比往年明显放缓，但是仍然保持了向上的势头，2017 年，该指标的评分从 2.18 大幅增长到 2.99。与公路、口岸等大型基础设施不同，由于光缆、通信线路、基站等设施体积小、造价低、项目建设时间短，因此后续恢复与新建的速度也就相对较快。

表 5　WEF GCI DATA 尼泊尔电信基础设施水平竞争力指数（2012—2017）

年份	2012	2013	2014	2015	2016	2017
评分	1.34	1.59	1.84	2.05	2.18	2.99

数据来源：The Global Competitiveness Index Historical Data，World Economic Forum，2018。

---

① "World Bank gives Nepal $155.7 million in financial assistance," *Kathmandu post*, November 15, 2018,http://kathmandupost.ekantipur.com/news/2018-11-15/world-bank-gives-nepal-1557-million-in-financial-assistance.html.

② "世行向尼泊尔提供 2.75 亿美金用于升级公路"，中华人民共和国驻尼泊尔大使馆经济商务处，2022 年 7 月 1 日，http://np.mofcom.gov.cn/article/jmxw/202207/20220703323639.shtml。

信息技术代表着先进生产力的发展方向，对于优化资源配置、推动产业转型升级、提高劳动生产率都发挥着重要作用。为发展通信和信息技术，促进国家社会经济转型，尼泊尔政府通过政策、法律、技术等相关结构安排，推动市场化改革，鼓励私人资本参与通信和信息技术行业，并启动多个相关项目，以提高信息技术在教育、卫生、农业、金融、能源、旅游、城市发展和基础设施方面的最大利用率。政府希望尼泊尔能够成为一个普及信息技术的国家，通过最大限度地使用和获取信息技术来为国民提供优质生活，并计划两年内将其对GDP的贡献翻一番。[①] 为增加宽带接入率，支持尼泊尔发展包容和安全的数字经济，将国民和企业与信息、服务和市场联系起来，使更多人参与数字经济，世界银行还批准1.4亿美元的尼泊尔数字加速（Digital Nepal Acceleration）项目，该项目将大幅改善尼泊尔数据基础设施和网络安全情况。[②] 市场化改革、私人资本的参与和竞争机制的引入大幅度提高了尼泊尔通信和信息技术的普及率，缩小了数字鸿沟。但目前尼泊尔电信和信息产业的发展更多地集中在城市地区，农村地区的这方面建设和普及还面临不小的难题。[③]

[①]　"通信部门计划两年内将其对GDP贡献翻番"，中华人民共和国驻尼泊尔大使馆经济商务处，2022年6月20日，http://np.mofcom.gov.cn/article/jmxw/202206/20220603320358.shtml。

[②]　"世行批准1.4亿美元支持尼泊尔数字转型"，中华人民共和国驻尼泊尔大使馆经济商务处，2022年6月20日，http://np.mofcom.gov.cn/article/jmxw/202206/20220603320364.shtml。

[③]　Dawadi B.R., Shakya S., "ICT Implementation and Infrastructure Deployment Approach for Rural Nepal," in Meesad P., Boonkrong S., Unger H. eds., *Recent Advances in Information and Communication Technology*, Springer Publishing Company, Incorporated. Springer Publishing Company, Incorporated, 2016. Advances in Intelligent Systems and Computing, Vol.463. Springer, Cham.

二、中尼基础设施联通合作现状分析

基础设施是一个国家经济社会发展的重要条件，它不仅保障人民生活的福利满足，也保障工业生产的顺利进行。对于尼泊尔来说，提升基础设施建设水平可以促进经济增长和社会发展，帮助尼泊尔实现高质量发展。对于中国而言，基础设施建设是落实"一带一路"倡议的重要内容，实现中尼基础设施联通能够使中国深化与南亚地区的经贸合作。随着中国同南亚各国经贸合作规模的扩大，尼泊尔的地缘经济区位凸显，对一个更加广阔、稳定的互联互通平台的需要也随之增加。

中尼 2016 年联合声明提出双方加强互联互通，进一步加强两国陆路和航空联系，改善中尼之间陆路交通基础设施。[①]2018 年、2019 年的两次联合声明提出加快落实"一带一路"倡议中开展合作的谅解备忘录，加强口岸、公路、铁路、航空、通信等方面互联互通，打造跨喜马拉雅立体互联互通网络。[②]在具体合作上，中国先后帮助尼泊尔完成了阿尼哥公路的修复保通、沙拉公路的修复改善和塔托帕尼边检站等一系列道路基础设施项目。此外，中国帮助尼泊尔建设了博克拉国际机场，中国企业还先后承建了特里布文国际机场跑道及平滑道改建项目及佛祖国际机场升级改造项目。[③]在跨境铁

---

① "中华人民共和国和尼泊尔联合声明"，中华人民共和国外交部网站，2016 年 3 月 23 日，https://www.mfa.gov.cn/web/gjhdq_676201/gj_676203/yz_676205/1206_676812/1207_676824/201603/t20160323_7990823.shtml。

② "中华人民共和国和尼泊尔联合声明"，中华人民共和国外交部网站，2018 年 6 月 22 日，https://www.mfa.gov.cn/web/gjhdq_676201/gj_676203/yz_676205/1206_676812/1207_676824/201806/t20180622_7990825.shtml。

③ "中尼'一带一路'合作优势不可替代——侯艳琪大使接受环球时报采访"，中华人民共和国驻尼泊尔大使馆，2022 年 4 月 18 日，http://np.china-embassy.gov.cn/xwdt/202204/t20220418_10669221.htm。

路建设方面，中尼已签署了跨境铁路工程可行性研究项目技术援助方案，为尼方培训铁路技术人才。由于该项目需要穿越喜马拉雅山脉，在不足 200 千米的路段落差数千米，还需解决沿途地质条件复杂、自然灾害频发等造成的诸多技术难题，此项目还面临生态环境保护等一系列挑战，[1]两国还需要加强协调，克服困难、稳步推进。2018 年 1 月，中尼跨境光缆正式开通，结束了尼泊尔完全依赖印度的光缆接入全球互联网的历史。2018 年 9 月，中尼签订运输协议，尼泊尔可以使用中国天津、深圳、连云港、湛江的港口，以及兰州、拉萨、日喀则的机场与其他国家进行贸易往来。这些合作帮助尼泊尔进一步拓宽了与世界的交流渠道，有助于实现从"陆锁国"向"陆联国"的转变。此外，中国援建的加德满都内环路、中企参与建设的东西公路等项目，都为改善尼国内联通水平、提升尼经济社会活力发挥了重要作用。[2]

第三节　推动中尼自贸区建设，实现贸易畅通

一、基于贸易便利化指数对中尼贸易现状的评估

提高贸易便利化水平可以有效促进贸易增长。世界银行的

---

① 尹野平、赵觉理："没有什么能干扰中尼合作大方向"，环球时报网，2022 年 4 月 16 日，https://baijiahao.baidu.com/s?id=1730220348037368641&wfr=spider&for=pc。

② "中尼关系：大小邻国间相处的典范——侯艳琪大使接受〈大国外交〉节目专访"，中华人民共和国驻尼泊尔大使馆，2022 年 5 月 5 日，http://np.china-embassy.gov.cn/xwdt/202205/t20220505_10681714.htm。

一份报告显示，如果各参与国的贸易便利化条件得到改善、贸易限制被减少，货物的进出口更加便捷，那么"一带一路"合作方的实际收入将达到原来的2~4倍。^①考虑到尼泊尔的对外贸易活动主要通过印度和中国进行，因此，以中印为参照对象，通过港口效率、海关环境、规制环境和电子商务4个重要指标来比较2010—2017年尼泊尔的贸易便利化程度。^②

港口效率反映的是一国港口和机场的基础设施质量、口岸吞吐能力、货物通关速度、口岸通关效率等。海关环境反映的是一国通关环境是否透明和清廉。规制环境反映一国是否拥有规范和透明的政策环境，这决定着贸易商是否选择在一种优良的政策环境下进行国际贸易。电子商务促进了货物和服务贸易的快速发展，也是贸易便利化的一个重要指标。^③

图2是通过收集整理2010—2017年尼泊尔、中国和印度的相关数据并处理分析后的3个国家贸易便利化指数对比，从中可以看出，中国的便利化水平最高，尼泊尔最低，这也符合经验认识。尼泊尔的各项数据均处于较低水平，根据以前的研究显示，一国经济体量对该国的贸易便利化指数没有决定性影响，比如，欧洲发达小国也有较高的便利化指数，尼泊尔的各项指标表明其在贸易便利化上还有较大改进空间。尼泊尔最大的短板电子商务指标

① Michele Ruta,Matias Herrera,Somik Lall,et al. *Belt and Road Economics:Opportunities and Risks of Transport Corridors*,Washington D.C.:World Bank Group,2019,p.6.

② "GCI Dataset 2007–2017," World Economic Forum, http://www.weforum.org/docs/GCR2017–2018/GCI_Dataset_2007–2017.xlsx,2018.

③ 李玉梅、李长军：《中国及TTIP国家贸易便利化水平测评》，《北京工商大学学报（社会科学版）》,2016年第2期,第54页。

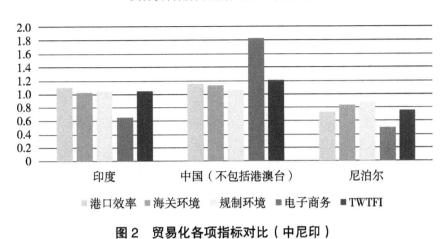

图2　贸易化各项指标对比（中尼印）

资料来源：根据中尼印相关数据整理。

较为明显，这主要是其固定宽带订阅数不足，该指数反映了一国互联网市场的发展水平及范围大小。港口效率也是尼泊尔的一个短板，这一指标也是印度的相对优势所在，尼印之间因为绝对便捷的联通能力促进了两国紧密的贸易联系，而中尼企业之间的合作如果通过珠峰南面开展，就必须面对较为严峻的自然贸易环境，因此需要做好相应风险的应对。尼泊尔的相对优势在于其规制环境和海关环境上，但是仍然处于较低水平，中国企业在开展对尼贸易时需要做好事前准备，包括法律咨询、经验交流及企业对接等，从而在最大限度上控制政策风险。中国凭借较大基数在电子商务上最具优势，而这一指标却是印度和尼泊尔的短板所在，因此对于中国企业而言，可以借此优势进入尼泊尔，还不用担心印度企业的竞争，在电子信息产品的出口上，中印之间几乎不存在重叠，"以中兴和华为为代表的中国通信公司正好通过尼泊尔国有企业进军尼泊尔"。[①]

二、中尼贸易协定与自贸区建设

近年来，中国已成为尼泊尔第二大贸易伙伴和最大外国直接投资来源地。中尼自贸区建设有利于进一步扩大双方贸易和投资，为两国经贸关系注入新活力。为此，两国领导人都非常重视开启自贸区的建设。2015 年 3 月，中国国家主席习近平在会见来华参加博鳌论坛的尼泊尔总统亚达夫时提出，中方愿同尼方尽快开启自贸协定谈判。2016 年 3 月，习近平主席会见尼泊尔总理奥利，双方同意启动中尼自由贸易协定联合可行性研究，两国代表在北京签署了《两国商务部关于启动中国—尼泊尔自由贸易协定联合可行性研究谅解备忘录》，双方同意成立工作组，尽快就共同关注的领域开展全面研究。2017 年 8 月，双方代表在加德满都签署了《两国政府关于促进投资与经济合作框架协议》，确定了双边投资合作的原则、领域、方式、便利化和保障措施、执行机构和工作机制等，规定了如何确定和支持优先项目。[②]

中尼自贸区的建设已经有了较好的基础，中国政府先后于 2010 年、2013 年对原产于尼泊尔的输华产品提供 60%、95% 零

---

① Col. Subodh Kumar Shahi, *China Strides Bhutan,Nepal and Myanmar,Options for India*, New Delhi:G.B.Books,2017,p.78.

② "中尼签署《中华人民共和国政府和尼泊尔政府关于促进投资与经济合作框架协议》"，中华人民共和国商务部网站,2017 年 8 月 17 日,http://www.mofcom.gov.cn/article/ae/ai/201708/20170802628211.shtml。

关税优惠待遇。2014 年 12 月，两国又签署了对尼 97% 税目产品输华零关税待遇的换文，对尼享受零关税待遇的范围进一步扩大至输华产品的 97%，关税优惠政策包括 8030 项产品[①]，2022 年 9 月 1 日起，中国给予尼泊尔 98% 税目产品零关税待遇，涵盖了尼泊尔对华出口的绝大多数产品。通过这些措施，2021 年，中尼贸易额达到 19.8 亿美元，同比增长 67%。其中，中国对尼出口 19.5 亿美元，同比增长 67.1%；自尼进口 0.3 亿美元，同比增长 63%。贸易不平衡问题较为突出，2021 年，中国贸易顺差高达 19.2 亿美元，中国贸易顺差与中尼贸易总额的占比高达 96.9%。根据尼泊尔海关的贸易统计数据，2021–2022 财年的前 11 个月，尼泊尔仅与 165 个贸易伙伴中的 29 个国家享有贸易顺差。但与主要贸易伙伴印度和中国的贸易逆差严重，本财年前 11 个月的贸易逆差总额 15773.8 亿卢比。对印贸易逆差 9550 亿卢比，占尼泊尔贸易逆差总额的比例高达 60.5%。对中国的贸易逆差 2434.7 亿卢比[②]，占尼泊尔贸易逆差总额的比例 15.4%。庞大的贸易逆差，使尼泊尔看到，在全球贸易格局变化的情况下，其 2010 年制定并通过，2016 年再次修订的贸易一体化战略（NTIS）未能促进出口，原因在于不同政府机构间缺乏协调，政府政策难以得到执行。工业、商业和供应部下属的工业促进机构和财政部下属的出口促

---

①　"2014 年中尼签订 97% 税目输华零关税待遇换文"，中华人民共和国商务部网站，2016 年 7 月 24 日，http://np.mofcom.gov.cn/article/zxhz/hzjj/201508/20150801080449.shtml。

②　"尼泊尔与印度和中国的贸易逆差最大"，中华人民共和国驻尼泊尔大使馆经济商务处，2022 年 7 月 4 日，http://np.mofcom.gov.cn/article/jmxw/202207/20220703327060.shtml。

进机构未能协调相关政策，导致为促进工业和出口而制定的一些措施未能得到执行。^①为此，2022 年 1 月，尼泊尔开始再次审查由于政府更迭而推迟的尼泊尔贸易一体化战略。中尼两国政府也加强了政策沟通和协调。2022 年 3 月，中尼商务代表举行会谈，双方就西藏自治区与尼泊尔边境口岸双向通关、贸易便利化、"丝路电商"、98% 输华产品零关税待遇等议题进行商谈。

为深化双边经贸往来、人员交流和产业合作，中国加强了与南亚地区标准化合作，先后成立南亚标准化（成都）研究中心和南亚标准化（拉萨）研究中心等机构，从 2016 年开始已召开 3 届中国—南亚标准化合作工作会议，第四届会议于 2022 年 9 月召开，以"标准互联互通，产业合作共赢"为主题。中尼在该多边机制的框架下，通过相关机构的积极推动，两国也加强了双边标准化建设与合作，以确保两国合作在未来能够接轨国际化标准，包括基础设施标准、技能标准、法律标准及投资保护标准等，提高未来中尼自贸区的抗风险能力和可持续能力。

未来中尼自贸区的建设还需要考虑地缘政治的因素。中印同尼泊尔的地缘联系决定了尼泊尔与两国贸易的基本盘。"地缘位置、国家规模、宗教文化、经济实力、自然资源是解释尼泊尔地缘政治的主要因素，也是构成这个国家生存与发展的地缘战略的

---

① "'可怜'的出口促使尼泊尔再次审查贸易战略"，中华人民共和国驻尼泊尔大使馆经济商务处，2022 年 1 月 10 日，http://np.mofcom.gov.cn/article/jmxw/202201/20220103235809.shtml。

主要因素。"①中尼要构建自贸区就要面临文化亲和、内陆运输、边界壁垒等阻碍因素，但若将这些因素放到印度身上，影响就会小很多。一方面，印度同尼泊尔在经济发展、国民联系、交通连接上相对中国都有着绝对的优势，"印度的政策制定者相信，尼印全方位的联系可以使印度获得区别于他国的特殊待遇"②，换句话说，印度理所应当同尼泊尔保持最大的贸易额。另一方面，根据最优货币区理论，两个汇率联系国（或固定汇率区域）本身就反映了该地区国际贸易和要素流动的高水平程度，也反映出尼泊尔产出与印度经济稳定性的重要联系。因此，在开展中尼自由贸易协定谈判、构建中尼自贸区的过程之中，要认清中国在这一贸易机制内的定位，从尼泊尔和印度的角度出发思考问题，有利于更加准确地做出决策预判和应对。

中国和尼泊尔要进一步扩大贸易，需要更好的连通性，一方面，由于中国同尼泊尔接壤的西藏地区属于经济相对落后地区，这使"藏尼合作"的"弱—弱"合作模式③无法在一个足够广阔的市场上展开；另一方面，过高的运输成本使得尼泊尔的优势商品在中国腹地失去价格竞争力。实际上不仅是中尼贸易面临这一难题，包括中亚等中国西部邻国也亟须降低运输成

---

①　Dr. Rajan Bhattari, "Geopolitical Specialities of Nepla and International Approach to Conflict Transformation," *Nepal Foreign Affairs*, http://nepalforeignaffairs. com/geopolitical-specialities-of-nepal-and-international-approach-conflict-transformation#sthash.Ud7PajiR.dpu.

②　Col. Subodh Kumar Shahi, *China Strides Bhutan,Nepal and Mynmar:Options for India*, New Delhi: G.B.Books,2017,p.107.

③　王学梅、李玲:《"一带一路"背景下中国西藏与尼泊尔经贸合作机制研究》,《金融经济》,2019 年第 4 期,第 5 页。

本对双边贸易的消极影响。世界银行的研究表明，包括尼泊尔在内的亚洲腹地国家将从"一带一路"建设中提升与中国的贸易联系，"一带一路"交通项目对合作方的贸易增加幅度达到2.8%-9.7%。[①] 对中国来说，提升尼泊尔的"优先级"将有利于中国西藏地区的经济发展。[②] 总之，强化内陆连通性与扩大中国西部地区市场规模是巩固中尼贸易乃至中国同亚洲腹地贸易的关键，这是贸易便利性内在的要求。

第四节　加强中尼金融合作，实现资金融通

一、中尼双边融资合作政策与合作环境

金融是现代经济的血液，在要素配置中发挥着关键性作用。随着"一带一路"建设规模的扩大，合作国家基础设施互联互通需要大量资金支持，因此，开展双边和多边国际金融合作，促进相互间资金融通，具有十分重要的意义。

尼泊尔作为一个最不发达国家的内陆国家，要发展经济，加强与世界的经贸联系，迫切需要通过双边和多边国际金融合作来建设基础设施。近年来，中尼贸易、投资合作都取得了较

---

① Michele Ruta：《一带一路经济学：交通走廊的机遇与风险》，世界银行，https://www.shihang.org/zh/topic/regional-integration/publication/belt-and-road-economics-opportunities-and-risks-of-transport-corridors。

② Pramod Jaiswal, "Chinese Inroads to Nepal," IPCS, March 2014, http://www.ipcs.org/artical/india/chiese-inroads-to-nepal-4319.heml.

大进展，中资企业在尼投资规模将逐步扩大，为中资金融机构在尼发展提供了较大空间，双方金融领域的合作也不断深化。2012 年 1 月，温家宝总理访问尼泊尔，中方表示，鼓励和支持有实力、信誉好的中资企业赴尼投资兴业，并为双方商定的合作项目提供包括优惠性质贷款在内的融资支持。[①]2019 年 10 月，国家主席习近平访尼期间，中尼双方同意为中资银行在尼泊尔开设分行提供便利，推进中尼金融领域更大范围、更深领域合作。双方还将继续按照"企业主体、商业原则、市场导向、国际惯例"原则开展产能与投资合作。[②]"企业主体、市场导向"的合作原则表明了企业在中尼开展金融投资合作中的主力军地位的确定。这一原则在中国国家发展和改革委员会印发的《第三方市场合作指南和案例》中得到了进一步阐述，包括金融企业在内的中国企业在同有关国家开展的经济合作中，中方将秉持开放、绿色、廉洁理念，遵循三方共商共建共享、第三方受益原则，坚持企业主体、市场导向、商业原则、国际惯例，坚持质量优先、因地制宜，坚持开放包容、合作共赢，努力实现高标准、惠民生、可持续目标。[③]中方将产融合作的对象和方式定义为中外方金融机构通过银行贷款、联合融资、转贷款、股权参与等多种方式

[①]　"中华人民共和国和尼泊尔联合声明"，中华人民共和国外交部网站，2012 年 1 月 15 日，https://www.mfa.gov.cn/web/gjhdq_676201/gj_676203/yz_676205/1206_676812/1207_676824/201201/t20120115_9301031.shtml。

[②]　"中华人民共和国和尼泊尔联合声明"，中华人民共和国外交部网站，2019 年 10 月 13 日，http://np.china-embassy.org/zngxs/zywj/202002/t20200211_2039470.htm。

[③]　《第三方市场合作指南和案例》，第 3 页。中华人民共和国国家发展和改革委员会网站，https://www.ndrc.gov.cn/xxgk/zcfb/tz/201909/W020190905514523737249。

在第三方市场开展合作，其目标在于拓宽企业融资渠道，分散金融机构风险，实现企业和金融机构共生共荣。[①]中国政府也鼓励企业采取包括金融创新在内的一系列合作创新，由此表明了中国政府在对外合作中的开放诚意和政策。

在世界经济论坛于2019年9月发布的世界竞争力报告[②]中，尼泊尔以52分在140个国家和地区中居第108名，较2018年上升1名，在金融体系指标中位于第51名，远远优于其总体排名，金融稳定性以84.6分居第92位，而金融深度指标则以51.8分居第44位。对金融稳定性的评估考虑了银行健全性、不良贷款占比、信贷缺口及银行固定资产占比等几项指标，其中不良贷款率仅1.7%，居全球排名第23位，远远优于大部分国家甚至部分发达国家；对金融深度的评估考虑了对私营部门国内信贷的GDP占比、中小企业融资、风险资本可用性、国内上市公司市值的GDP占比及保险保费的GDP占比等几项因素，与稳定性指标下辖指标增减不一的情况不同，深度指标下的每一个次级指标相对上一年度都处于改善增长态势，其中上市公司市值的GDP占比指标表现最好，尼泊尔排名达到了第29位，对国内私营部门的贷款指标也处于较高水平（第42位）。综合观察以后

---

① "推动第三方市场合作 促进多方互利共赢——国家发展改革委外资司有关负责人就《第三方市场合作指南和案例》答记者问"，中华人民共和国国家发展和改革委员会，2019年10月28日, http://www.ndrc.gov.cn/zcfb/jd/201909/t20190904_948608.html。

② "Nepal-Global Competitiveness Index 4.0, 2019 edition," World Economic Forum, October 28, 2019, http://reports.weforum.org/global-competitiveness-report-2019/economy-profiles/#economy=NPL。

发现，尼泊尔国内的金融环境水平相对较高，特别是在信贷环境和私营部门经营环境方面，这为中国企业对尼的投资等活动提供了便利。

二、中尼加强金融合作，逐步实现资金融通

（一）中尼合作实现金融制度协调和金融规则对接

早在 2014 年 12 月，中国人民银行行长与尼泊尔央行行长就进一步加强中尼金融合作进行了深入交流，并签署了《中国人民银行和尼泊尔国家银行双边结算与合作协议补充协议》。根据补充协议，中尼人民币结算将从边境贸易扩大到一般贸易，并扩大地域范围，进一步促进双边贸易和投资增长。两国还签署了《中国反洗钱监测分析中心与尼泊尔金融信息中心关于反洗钱和反恐怖融资金融情报交流合作谅解备忘录》。[①]

（二）通过"一带一路"融资机构加强中尼金融合作

亚洲基础设施投资银行（亚投行）和"丝路基金"为有关国家的能源、交通等基础设施建设项目提供大量的贷款或者直接投资。2018 年，尼泊尔获得亚投行 100 万美元的赠款，以协助政府对其西部的电气化项目在可行性研究、技术设计及环境和社会管理方面进行准备。2019 年 12 月，亚投行向尼泊尔提供 1.12 亿美元贷款，以增加尼泊尔西部地区电力供应，提高电力供应质量和

[①]　"中国与尼泊尔两国将加强反洗钱与反恐融资合作"，中国新闻网，2014 年 12 月 23 日，https://www.chinanews.com/gn/2014/12-23/6904718.shtml。

效率。[①] 该项目主要是对尼西部地区的配电系统进行升级和扩建，通过对能源部门的投资，有利于促进尼泊尔完善能源基础设施，为其实现可持续发展目标、推动经济增长、增加就业机会和减贫做出贡献。

（三）通过政策性银行加大对尼泊尔的投资和融资

中国的国家开发银行、进出口银行和农业发展银行加大对"一带一路"合作国家和重点行业国际产能合作的融资支持力度，积极推动跨境人民币业务、推进同业合作。2012 年 1 月，进出口银行与尼泊尔财政部签署了关于贷款合作机制的备忘录。2016 年 3 月，进出口银行与尼泊尔财政部签署尼泊尔博卡拉国际机场项目贷款协议。根据协议，进出口银行将向尼方提供融资支持，用于在博卡拉新建一座 4D 级国际机场。[②] 2022 年 3 月，该机场竣工，博卡拉与世界的连通将更加通畅和高效，尼泊尔旅游业和经济社会发展将迎来更多机遇。进出口银行还通过向华新水泥纳拉亚尼有限公司发放境外投资贷款，用于支持企业在尼泊尔投资建厂，助力企业提升国际竞争力。

（四）商业银行加速在尼泊尔扩展服务网络

中国工商银行、中国银行、中国建设银行等中国主要商业银行也在合作国家建立了分支机构和代表处，并加强了与合作国家

---

① "AIIB Approves First Sovereign-Backed Loan to Increase Electricity Access in Nepal," Asian Infrastructure Investment Bank (AIIB),December 20, 2019, https://www.aiib.org/en/news-events/news/2019/AIIB-Approves-First-Sovereign-Backed-Loan-to-Increase-Electricity-Access-in-Nepal.html.

② "进出口银行融资支持尼泊尔灾后重建项目"，中国进出口银行网站，2016 年 3 月 22 日，http://www.eximbank.gov.cn/info/news/201806/t20180610_2458.html。

金融机构的合作。2015年3月，中国银行正式推出尼泊尔卢比现钞结售汇业务，成为国内首家开办此业务的银行。2018年11月，红狮希望水泥私人有限公司在尼泊尔银团代理行获得中国银行和中国民生银行保函银团项下第一笔10亿卢比资金，中国私营企业在尼泊尔最大投资项目落地，红狮集团尼泊尔项目总投资3.5亿美元，需融资1.5925亿美元。[①]2019年5月，中国银行甘肃省分行与尼泊尔日升银行签署战略合作谅解备忘录。两家银行将在建立代理行关系、跨境人民币清算及客户推荐等方面开展全面合作。[②]2022年5月，中国银行西藏分行成功办理西藏自治区首笔对尼泊尔人民币跨境直接投资款项汇出业务，标志着中国银行西藏分行已成功打通尼泊尔的跨境人民币清算渠道，实现了西藏自治区对尼泊尔跨境人民币结算业务的新突破。

（五）加强支付合作

支付清算的畅通是贸易畅通、资金融通的必要前提与根本保障。为了给当地居民提供更为丰富多元的电子支付服务，中国银联加强了与"一带一路"建设合作国家和地区相关机构的支付合作，银联发挥技术优势和业务拓展经验，通过联合实施支付标准、支付基础设施建设，使这些国家的支付网络更加健全、产品更加

---

① "浙江中行再组跨境银团 促中企在尼泊尔最大投资落地"，中国新闻网，2018年11月8日，https://www.chinanews.com.cn/business/2018/11-08/8671791.shtml。

② "甘肃跨境人民币业务实现增量扩面"，新华财经，2019年7月29日，https://www.cnfin.com/rmb-xh08/a/20190729/1872756.shtml?ulu-rcmd=0_comdf_art_4_434c63518fb946d0aa21b2071f8df687。

丰富、用卡体验更加优良。[①]2018 年 12 月，银联国际与尼泊尔主流发卡网络"灵智选择"科技有限公司（SCT）合作，推出本地电子钱包 Qpay，为尼泊尔持卡人提供银联移动支付服务。2020年 2 月，尼泊尔央行向支付宝和微信支付在尼开展日常运营工作颁发牌照。尼泊尔央行授权喜马拉雅银行帮助当地商家接入支付宝在线支付服务，使中国游客在尼泊尔的日常消费更加便利，使众多旅游行业从业者因此受益。

---

① 时文朝："中国银联总裁:打造一带一路银联支付网络",人民网,2017 年 9 月 7 日,
http://money.people.com.cn/n1/2017/0907/c42877-29520128.html。

第六章
中国与尼泊尔文化合作机制构建

人类命运共同体思想倡导尊重世界文明与文化的多样性，注重不同文明和文化之间的交流互鉴。尼泊尔是中国连接与开拓南亚市场的重要节点国家。深受印度文明影响的尼泊尔与中华文明存在着较大的差异性，但中尼人文交流的历史源远流长，佛教是这一交往的重要纽带，从蓝毗尼向北进入古都洛阳的白马寺，为中、尼文化交流搭起了一座跨越千年的"桥梁"。茶马古道和古丝绸之路作为国际商贸通道和文化交流走廊，记载了中尼之间的经贸联系和文化交流，为当代中尼合作打下了坚实的历史基础。

第一节　加强中尼文化合作与交流的现实意义

一、巩固中尼传统友谊，构筑新时代中尼命运共同体

中国和尼泊尔是山水相连、世代友好的亲密邻邦，两国文明互鉴，文化交流源远流长。早在公元 405 年，中国高僧法显就在其著作《佛国记》中，记载其远赴迦毗罗卫瞻仰佛陀出生地的经历。在法显访尼的同时，尼泊尔僧人佛陀跋陀罗应中国僧人智严的邀

请，到达中国长安弘传禅学。中尼之间借助佛教由此开启了数千年的文化交流。此后，大量标志性事件被记录到中国历史文献之中，例如，唐代高僧玄奘到访释迦牟尼诞生地兰毗尼，尼泊尔尺尊公主同吐蕃赞普松赞干布联姻，元代尼泊尔著名工艺家阿尼哥来华帮助修建了北京妙应寺白塔，这些文化交流的标志性人物和事迹激励着一代又一代的中尼两国人民。中国西藏地区与尼泊尔还有着相似的历史文化背景，佛教文化在一定程度上构成了中尼两国文化交往的核心[①]，西藏地区也成为连接中尼两国的关键"纽带"。在新的历史时期加强中尼文化交流与合作，不但有利于巩固两国数千年来的传统文化友谊，还有利于打破文化交流领域的地域屏障，增进两国的相互了解，构筑新时代的中尼命运共同体。

二、以更高水平的民心相通，增强"一带一路"建设的吸引力

文化交流与人类发展相互影响、相互作用。一方面，正是世界上各国家、各地区与各民族之间的文化交流，才促成了整个世界文化多样性的形成；另一方面，世界各国之间的文化交流，也成为人类社会文明进步的重要动力。国家间文化借鉴与融合，不仅有利于各民族文化取长补短，还有利于增进各国民众的互相了解，从而理解彼此间的文化差异和价值观差异，进而通过各国民

---

① Dipendra Adhikari and Zhang Sheng, "Sixty-Four Years Of Friendship: A Review Of Nepal-China Ties," *Lokantar*, http://english.lokaantar.com/articles/sixty-four-years-friendship-review-nepal-china-ties/.

众间的理解与包容，促成与深化各国人民的友谊。就中尼而言，两国于2017年签署了"一带一路"合作备忘录，尼泊尔正式成为"一带一路"建设重要参与者。加强两国文化的交流与合作，有利于增进两国人民的友谊，促进中尼民心相通，唯有中尼民心相通，中尼命运共同体才能获得持续性发展，中尼命运共同体的发展才具有内核与动力。正如习近平主席所言，"国之交在于民相亲，民相亲在于心相通"[①]，因此，中尼民心相通，是增强"一带一路"建设吸引力的内在需求，是推动中尼命运共同体持续性发展的不竭动力。

三、通过提升中尼文化交流，推动经贸合作进一步发展

文化对促进经济繁荣与发展有着重要作用。一方面，文化自身可以作为产业，成为推动国家经济发展的动力与引擎；另一方面，文化产业与其他产业有着紧密的联系，它的发展可以带动相关消费经济，增加其他产业的价值。[②]当国家间的经贸合作涉及文化领域时，文化也间接地推动了经济贸易的增长，这也说明文化在国家经贸发展中同样能够发挥重要的作用。从中尼文化交流对经济的作用来看，两国间的文化交往已经带动了旅游业、酒店业、餐饮业和手工艺品行业的发展。近年来，中国与尼泊尔的文

---

① 张敏等：《国之交在于民相亲,民相亲在于心相通》,《解放军报》,2018 年 3 月 14 日,http://www.81.cn/jfjbmap/content/2018-03-14/content_201583.htm#。

② Nicola Boccella and Irene Salerno, "Creative Economy, Cultural Industries and Local Development," *Procedia-Social and Behavioral Sciences*, Vol.223,2016,pp.291-296.

化交往逐渐增多，不少中国民众都对尼泊尔这个"神秘"的国度产生了浓厚的兴趣，这也使中国到尼泊尔旅游的游客数量不断攀升，成为尼泊尔旅游收入的主要来源国之一[①]，为两国在旅游行业创造了较大的合作潜力。因此，提升中尼文化交流的频次与质量，能够促进两国间经贸合作的进一步发展。

四、促进中国和印度文化圈相互认识，谱写中国南亚合作新篇章

尼泊尔在文化、语言、宗教、社会风俗等方面都深受古印度文化影响。尼泊尔与印度的紧密关系至少已经保持了 2500 年，并且在各个层次的联系上均持续不断，对尼泊尔的主要文化和宗教影响——无论印度教还是佛教——都来自印度。[②]尼泊尔作为南亚地区的"门户"，它的对华政策和动向备受其他南亚国家的关注，在一定程度上可以为其他南亚国家起到示范作用，因此，尼泊尔与中国文化交流的加强也有助于其他国家主动增进与中国的文化互动，在这一过程中了解与尊重彼此的文化差异，求同存异。因此加强中尼文化交流与合作，一方面，在一定程度上有助于中国了解其他南亚国家的思维方式和行为习惯，从而使中国在同其他南亚国家"打交道"时，采取更加灵活、适当的政策与策略。

---

① "After Xi Jinping's visit, Nepal is expecting a surge in Chinese tourists," *The Kathmandu Post*, October20, 2019,https://kathmandupost.com/money/2019/10/20/after-xi-jinping-s-visit-nepal-is-expecting-a-surge-in-chinese-tourists.

② [美]里奥·罗斯著、王宏伟、长荣德译：《尼泊尔的生存战略》，中国藏学出版社 2018 年版，第 16 页。

另一方面，尼泊尔也可以凭借其特殊的地缘位置成为中国与整个印度文化圈沟通的"桥梁"。总之，加强中尼文化间的文化交流与互动，有利于促进中国与南亚的认知与了解，推动与南亚的深度合作与交流。

五、提升中国文化软实力，建立中国对尼泊尔的文化话语体系

软实力是当今世界各国实力构成中的一个重要组成部分。"软实力"这一概念是相对经济、军事这样的"硬实力"而言的，最早由哈佛大学的约瑟夫·奈提出，约瑟夫·奈将这一概念概括为一个国家通过思想、价值观和意识形态等对其他国家产生的吸引力。[1] 文化外交是政府或非政府组织通过各种手段为促进国际相互理解与信任，构建和提升本国国家形象的一种有效外交形式。[2] 有的学者甚至认为，一个国家如果没有文化上的国际影响力，那么它则没有国际事务的话语权[3]，因此，提升文化软实力对扩大中国在国际上的影响力具有相当重要的作用。在对尼合作中，文化在一定程度上反映了国家经济发展水平与社会制度的性质，提升我国文化软实力也有助于增强我国对尼泊尔的影响力。

---

[1] Nicolae Hanes,Adriana Andrei, "Culture As Soft Power In International Relations," International Conference knowledge-based organization, Vol.21, No.1,2015,pp.32-37.

[2] 胡文涛：《解读文化外交：一种学理分析》，《外交评论》，2007年第3期，第55页。

[3] Hua Jian, et al. *The Competition for Soft Power: Trends of Cultural Competition in the Context of Globalization*, Shanghai:Shanghai Academy of Social Sciences Press and China Higher Education Press, 2001, p.5.

六、推动中尼文化互学互鉴，探寻共同的价值理念

中尼两国国情和文化虽然不同，但两国文化都具有高度的包容性和开放性，因此通过加强中尼文化交流，可以推动中尼文化的互学互鉴，强化两国间的价值认同。[①] 推动中尼文化互学互鉴，将从两个方面帮助两国探寻共同的价值理念：第一是价值观基础。人民的福祉是中尼经济社会发展目标的共同点所在，因此在两国文化交流合作中建立"以人为本"的共同价值取向原则，能够为中尼文化交流提供价值观基础。第二是价值观认同。多元文化民族是中尼社会的另一个共同点，中国特色社会主义文化来源于中华民族求同存异、兼收并蓄的传统，这与尼泊尔由宗教信仰塑造开放包容的民族性格具有一定的相似性，这种民族文化的开放性特征是两国发展进一步关系的基础。

第二节　中国与尼泊尔的教育合作与交流

一、国际教育合作与交流的意义

教育既是一种资源，也是文化交流传播的一种工具。国际教育合作包括通过助学金、奖学金和财政援助政策为学生流动（入境、出境和双边）提供帮助；通过资助访问学者等政策促进学者流动和研究合作；通过海外校区进行跨境教育，形成机构枢纽；

---

① 李万县、叶金国：《构建中尼命运共同体建设的价值共识》，《人民论坛》，2020 年第 4 期，第 124 页。

通过课程国际化实现国内的国际化；最终实现全球战略或区域战略。[①] 教育交换计划，作为一种获得影响力的机制可以使东道国从留学生的有利意见中受益，进而产生有利于自己的积极影响。研究认为，交换生回国后对他们所学习的国家和与他们交往的人有更积极的看法，也往往更愿意与东道国亲近。[②] "一带一路"倡议提出以来，民心相通的概念被反复强调，加强中尼两国教育合作是促进民心相通的重要环节。

二、中尼教育合作与交流的进程

中尼建交之初，两国就开展了卓有成效的双边教育合作。早期中尼教育合作主要是国际汉语教学，如尼泊尔著名公立大学——特里布文大学——中文系所属的国际语言学院就开设了汉语课程，2007 年 6 月，加德满都大学孔子学院成立，学院通过教授中国语言、传播中华文化、培养汉语师资、组织汉语水平考试、编写汉语教材，促进了中尼文化交流[③]。中国国内则有中国传媒大学、北京外国语大学和信息工程大学等开设了尼泊尔语的教学。为了扩大教育合作，两国在 2010 年开展了"中尼教育交流论坛"，为两国教育专家创造了一个互相了解、共同

[①] Helms, Robin Matross, et al. *Internationalizing higher education worldwide: National policies and programs*, Washington DC: American Council of Education,2015.

[②] Atkinson, Carol, "Does soft power matter? A comparative analysis of student exchange programs 1980–2006," *Foreign Policy Analysis*, Vol.6, No.1, 2010,pp.1–22.

[③] 何鑫：《"一带一路"背景下尼泊尔汉语国际教育发展思路探析》,《河北经贸大学学报 (综合版)》,2019 年第 4 期,第 73 页。

探讨和交流的平台。① 此外，为了促进尼泊尔政府部门对汉语的了解，加德满都孔子学校还为尼泊尔教育部开设了汉语班，这是继尼外交部、尼军总部和尼旅游局之后的第四家尼政府机构官员来孔子学院学习汉语。② 中尼两国领导人在互访中都多次表达了对于两国教育文化合作的愿景。2016 年，尼泊尔总理奥利访问中国时前往南京、西安和成都的 3 所大学，并发表了 3 场演讲，积极同师生们交流，热切地表达了希望两国在教育学术领域更深层次的交流合作。③ 在 2018 年和 2019 年的中尼联合声明中，中方承诺将每年为尼方提供 400 个人力资源开发培训机会和更多政府奖学金，以及 100 个孔子学院奖学金名额。截至 2018 年 8 月，中国政府已向尼来华留学生提供了 6400 个奖学金名额，涉及工程、医药、商务等尼泊尔经济建设急需的专业④；2019 年，中国为尼泊尔培养和提供奖学金的公务员人数达到 850 人，而 2004 年仅为 20 人。⑤ 尼泊尔教育和科技部部长在第

① "'第七届中国教育展'暨'首届中尼教育交流论坛'在加德满都开幕"，中华人民共和国驻尼泊尔大使馆，2010 年 5 月 17 日，https://www.mfa.gov.cn/ce/cenp//chn/jy/jyxw/t695002.htm。

② "中国驻尼泊尔大使于红出席尼教育部官员汉语培训班开班典礼"，中华人民共和国驻尼泊尔大使馆，2017 年 2 月 14 日，https://www.fmprc.gov.cn/ce/cenp/chn/sgjs/dszyjhjhd/t1438280.htm。

③ 《尼泊尔总理对中尼教育合作的愿景》，《中国教育报》，2016 年 4 月 1 日，http://www.21cnmc.com/article/educational/general/36577-36611。

④ "People boost China-Nepal relations," *The Kathmandu Post*, August 28, 2018, Access Time:2020-6-9,https://kathmandupost.com/miscellaneous/2018/08/28/people-boost-china-nepal-relations.

⑤ "China offers a record number of training programmes and scholarships to Nepali civil servants, " *The Kathmandu Post*, June 25, 2019, AccesTime:2020-6-9,https://kathmandupost.com/politics/2019/06/25/china-offers-a-record-number-of-training-programmes-and-scholarships-to-nepali-civil-servants.

五届留华学生联谊会上表示，从中国学成归国的尼泊尔毕业生能力突出，正在为实现国家愿景"繁荣的尼泊尔、幸福的尼泊尔人"做出重要贡献。中国驻尼大使说，留华学生是中尼教育合作的直接受益者，是连接中尼友好的桥梁，是促进中尼友好的民间外交官。[①] 为了发挥留华学生的作用，早在 1981 年，尼泊尔就成立了由在中国毕业的尼泊尔留学生组成的阿尼哥协会，该协会自成立以来一直对华友好，为中尼两国民间友好关系的发展做出了积极的贡献。

三、中尼教育合作交流的主要机构及领域

目前，中尼教育合作交流主要依托在尼文化机构、留学项目、职业培训等实现。中国在尼泊尔共设有两个孔子学院、两个孔子课堂和一个中国文化中心，前两者旨在推广汉语教育和资格认证，后者专注中华文化的推广。在学术研究方面，中尼学术交流主要依靠各类学术会议及高校、智库间的合作交流。中尼每年举行数十场各类型学术会议，高校间的交流也较为频繁，中国高校的南亚研究机构在其中扮演了重要的角色。

除汉语的学习交流外，中尼两国还就地理、建筑等多个科研领域展开合作。2014 年 4 月，"中国—尼泊尔地理联合研究中心"在中国科技部的资助下成立。该研究中心由中国科学院成都山地所和尼泊尔特里布文大学联合共建，以喜马拉雅山南北坡为研究

---

① "尼泊尔教育部长：留华毕业生促进尼泊尔繁荣"，新华网，2018 年 12 月 6 日，http://www.xinhuanet.com/world/2018-12/06/c_1123818494.htm。

区，基于全球气候变化背景，重点开展包括山地灾害、山地生态与环境监测、山区发展等在内的山地地理研究，旨在培养尼方山地地理学研究的专业人才，提升尼泊尔相关领域的研究能力，并为提升我国的科技影响力和促进中尼科技交流与合作做出贡献。[①]近20年来，中国高校还与尼泊尔共同探索文化遗产保护的亚洲经验。在尼泊尔加德满都谷地，东南大学建筑学院的师生团队已连续多年扎根当地。截至2019年，该团队已完成尼泊尔昌古纳拉扬神庙建筑群等两处世界文化遗产地和一处世界遗产预备名录的测绘工作，东大也与尼泊尔两所高校正式建立了合作关系。[②]

随着中尼两国教育合作的深入推进，合作范围越来越广泛，合作的主体也愈发多样。早期的中尼教育合作主要局限于官方层面的国际教育交流项目，但近年来，一些非政府组织开始发挥作用，它们利用自己的优势与尼泊尔开展了大量"小而精"的教育培训项目，推动了中尼教育民间合作的进步。

2019年，中尼民间教育提升与交流项目活动在尼泊尔加德满都成功举办，该项目旨在帮助尼泊尔因战争遗留下来的孤儿的教育对口扶持问题。中国商业股份制企业经济联合会为在尼投资的中方企业捐助一笔教育发展基金，用于建设一所小学并对口帮扶50名孤儿。未来中经联将进一步扩大这笔基金，覆盖更多的青少

---

① "中国—尼泊尔地理联合研究中心揭牌仪式在尼泊尔 TU 顺利举行"，中国科学院、水利部成都山地灾害与环境研究所，2014 年 4 月 30 日，http://www.imde.ac.cn/xwzx/ttxw/201404/t20140430_4105018.html。

② "保护亚洲文化遗产 中国高校在行动"，新华网，2020 年 9 月 27 日，http://cn.cccweb.org/portal/pubinfo/2020/09/27/200001003006/352376e26d8d4b45b49bba0ccff42fa5.html。

年、青年教师，将资助范围扩大到学前教育、职业教育、教师教育、教育技术、教育基础设施建设等方面[①]；2019 年，徐悲鸿文化艺术专修学院与特里布文大学签订合作办学意向书，两校合作办学成立独立学院，学校暂命名为"特里布文京华学院"，定位为一所应用型本科大学，学生可授予中方毕业证和学位证书，也可授予特里布文大学学位证书。[②]学院建成后，将为中尼两国及"一带一路"合作国家培养高级职业技能型人才。此外，西藏社会科学院、云南大学和四川大学等也先后派代表团访问尼泊尔，主动与尼共商科研教育合作交流，进一步细化落实两国学术教育合作。

2021 年 4 月，中国扶贫基金会在加德满都谷地帕比达克辛卡利启动尼泊尔青年职业培训项目，预计 3 年内资助约 240 名青年。该项目与尼泊尔教育职业培训学院合作，年轻学员们通过 3 个月的培训，掌握电工与水暖工的技能后可以选择参加尼泊尔教育部职业考试，通过考试可获得当地认可的职业技能证书。[③]尼泊尔震后重建及中尼合作项目在尼泊尔开花结果都需要大量的技术工人保障，而尼泊尔年轻人受教育程度低，缺乏一定的职业素养，为了生计往往选择外出做劳工。这样的培训项目不仅切实帮助了尼泊尔年轻人学习职业技能，还能使中国企业从中受益，具有较大的现实意义与可推广的价值。

---

① "中尼民间教育提升与交流项目活动在尼泊尔加德满都成功举办"，中国商业股份制企业经济联合会，2019 年 12 月 6 日，http://www.ejcccse.org/cn/news260.html。

② 余闯："中尼高校联合培养技能人才"，中国教育新闻网，2019 年 4 月 12 日，http://www.jyb.cn/rmtzgjyb/201904/t20190412_224151.html。

③ "中国扶贫基金会启动尼泊尔青年职业培训项目"，中国扶贫基金会，2021 年 4 月 7 日，https://www.cfpa.org.cn/news/news_detail.aspx?articleid=2316。

第三节 中国与尼泊尔的媒体交流

一、尼泊尔媒体概况

尼泊尔媒体业较为发达，媒体机构多以私营为主。尼泊尔电视转播事业起步较晚，1985 年 2 月，尼泊尔电视台（NTV）建立。根据尼政府信息与广播局制作的《尼历 2075 年媒体目录》（尼历 2075 年对应自然年 2018 年 4 月 14 日至 2019 年 4 月 13 日）统计，目前登记注册的电视台共计 34 家，其中，政府运营电视台 2 家，分别是尼泊尔电视台和尼泊尔电视台（+）（NTV PLUS）。比较大的私营电视台包括康提普尔电视台（Kantipur Television）、影像频道（Image Channel）、渠道电视（Avenue Television）、萨加玛塔电视台（Sagarmatha Television）等。目前，绝大部分尼泊尔人都能收听到广播节目。尼泊尔广播电台（Radio Nepal）是全国唯一的官方电台，成立于 1951 年，广播语种有尼泊尔语、英语、尼瓦尔语和印地语节目。

尼泊尔注册发行报刊 6000 余种，其中日报 500 余份。尼泊尔语报刊占 90% 以上，其次是英语、印地语。发行量最大的两份日报均为官方报纸：《廓尔喀报》（*Gorkhapatra*），尼泊尔语，1901 年创刊；《新兴尼泊尔报》（*The Rising Nepal*），英语，1965 年创刊。除此以外，《加德满都邮报》（*The Kathmandu Post*）、《喜马拉雅时报》（*The Himalayan Times*）、《共和国报》

（*Republican*）和《康提普尔日报》（*Kantipur Daily*）在尼泊尔也具有较强舆论影响力。

网页新闻主要有尼泊尔新闻门户网（eKantipur.com）、尼泊尔新闻网（www.nepalnews.com）。此外，各大报媒也都开设网络媒体平台，网上可浏览报刊内容。注册登记的网络新闻媒体共计800余家。

尼泊尔新闻组织主要有成立于 1958 年的尼泊尔记者联合会（Federation of Nepalese Journalists）、成立于 1959 年的尼泊尔记者协会（Nepal Journalist Association）、成立于 1996 年的尼泊尔编辑家协会（Editors Society of Nepal）和尼泊尔新闻中心（Press Center Nepal）等，尼泊尔国家通讯社（RSS）是全国唯一官方通讯社，成立于 1962 年 4 月。尼泊尔政府通过新闻和通讯部下设的新闻局和新闻委员会等机构来管理相关新闻和宣传工作。

尼泊尔主流媒体对华态度总体友好，但转载西方媒体对华负面言论的事也时有发生。关于中资企业和人员的报道总体是积极正面的，主要宣扬中资企业对尼泊尔发展建设做出的贡献，然而也存在没有全面了解事实真相的片面失实。[①]

二、中尼媒体交流与合作

中尼有着较为广泛的媒体交流与合作，主要体现在三个方面。

---

① 《对外投资合作国别（地区）指南 尼泊尔》（2020 年版），http://www.mofcom.gov.cn/dl/gbdqzn/upload/niboer。

一是通过签署协议，加强沟通交流，相互借鉴，密切友好往来，推动两国媒体实现更好的交流与合作。2013 年 11 月，云南省政府新闻办公室与尼中媒体论坛签署《战略合作备忘录》。双方在媒体互动、新闻报道、记者采访、文化交流、新闻信息资源共享、工作机制等多个方面展开深度合作，为两国新闻界、文化界的广泛交流合作开辟一条高速通道。2014 年 12 月，中尼签署媒体合作谅解备忘录，旨在促进信息技术领域的相互合作，并就媒体相关事宜进行合作。根据谅解备忘录，双方的主要合作领域包括信息交流、经验分享和政策法规含义；加强两国新闻部门互访和交流；分享互联网领域的经验与合作。[1]2016 年 5 月，尼泊尔坎蒂普尔媒体集团（KMG）与中国中央电视台（CCTV）签署了一项双边协议，该协议为尼泊尔和中国主要媒体机构之间的内容交流提供了框架。坎蒂普尔媒体集团主席 Sirohiya 表示，两大媒体的交流将有助于加深双边关系，尤其有助于尼泊尔旅游业的发展。[2]2016 年 12 月，中国国际广播电台和尼泊尔国家电视台签署了 "电视中国剧场" 框架协议。根据该协议，尼泊尔通过电视媒介播出中国电视剧，有利于增进两国人民的相互了解，拉近两国人民间的距离，从而把两国民间关系提升到新的高度。[3]2018 年

---

[1] "Nepal, China sign MoU on media cooperation," *The Kathmandu Post*, December 30, 2014, https://kathmandupost.com/miscellaneous/2014/12/30/nepal-china-sign-mou-on-media-cooperation.

[2] "KMG, CCTV sign framework agreement for content exchange," *The Kathmandu Post*, May 14, 2016, https://kathmandupost.com/miscellaneous/2016/05/14/kmg-cctv-sign-framework-agreement-for-content-exchange.

[3] "尼泊尔媒体人：中尼媒体合作前景广阔"，国际在线，2016 年 12 月 19 日，https://news.cri.cn/20161219/5f8effa1-cc32-ae51-6837-d9242d5b2268.html。

11月，中华全国新闻工作者协会与尼泊尔记者联合会在尼泊尔首都加德满都签署"一带一路"新闻交流合作协议。[①]2022年7月，为庆祝中尼建交67周年，由香港卫视南亚新闻中心、南亚网络电视主办的"庆祝中尼建交67周年中尼媒体互访座谈会"在加德满都举行。座谈会围绕"一带一路"倡议、共建人类命运共同体等议题就中尼媒体合作进行了深度交流和探讨。

二是围绕各国重要议题，组织媒体开展联合采访报道，交流各国经验，加深相互了解，服务社会和经济发展。2010年3月，尼中媒体论坛举办了庆祝西藏第二个农奴解放日互动节目。尼泊尔信息通信部部长尚卡尔·博卡雷尔先生、中国大使邱国洪先生、总理府秘书、前驻拉沙总领事莱拉·马尼·波德尔先生和80多位尼泊尔记者、学者等参加了该活动。[②]2012年，到访尼泊尔的中国藏学研究中心的专家与尼泊尔媒体界代表就中国西藏有关问题进行交流，向当地媒体介绍了西藏宗教、法律和教育等方面的发展情况。尼泊尔媒体界代表就中国藏人的分布、西藏的发展、西藏的民族区域自治制度、西藏问题与中尼关系、达赖集团、西方舆论对西藏问题的报道等诸多话题，与中国藏学家们进行了广泛的交流[③]，促进了尼泊尔人民对中国西藏问题的了解，对于中

---

① 赵新乐："中尼共推'一带一路'媒体合作"，中国新闻出版广电网，2018年11月7日，http://data.chinaxwcb.com/epaper2018/epaper/d6868/d2b/201811/92546.html。

② "尼泊尔—中国媒体论坛在西藏农奴解放日周年之际举行了互动节目"，中华人民共和国驻尼泊尔大使馆，2010年3月28日，http://np.china-embassy.org/eng/EmbassyInfo/asaa/t675824.htm。

③ "中国藏学家与尼泊尔媒体人士交流"，新华网，2012年2月17日，https://finance.qq.com/a/20120217/006630.htm。

尼合作解决流亡藏人问题大有裨益。2015 年 9 月，尼泊尔大地震 5 个月之后，尼泊尔多家主流媒体到访成都，参观汶川震后重建成果，并就重建的经验和方法与相关部门负责人进行了深入交流，以借鉴四川灾害治理和灾后重建的有益经验。2017 年 9 月，为了促进"一带一路"建设参与国家媒体的合作，"一带一路"媒体论坛倡议在敦煌拉开帷幕，来自包括尼泊尔在内的 126 个国家的媒体和智库的代表参加了此次会议，该论坛是世界上最大的定期国际媒体论坛之一。自 2014 年以来，该论坛已举行了 3 届，旨在探讨媒体在推动"一带一路"建设中发挥积极作用。[①]2017 年 12 月，由《云南日报》报业集团与尼泊尔《嘉纳阿斯塔国家周报》合办的尼泊尔语《中国·云南》新闻专刊在尼泊尔首都加德满都首发，并在尼泊尔全境发行。尼泊尔《嘉纳阿斯塔国家周报》创办至今已有 22 年的历史，是在尼泊尔发行量最大的周刊。这项合作有助于通过报道云南与尼泊尔在人员交流、文化、教育、艺术、宗教等领域开展的交流合作，增强尼泊尔各界人士对云南的了解，推动尼泊尔和云南经济社会共同发展。[②]2018 年 11 月，根据中华全国新闻工作者协会与尼泊尔记者联合会签署的"一带一路"新闻交流合作协议，双方将围绕"一带一路"主题，组织新闻媒体联合采访报道相关项目建设情况、交流报道经验；举行研讨交流，

---

① "Media forum on BRI kicks off in China," *The Kathmandu Post*, December 30, 2017, https://kathmandupost.com/miscellaneous/2017/09/20/media-forum-on-bri-kicks-off-in-china.

② "《中国·云南》尼泊尔语新闻专刊在加德满都首发"，云南日报网，2017 年 12 月 20 日, https://www.yndaily.com/html/2017/yaowenyunnan_1220/109372.html。

积极参加"一带一路"记者组织论坛；支持"一带一路"记者培训基地建设；支持和参与"一带一路"新闻评奖活动。该协议的签署对于加强"一带一路"合作方及延伸国家记者组织间的交流合作具有重要意义，有助于增进各国新闻媒体、编辑记者间的沟通互鉴及信息共享，促进双边和多边各领域的友好合作，共享发展新机遇。①

三是为尼泊尔媒体人举办研修培训，通过媒体的专业视角，更好地了解历史悠久、开放包容的中国，使尼泊尔媒体人成为中尼两国友好交流的使者和桥梁。2015 年 3 月，中国人民大学为尼泊尔 15 位新媒体代表举行高级研修培训。通过研修考察和讲座交流等方式，尼泊尔媒体学员对丝绸之路的由来、"一带一路"倡议有了比较全面的认识和理解。②2019 年 8 月，四川举办"尼泊尔媒体记者研修班"，19 名来自尼泊尔主流媒体的记者在川通过课程培训、实践考察、交流访问等活动。尼泊尔学员对媒体传播与经济社会发展的关系，以及新媒体时代下新闻媒体面临的挑战和机遇有了更深入的认识，对四川省的经济、人文及媒体情况有了更深入的了解，也为尼泊尔与四川省在各领域开展务实合作奠定基础。

新冠疫情期间，中尼文化合作交流虽然有所放缓，但也发展出了新的交流形式。2020 年 4 月，尼泊尔中国文化中心从 4 月 2

① 赵新乐："中尼共推'一带一路'媒体合作"，中国新闻出版广电网，2018 年 11 月 7 日，http://data.chinaxwcb.com/epaper2018/epaper/d6868/d2b/201811/92546.html。

② "中国人民大学为尼泊尔媒体人举办新媒体高级研修班"，人大新闻网，2015 年 3 月 19 日，https://news.ruc.edu.cn/archives/99557。

日开始在脸书平台推出"云·游中国——诗画浙江"主题系列活动。通过上传视频、图片和相关文字，展示浙江山川风貌和人文古韵，并已推出"杭州""西湖""中国茶文化""京杭大运河""东南佛国"等板块。在尼泊尔人民居家隔离的情况之下，足不出户带大家领略中国山水文化的魅力。①8月，为了庆祝中尼正式建立外交关系 65 周年，中国驻尼泊尔大使馆首次通过尼泊尔国家电视台举行"纪念中尼建交 65 周年中国电影节"。在此期间，还在尼国家电视台播放《鸟瞰中国》《中国抗疫志》、*Bul Bul* 等多部中尼优秀影视作品，帮助尼泊尔人民了解中国。②春节期间，驻尼泊尔使馆通过微信、脸书和推特等新媒体平台向尼泊尔介绍中国农历新年。此外，驻尼泊尔使馆还积极推动尼泊尔友好组织在尼官媒《廓尔喀报》和《新兴尼泊尔报》以尼文和英文双语刊载介绍中国农历春节的文章，通过线上线下多渠道，让尼泊尔朋友们领略到趣味十足的中国民间节庆习俗、感受地道的"中国年味儿"。③

中尼两国在政治、经济、文化等各领域的交流合作越来越密切，两国媒体的交流与合作在其中发挥了重要作用。正如 2019 年 10 月，

①　"尼泊尔中国文化中心,云·游中国:尼泊尔中国文化中心推出画浙江系列线上活动",2020 年 4 月 28 日,http://cn.cccweb.org/portal/pubinfo/2020/04/28/200001003002001/d2746798b828464f93a783d0774243。

②　"中尼文化交流热络,精品影视点亮荧屏",中国驻尼泊尔大使馆文化组,2020年 8 月 5 日,http://cn.cccweb.org/portal/pubinfo/2020/08/05/200001003002001/e60b88d7638d4fcab6e8540f197167e9.html。

③　"驻尼泊尔使馆举办'欢乐春节'系列活动",中国驻尼泊尔大使馆文教组,2021 年 2 月 23 日,http://cn.cccweb.org/portal/pubinfo/2021/02/23/200001003002001/da90a12588094957a56e776e9f1b3413.html。

尼泊尔总理奥利在接受中央广播电视总台采访时表示，尼中两国媒体合作开展顺利、前景广阔，且必将惠及两国人民。奥利指出，媒体间的合作不仅仅是一种产业合作，而是能够促进尼中两国民心相通，增进人民之间友谊的国与国之间的合作。尼中两国人民已经在两国媒体的合作中获益。[①] 新闻领域的交流合作，是中尼两国世代友好的全面合作伙伴关系的重要领域，两国媒体向对方国家传递真实的信息对加深两国人民的了解有着重要意义。

第四节　中国与尼泊尔的旅游合作

一、尼泊尔旅游业发展概况

随着区域经济一体化的不断发展和深化，加强与其他国家和地区之间的区域和次区域经贸合作成为各国促进经济发展的重要战略举措。而作为经贸合作重要组成部分的旅游合作，已经成为很多国家和地区合作的重点或核心。作为与中国毗邻的重要邻国，尼泊尔与中国之间的经贸合作随着两国政治关系的进一步发展而不断加快，合作领域不断拓宽，合作层次不断加深。与此同时，由于具有优越的地缘条件、悠久的历史渊源、丰富而具有互补性的旅游资源等多种优势，两国在旅游领域的合作更具有得天独厚的优越条件。2020 年以来，虽然新冠疫情及世界范围内的防疫对

---

① "尼泊尔总理奥利说尼中两国媒体合作惠及人民"，中央广电总台国际在线，2019 年 10 月 11 日，http://news.cri.cn/20191011/d8e46059-c145-e95d-133b-e50d372b5107.html。

旅游业造成巨大冲击，中国和尼泊尔依然通过加强旅游业合作，推动两国旅游业和经济的发展。

尼泊尔独特的地理位置与优美的历史风物为尼泊尔旅游业的发展奠定了良好基础，旅游业是尼泊尔国民经济发展的重要助推力，是外汇和国民收入的主要来源。尼泊尔在自然和人文景观上具有丰富的旅游资源，例如荒野旅游、宗教场所、文化遗址等。在尼泊尔，主要的旅游项目包括登山、徒步、观鸟、漂流、热气球、丛林观光、山地骑行等。[①] 加德满都、博卡拉、蓝毗尼、珠穆朗玛峰、奇旺国家公园、贾纳克普尔是尼泊尔主要的旅游目的地。[②] 尼泊尔还是著名的宗教圣地，吸引了众多宗教人士前往朝拜。蓝毗尼是佛祖和帕苏帕提纳特的出生地，既是印度教的信仰中心，也是佛教徒心中的圣地。尼泊尔还是徒步者的天堂，这里拥有 8 座海拔 8000 米以上的高峰和世界上最多、最完善的徒步路线，而位于喜马拉雅山脉南麓安纳普尔纳地区的雪山湖泊蒂利乔湖，则让众多徒步者无限向往。到访的国际游客使尼泊尔获得了大量的外汇收入。此外，文化艺术交流、就业机会增加、政府收入增加、小型产业发展、基础设施建设、社会设施增加、自然资源保护、人力资源开发，这些都是旅游业为尼泊尔经济社会发展做出的贡献。旅游业是推动社会、文化、

[①] "Tourism in Nepal," Government of Nepal,Ministry of Foreign Affairs,https://mofa.gov.np/about-nepal/tourism-in-nepal/.

[②] "Places to go," Official website of Nepal Tourism Board, https://ntb.gov.np/crisis-management-information.

政治变革和环境改善的重要力量。①

　　目前，尼泊尔有近80%人口生活在农村地区，而将农村的社会经济发展与可持续的旅游市场开拓结合起来是很重要的。②通过回顾古代交往的历史，在这些交通沿线上，边界是促进货物、服务和思想交流的连接体。③在"一带一路"合作中，发展中尼两国的跨国生态旅游，将有助于减少相关区域农村的贫困。"旅游业被视为尼泊尔经济可持续发展的主要贡献者，通过保护生态和促进发展成为一个有吸引力的、安全的、令人兴奋的和独特的目的地，形成旅游利益的公平分配和社会的更大和谐"。④

　　在经济发展层面，旅游业对现代尼泊尔的国家发展至关重要。旅游业是尼泊尔支柱性产业，2019年，尼泊尔旅游业创造了104万个工作岗位，旅游业对尼泊尔的国内生产总值（GDP）和就业贡献分别为6.7%和6.9%。⑤如图3所示，尼泊尔的国际旅游较为兴盛，在新冠疫情突发前，尼泊尔每年接待的游客人数在波动

① Bajracharya, R., "Tourism Education and Nepal Mountain Academy: A Critical Debate," *Voice of Himalaya Nepal Mountaineering Association*, Year 7,Vol 1, 2018, pp.15-20.

② *Multidimensional poverty index: An analysis towards action*, National Planning Commission,Kathmandu:Nepal, 2021.

③ Lama, A.K., *Understanding Institutional Adaptation to Climate Change: Social resilience and adaptive governance capacities of Nature Based Tourism Institutions in the Annapurna Conservation Area*, Nepal,Doctor of Philosophy Thesis, Julius Maximilian University Wuerzburg, Germany, 2016.

④ MOTCA, *Tourism Vision 2020*, Kathmandu:Ministry of Tourism and Civil Aviation, 2009.

⑤ "Tourism is Nepal's fourth largest industry by employment, analytical study shows," *The Kathmandu Post*, June 17, 2021,https://kathmandupost.com/money/2021/06/17/tourism-is-nepal-s-fourth-largest-industry-by-employment-study.

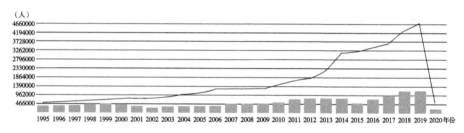

图 3　新冠疫情突发前，1995—2020 年尼泊尔接待的游客人数

中增加。

　　尼泊尔旅游业的发展规划始于 1956 年之后的第一个五年计划（1956—1961 年），随后在 1957 年工业部门下成立了旅游发展局。自 1956 年以来，尼泊尔一直在推动旅游业的发展，尼泊尔旅游局也多次主动与政府、民间和区域论坛组织合作，但在相当长的时间内，尼泊尔旅游业的规划和发展非常滞后。[①]2018 年 8 月，尼泊尔政府发布旅游业 5 年行动计划，希望未来 5 年每年吸引外国游客超过 250 万人次。为实现这一目标，尼泊尔政府列出 3 个主攻方向，即完成在建的几个机场项目、开发新的旅游目的地，以及加大与国际游客来源地的联通。[②]在 2019 年迎接了 120 万名国际旅客后，尼泊尔政府将 2020 年定为"尼泊尔旅游年"，期望接待全球旅客 200 万人次，其中包括中国旅客 50 万人次。然而新冠疫情的突发使尼泊尔旅游业遭受重大打击。根据世界旅行和旅游理事会 2021 年度研究报告，由于防疫措施，尼泊尔旅

---

　　① Badal, Bharat Prasad, "Tourism: Visit Nepal 2020," *Research Nepal Journal of development Studies*, Vol.2,No.2,2019,pp.12–32.
　　② 周盛平：“尼泊尔发布旅游业 5 年行动计划”，新华网，2018 年 8 月 6 日，https://travel.gmw.cn/2018−08/06/content_30339810.htm。

游业对 GDP 的贡献率在 2020 年急剧下降 46.6%。该理事会表示，尼泊尔旅游业对 GDP 贡献率从 2019 年的 6.7% 下降到 2020 年的 3.6%，几乎减半。[①]2021 年，尼泊尔接待了 15 万名外国游客，比 2020 年的 23 万人下降了 34.4%。来自印度和美国的游客虽然有所增加，但来自包括中国在内的其他客源市场的游客人数大幅下降。[②]

2022 年 7 月，尼泊尔文化、旅游和民航部宣布 2023—2033 年为尼泊尔的"观光十年"，同时公布了旅游复苏行动计划以缓解疫情对尼泊尔的影响，促进旅游业恢复。[③]随着各种支持计划出台，疫情因素影响逐渐消退，尼泊尔国际游客开始增加，2022 年 1 月至 7 月，共有 285263 名游客入境尼泊尔。

二、中尼旅游合作

中尼两国无论是官方还是民间都有不同层次的旅游合作。2015 年大地震后，尼泊尔旅游业陷于低谷，很多外国游客纷纷离开尼泊尔，大量预订取消对尼泊尔旅游业造成沉重打击。不过随后在政府、相关企业和从业人员努力之下，尼泊尔旅游业已经逐

---

① "疫情后尼泊尔旅游业缺乏明确发展路线"，中华人民共和国驻尼泊尔大使馆经济商务处，2022 年 2 月 25 日，http://np.mofcom.gov.cn/article/ztdy/zgqy/202202/20220203282900.shtml。

② "Foreign arrivals in Nepal down nearly 35 pct in 2021," Xinhua net,January 3, 2022, http://www.xinhuanet.com/asiapacific/20220103/1324cb24302a43d5a76d668df322951c/c.html.

③ "尼文旅部宣布 2023 年至 2033 年为尼泊尔的'观光十年'"，中华人民共和国驻尼泊尔大使馆经济商务处，2022 年 7 月 26 日，http://np.mofcom.gov.cn/article/jmxw/202207/20220703335977.shtml。

渐复苏，并焕发新的生机和活力。

随着"一带一路"倡议的提出及两国文化合作交流的加强，中尼两国在旅游业上展开了更为具体的合作。中国将 2017 年定为尼泊尔旅游在华推介年，中国政府和中国驻尼泊尔大使馆都积极在社交媒体上推介尼泊尔旅游。为解决中国游客所面临的语言问题，中尼政府积极配合，通过与尼泊尔旅游部和尼泊尔旅游局联合开展一系列汉语培训，以更好地服务中国游客来尼泊尔旅游。[①]2017 年 4 月，中国国家旅游局和尼泊尔中国工商会在加德满都举办以"丝绸之路"为主题的旅游交流会，双方探讨了如何在"一带一路"倡议下更好地促进两国间的旅游合作。会上，尼泊尔中国工商会表达了发展中尼旅游合作在航空航线上的挑战，呼吁尽快开通加德满都到上海和北京的直达航班。[②]2018 年 7 月，中国（西藏）与尼泊尔旅游联合协调委员会在拉萨召开第 10 次会议，与会者提出将进一步加强中国西藏同尼泊尔之间的旅游合作与交流，整合双方旅游资源优势，实现旅游合作更加互惠互利。[③]2019 年，中国（西藏）—尼泊尔旅游联合协调委员会第 11 次会议召开，双方就 11 个发展事项签订了合作备忘录，"以旅游经济为主导的冈底斯国际旅游合作区和中尼跨境旅游建设正加

---

① 李毛卓玛："尼泊尔旅游局经理：'一带一路'倡议给尼泊尔旅游业带来发展机遇"，今日中国网，2019 年 4 月 28 日，http://www.chinatoday.com.cn/zw2018/ly_4982/201904/t20190428_800166460.html。

② 周盛平："中国和尼泊尔探讨'丝绸之路'旅游合作"，新华网，2017 年 4 月 20 日，http://www.xinhuanet.com//politics/2017-04/20/c_1120843350.htm。

③ "中国（西藏）与尼泊尔探讨旅游合作"，中国新闻网，2018 年 7 月 23 日，http://www.xizang.gov.cn/xwzx_406/dwjl/201812/t20181217_30427.html。

快推进"。2000 年成立的中尼旅游联合委员会对中国西藏同尼泊尔的旅游合作与交流起到了重要的推动作用。

　　长期以来，中国既大力在国内推广赴尼旅游，也十分重视两国旅游的合作互动。2018 年 9 月，尼泊尔受邀成为第五届四川国际旅游交易博览会主宾国，尼文化旅游民航部部长拉宾德拉·阿迪卡里率团出席。其间，乐山大佛景区和尼泊尔蓝毗尼圣园签署了友好景区协议书，举行了蓝毗尼圣园圣土交接仪式。[①]2019 年 12 月，由河南省文化和旅游厅主办的"河南文化旅游推介会"在尼泊尔首都加德满都举办，欢迎尼泊尔人民前往河南旅游。[②]此外，中国四川、湖南等地也先后在尼开展"旅游文化周"的活动，促进了尼泊尔人民对中国旅游的了解。2020 年初，文化和旅游部党组成员王晓峰率团出席在尼泊尔首都加德满都举办的 2020 尼泊尔旅游年启动仪式。尼方高度重视此次活动，这是尼泊尔政府向世界各国宣示发展旅游产业、欢迎八方来客的重大举措。[③]

　　中国还注重对尼泊尔旅游基础设施的投资与支持。尼泊尔在 2020-2021 财年收到了 320 亿尼泊尔卢比（约合 2.68 亿美元）的

　　① "乐山市国际友城故事系列（一）：蓝毗尼圣园圣土"，中共乐山市委，乐山市人民政府网，2021 年 7 月 23 日，https://www.leshan.gov.cn/lsswszf/tzdt/202107/dc26e099772e4bde8223c275ec2ddc5d.shtml。

　　② "河南文化旅游推介会在尼泊尔举办"，尼泊尔中国文化中心，2020 年 1 月 2 日，http://cn.cccweb.org/portal/pubinfo/2020/04/28/200001003002001/931af839d5bc4c2fa137df747f02e687.html。

　　③ "文化和旅游部代表团出席 2020 尼泊尔旅游年系列活动"，文化和旅游部网站，2020 年 1 月 6 日，http://cn.cccweb.org/portal/pubinfo/2020/04/28/200001003004023/d9ea31e1ce3b4680976b5029c833c7f3.html。

外国直接投资承诺，中国占总额的 71% 左右。其中，中国旅游部门对外直接投资承诺的最大份额流向尼泊尔的旅游业，达 1.25 亿美元。中尼跨境铁路、博克拉国际机场、加德满都环路等大型项目建设稳步推进，蓝毗尼国际机场的完工运营，进一步推动了尼泊尔与世界的联系。

为了培养更多精通汉语的旅游专业人才，促进两国旅游合作和人文交流，同时也为了更好了解中国经济发展情况、接触中国文化、学习中国技术与管理技能，中国驻尼泊尔大使馆和尼中文教协会还定期为尼泊尔举办旅游人才汉语培训班。

培训班学员大多来自尼泊尔漂流协会、徒步协会、酒店业协会等机构。截至 2019 年 3 月，180 多名学员先后参加了 4 期旅游人才汉语培训。中方计划在未来 5 年为尼方在当地培训 200 名旅游业中文人才。2021 年，尼泊尔中国文化中心还举办了两期导游汉语培训班，累计培训学员 60 人。

尼泊尔旅游业目前也面临着许多现实困境，中尼之间开展更加深入的旅游合作还须克服许多困难。首先，交通不够畅通。发展旅游业交通是首先要解决的问题。在旅游过程中，旅游者不仅来得方便，在旅游目的地逗留期间活动方便，同时也要在结束旅游活动后离去方便。目前中国游客进入尼泊尔只有两种方式，一是航空，二是中尼公路。目前，有国航、南航、东航和川航 4 家航空公司经营中国大陆城市至加德满都的直达航线。尼泊尔唯一的国际机场特里布文国际机场由于容量有限等诸多原因，目前仅有广州、成都、拉萨和昆明 4 个城市与加德满都有直达航班。①然而，由于特里布文国际机场内的可用空间有限，其进一步扩张的可能性不大。而通过中尼公路进入尼泊尔，不仅路途遥远，而且尼泊尔段路况差、地质风险大、时间成本高。所以，交通通达性阻碍着尼泊尔旅游业及中尼旅游合作的深入发展。

其次，尼泊尔国内旅游相关的基础设施有待完善，旅游产品的规划和开发能力也有待提高。尼泊尔在交通、通信、住宿和餐饮及其他相关服务设施方面存在短缺或者不足，导致服务价格相对较高，这会影响来尼泊尔旅游的舒适性和经济性，在中国游客出行选择范围较广、品质要求越来越高的情况下，尼泊尔旅游的性价比不高，竞争力明显不足。

第五节　中尼文化合作的风险挑战

一、中尼文化差异性阻碍文化交流与合作

尼泊尔为南亚内陆山国，位于喜马拉雅山南麓，由于地形复杂，尼泊尔南北差异大。由于地形阻隔，尼泊尔各地区发展水准不同，语言不同，呈现出以区域为单位的文化形式。②尼泊尔作为一个多民族国家，与中国一样有着悠久的历史与包容的文化特性，但与中国国内文化融合形成"中华文明"并辐射整个东亚不

① 周盛平："中国和尼泊尔探讨'丝绸之路'旅游合作"，新华网，2017年4月20日，http://www.xinhuanet.com//politics/2017-04/20/c_1120843350.htm.
② 张惠兰：《尼泊尔传统文化的特点》，《当代亚太》，2000年第11期，第62页。

同，尼泊尔国内并未形成文化合流与完全统一的文化认同。由于地形复杂，尼泊尔国内南、北和中部地区分别形成了各自的文化，相互独立并拥有各自的语言，这使尼泊尔的文化底蕴难以发挥影响力。尼泊尔国内文化与发展的差异性客观上对中尼文化交流提出了更复杂的要求。中尼文化分属于不同的文化圈，两者主体文化之间存在着较大的差异性，主要体现在以下两个方面：宗教文化差异与传统文化差异。虽然 2006 年尼泊尔议会通过决议，宣布其为"世俗国家"，但宗教是尼泊尔文化的一个重要组成部分，大多数尼泊尔人为印度教教徒，部分上层尼泊尔人极力在尼推行印度文化，阻碍了中尼间的文化交流。传统文化对价值观的塑造使两国人民在看待事物时会有截然不同的观点。尼泊尔人的传统观念根深蒂固，极大地影响了文化交流双方对信息传递的理解与反馈，可能使两国难以在一些问题上持一致观点。在不同的传统文化背景之下，中尼人民形成了不同的民族文化心理，主要包括民族意识、民族感情和民族习惯[1]，这也反映在伦理道德、思想观念、礼仪习俗等多方面，尼泊尔人民宗教文化里的宗教仪式、宗教信仰中的禁忌，往往容易使中国游客在与尼方开展民间交流活动时产生较多的误解和不便。相关数据显示，尼泊尔的"民心相通"指数为 14.41，低于印度和巴基斯坦的 15.52 和 14.69[2]，这

---

[1] 姜琳：《文化差异性对跨文化交流的影响》，《国际关系学院学报》，2008 年第 5 期，第 66 页。

[2] "World Premier of The Belt and Road Initiative:2018 Report on Five Connectivity Indexes at Taihe Civilizations Forum," September 15,2018,http://ocean.pku.edu.cn/info/1165/3077.htm,Access Time:2020-6-20.

说明中尼在精神文化层面的认同障碍还有待破除。

二、印度对尼泊尔的干预影响中尼文化交流合作

尼泊尔深居内陆，三面与印度接壤，喜马拉雅山横亘于中尼之间，对印度有着较高的依赖性。由于印度将南亚视作自己的势力范围长期控制南亚诸国，对进入南亚地区的外部势力十分敏感。为保证在尼泊尔的绝对影响力，印度时常通过封锁边境、干涉内政等方式对尼泊尔进行制裁，迫使其放弃独立的外交政策。印度分别在 1969 年、1989 年和 2015 年对尼泊尔实施了 3 次正式或非正式封锁，迫使尼泊尔在两国矛盾中妥协。印度与尼泊尔关系时好时坏，这也促使尼泊尔迫切希望在中印之间寻求一种平衡以保持国家外交的独立，但印度的影响无处不在。尼泊尔在与中国方面磋商"一带一路"合作时提出了 9 个项目，涵盖交通、基建、水利等民生项目，但至今进展缓慢，除尼泊尔内政制约外，印度因素影响重大。近年来，随着中国综合实力快速提升与"一带一路"建设的推进，印度一方面认为，中国崛起从客观上削弱了印度在南亚的影响力；另一方面，印度也担忧"中巴经济走廊"与"中尼印经济走廊"对印形成东西合围。因此，印度搁置"中印尼经济走廊"的提议，并故技重施，通过能源制裁、经济制裁及煽动尼印边境马德西人独立为要挟，迫使尼泊尔妥协。[①] 在印度的干预下，中尼交流合作往往成效低于预期。

---

① 王义桅：《对接"一带一路"，尼泊尔还在顾虑啥？》，观察者网，2017 年 3 月 27 日，https://www.sohu.com/a/131144099_352307。

三、发展水平差距造成文化交流与合作的困境

尼泊尔是联合国认定的世界上最贫困的国家之一。在联合国开发计划署发布的《2021/2022 年人类发展报告》中，尼泊尔在世界 191 个国家和地区中位列第 143 位。[①] 多维贫困指数（MPI）报告显示，尼泊尔曾将 MPI 从 2014 年的 30.1% 降低到 2019 年的 17.4%。但世界银行一份关于新冠疫情后尼泊尔的发展报告称，大约 31.2% 人口的生活处于贫困线（每天收入在 1.90 美元到 3.20 美元之间），并且有陷入极端贫困的高风险。[②] 作为一个典型的农业国家，尼泊尔 70% 的人口从事农业生产，2020–2021 财年，农业产值占全国 GDP 的 26.41%。这种经济与就业结构，一方面制约了尼泊尔经济的发展前景，另一方面也阻碍了中尼文化合作交流。尼泊尔落后的经济、落后的基础设施不足以承接相关产业的合作，对尼泊尔贸易投资的限制较大，尼泊尔国内消费能力较弱，市场需求少，也难以吸引更多中国企业赴尼泊尔投资。

四、代表性文化品牌的缺失影响自身优势的发挥

尼泊尔地理条件优势和旅游资源优势并未在其旅游产业上实现收益最大化，缺失代表性文化品牌是一个重要的原因。一方面，尼泊尔国内对于文化和旅游品牌的打造不够。尼泊尔作为一个新

---

① "UNDP Human Development Report 2021/22," https://hdr.undp.org/system/files/documents/global-report-document/hdr2021-22pdf_1.

② "尼泊尔通货膨胀率或涨至两位数"，中华人民共和国驻尼泊尔大使馆经济商务处，2022 年 7 月 22 日，http://np.mofcom.gov.cn/article/ztdy/zgqy/202207/20220703335571.shtml。

兴旅游胜地，由于没有独特而强大的文化标志，使得赴尼旅游成为一个"小众"选择。另一方面，尼泊尔国内对于文化品牌的规划不够。虽然旅游业产值在尼泊尔 GDP 占比中逐年增加，但仍缺乏合理的针对旅游业的规划，包括旅游管理系统不成熟、旅游资源没有全面整合、旅游产业链与配套服务行业发展不完善等，导致尼泊尔在世界旅游市场中竞争力较小。

五、文化交流合作内生动力不足

历史上，中国与尼泊尔在宗教、文化、艺术、雕刻、建筑等领域持续互通有无、互学互鉴，而时代的发展对两国间文化合作交流载体提出了更高层次的要求。中尼之间主要通过教育、学术、智库和旅游等载体展开文化合作交流，就尼泊尔国内发展情况，这些载体均具有较高的门槛，难以在尼泊尔下沉，且对中方而言代价较大。中尼教育合作的不对称性使其在更多情况下体现为中国单方面的援助，文化合作交流效果大打折扣，内生动力不足，这也迫使中方不得不在传统载体基础上创新，使之更契合尼泊尔国情。中尼之间文化载体品类多样，但相互间的联系不够，缺少多功能、交互式的沟通渠道，在各文化载体间发挥连接的作用，将载体的价值最大化。

第七章
中国与尼泊尔生态合作机制构建

加强国际生态合作、推进绿色可持续发展已成为国际关系领域的共识。近年来，越来越多的国际关系学者关注国际生态问题，双边与多边生态合作广为人知。2019 年 10 月，习近平主席访问尼泊尔期间，中尼领导人达成许多重要共识。在此访的《中华人民共和国与尼泊尔的联合声明》中提到，"考虑到珠穆朗玛峰是中尼两国友谊的永恒象征，双方愿推进气候变化、生态环境保护等方面合作。双方将共同宣布珠峰高程并开展科研合作"。这无疑是中尼生态合作领域的里程碑事件。[①] 作为共建"一带一路"倡议的友好邻邦，且共同面临既要谋发展，又要保生态的艰巨挑战，中尼当前加强生态合作，推进绿色发展任重道远。

第一节　生态合作与绿色可持续发展模式的基本内涵

一、生态合作的基本概念

一部人类文明的发展史，也包含着人与自然的关系史。自然

[①]　"中华人民共和国和尼泊尔联合声明"，中华人民共和国外交部网站，2016 年 3 月 23 日，https://www.mfa.gov.cn/web/gjhdq_676201/gj_676203/yz_676205/1206_676812/1207_676824/201603/t20160323_7990823.shtml。

生态的变迁影响着人类文明的兴衰更替。习近平总书记在阐述生态与文明的关系时指出："生态兴则文明兴，生态衰则文明衰。"生态环境是人类生存和发展的根基，生态环境变化影响文明兴衰演替。[①] 在生态文明建设的国际合作领域，我国坚持生态共赢观，共谋全球生态文明建设。习近平总书记指出："我们要着力推进国土绿化、建设美丽中国，还要通过'一带一路'建设等多边合作机制，互助合作开展造林绿化，共同改善环境，积极应对气候变化等全球性生态挑战，为维护全球生态安全做出应有贡献。"[②] 中尼两国共享喜马拉雅山脉的自然资源和生态屏障，在生态保护的国际合作领域大有可为。

纵观人类文明兴衰史，人类历史上曾存在四大文明：美索不达米亚两河平原上的苏美尔—巴比伦文明、尼罗河流域的古埃及文明、黄河流域的中华文明和印度河流域的古印度文明。四大文明古国均发源于森林茂密、水量丰沛、田野肥沃的地区，这四大文明发祥地的繁盛均与生态环境关系密切。优越的生态环境在一定意义上意味着人类可利用的野生动植物的种类较为多样，而动植物的广泛利用意味着人类生产的物品越来越多，也就意味着人口越来越稠密。因此而带来的物品剩余和（在某些地区）利用畜力和河流运输剩余物品，成了定居的、行政上统一的、社会等级

---

① 王丹："生态兴则文明兴生态衰则文明衰"，《光明日报》，2015 年 5 月 8日 02 版，https://epaper.gmw.cn/gmrb/html/2015-05/08/nw.D110000gmrb_20150508_2-02.htm?div=-1。

② 魏海生、李祥兴：《建设美丽中国的行动指南——深入学习习近平生态文明思想》，《经济社会体制比较》，2022 年第 1 期，第 7 页。

分明的、经济上复杂的、技术上富有创新的社会发展的前提条件。[①]

生态环境不仅主宰了生命的起源，更影响着文明的更替兴衰与发展差异。文明因生态而繁盛，也因生态环境遭破坏而致使发展停滞乃至衰败。历史上，尼罗河冲积平原因气候环境的变化使绿洲不断地被沙漠所侵蚀，水资源越来越紧缺而使古埃及文明逐渐衰落。而在两河流域，4300多年前，由美索不达米亚的阿卡德人建立的世界上第一个帝国，但也因生态环境突变在经历了短短一个世纪的繁荣之后而突然崩溃了。20世纪90年代，一个由考古学家、地质学家和土壤科学家组成的小组，第一次把突然的气候变化与一个繁荣文明的崩溃直接联系起来。剧烈的气候变化和阿卡德帝国衰落之间的关联也在相当程度上说明了在同一世纪里，广泛的环境危机扰乱了整个中东地区的社会变化。[②]生态环境变化引起的自然灾害与社会生产力衰退，对文明的冲击是致命性的。

古印度文明的核心区域主要集中在印度河和恒河冲积的河谷平原，由于两河的上游地带是沙漠地貌，二者并不互通。在印度次大陆，印度夏季风降水贡献了印度年度总降水的80%，并控制着该国的农业生产力和经济发展。降水在不同时间维度上（从某个季节到几十年）的变化影响着超过10亿人的生活。[③]受地形影

---

① ［美］贾雷德·戴蒙德著，谢延光译：《枪炮、病菌与钢铁：人类社会的命运》，上海译文出版社2016年版，第64页。

② John Noble Wilford, "Collapse of Earliest Known Empire Is Linked to Long, Harsh Drought," *the Newyork Times*, Aug. 24, 1993,https://www.nytimes.com/1993/08/24/science/collapse-of-earliest-known-empire-is-linked-to-long-harsh-drought.html.

③ Paul, Supantha, et al. "Weakening of Indian summer monsoon rainfall due to changes in land use land cover," *Scientific reports*,Vol.6, No.1 (2016),pp.1-10.

响，次大陆的降水主要集中在印度河流域、喜马拉雅山脉南坡，以及德干高原的西南沿海地区。在社会生产力本就低下的古代印度，大部分地区因持续的干旱，导致粮食产量波动较大，是决定古印度文明发展后劲不足的原因之一。我国古代一些地区也有过类似的经历：古代一度辉煌的楼兰文明已被埋藏在万顷流沙之下，那里曾经是一片水草丰美之地。河西走廊、黄土高原都曾经水丰草茂，由于气候变化和生态环境遭到严重破坏，加剧了经济和社会的衰落。唐代中叶以来，我国经济中心逐步向东南转移，很大程度上同西部地区的生态环境变迁有关。[①]

当今世界，工业文明的发展极大地提高了人民的生活水平，但同时也造成了历史上前所未有的生态环境危机。生态环境问题由于其特有的全球性、长期性、复杂性等特征，使得该问题的解决不能局限于特定的时空。在这一背景下，区域生态合作与国际生态合作逐渐被越来越多的人所认可。

"生态"（Ecology）就是自然界的一定空间内生物与环境相互影响、相互作用和相互制约所构成的统一整体[②]，"生态"主要是指生物在一定的自然环境下生存和发展的状态，也指生物的生理特性和生活习性。我们常说的"生态"，主要是指"生态系统"。"生态系统"（ecosystem）主要是指在自然界一定的空间内，生物与环境构成的统一整体，在这个统一整体中，生物与环

[①]　"习近平：推动我国生态文明建设迈上新台阶"，中华人民共和国中央人民政府网，2019 年 1 月 31 日，http://www.gov.cn/xinwen/2019-01/31/content_5362836.htm。

[②]　方世南：《全球生态合作共治：价值、困境与出路》，《北华大学学报（社会科学版）》，2017 年第 3 期，第 86 页。

境之间相互影响、相互制约，并在一定时期内处于相对稳定的动态平衡状态。[①]生态系统的范围可大可小，相互交错。地球最大的生态系统是生物圈；最为复杂的生态系统是热带雨林生态系统，人类主要生活在以城市和农田为主的人工生态系统中。生态系统是开放系统，为了维系自身的稳定，生态系统需要不断输入能量，否则就有崩溃的危险。[②]

"生态合作"（Ecological Conservation Cooperation）是"在有生态联系的一定空间范围内，利益相关者之间以改善和保护生态环境为目的，依据共同达成的协议联合采取的各种行动"[③]，生态合作主要是指各行为体为了维持生态系统在一定程度上动态的相对稳定的平衡状态而进行的合作。"合作"是多元主体为了达到一定的目标和完成一定的任务而采取的联合行动，着眼于整体形成的合力。学术界认为，生态合作治理是指在当前生态环境问题日益复杂和跨区域的情况下，通过强化不同政治权力主体间的合作，以政治手段推动其他相关主体，共同寻求生态环境问题的协同治理。[④]"生态合作"有狭义和广义之分，狭义的生态合作主要是指在生态领域内进行的合作，如共建自然保护区、共同保护海洋生物；而广义的生态合作主要是指与生态有关的合作，如

① 袁军：《谈在系统论指导下推进生态修复工作》，《国家林业局管理干部学院学报》，2018年第3期，第14页。
② 同上。
③ 张永勋、闵庆文等：《生态合作的概念、内涵和合作机制框架构建》，《自然资源学报》，2015年第7期，第1070页。
④ 杨美勤、唐鸣：《生态合作治理：促进"一带一路"国际合作的新动力》，《当代世界社会主义问题》，2020年第1期，第157页。

各国逐步减少化石能源的使用，更多地使用清洁能源，这在客观上将有利于地区和地球生态系统的恢复，属于广义的生态合作。当前，"生态合作"一词在各类新闻报道和政府公文中被频繁使用，学术界对此的研究也日益增多，但如今学界对"生态合作"等相关概念并没有一个确定的共识，这对生态环境保护事业的发展，以及中国对外生态合作的顺利展开产生了不小的障碍。

生态合作是以自然生态环境的保护和改善为前提的，其主体既可以是个人、企业，也可以是一国内各级政府（政府被看作一个独立的法人单位）或以该国政府为代表的国家。一般而言，生态合作的行为体共享某一特定自然空间内的生态环境，因为生态合作的行为体存在一定程度的相互依存性，各行为体在生态伦理上是一致的也是平等的，因而，生态合作的各行为体在达成生态合作时几乎处于同一地位。生态合作的各行为体具有平等的地位，也具有生态价值，但其作用却并不是一致的，这主要是由于生态合作的行为体存在实力差距，不同行为体能对自然生态环境的保护起到的作用是不一样的，但他们都是有意义的。生态合作是以生态系统生态学的理论为基础，从生态学角度确定合作主体和合作方式，不同于以直接解决环境问题为目的的环境合作，生态合作考虑问题更系统、更前瞻、更深刻。生态合作机制相比其他合作机制的独到之处是，它不仅仅是针对共有的生态问题，更强调以"生态联系"为纽带展开合作。①

---

① 张永勋、闵庆文等：《生态合作的概念、内涵和合作机制框架构建》，《自然资源学报》，2015 年第 7 期，第 1070 页。

生态合作主要可以分为区域生态合作和国际生态合作。区域生态合作主要是指在一国或某一主体内部之间跨行政区域的生态保护和治理合作，即生态"地域合作"或"区际合作"。例如，京津冀地区开展生态协同治理，实现地区协同发展，共享"天蓝，地绿，水净"及我国长三角区域大气污染防治协作。因此"区域生态合作"可以定义为，处在不同资源利用层级的区域之间，以"补偿"的形式进行生态合作，实现互利共赢。[①]

国际生态合作是指在国际社会中，主要是主权国家之间就共同关心的生态环境问题签订各种生态环境协议和公约，以共同努力来治理和保护生态环境，即生态"国际合作"。随着人类社会经济活动对生态环境造成的危害越来越大，国际生态合作逐渐成为国际社会中的关注重点。国际生态合作的主要形式是由联合国推动形成的。1972 年 6 月，联合国人类环境会议在斯德哥尔摩召开。它阐明了与会国和国际组织所取得的 7 点共同看法和 26 项原则，以鼓舞和指导世界各国人民保护和改善人类环境。[②] 会议通过了《斯德哥尔摩宣言》和《人类环境行动计划》等若干决议。该宣言将环境问题置于国际关注的首要位置，标志着工业化国家与发展中国家开始就经济增长、空气、水和海洋的污染，以及全世界人民福祉之间的关联展开对话。随后，1992 年，《关于环境与发展的里约热内卢宣言》《21 世纪议程》和《关于森林问题的

---

① 高宁：《流域内上下游之间生态合作的可行性研究——以上下游村庄的博弈为例》，《生态经济（学术版）》，2013 年第 2 期，第 387 页。
② "United Nations Conference on the Human Environment, 5–16 June 1972, Stockholm," UN, https://www.un.org/en/conferences/environment/stockholm1972.

原则声明》3个文件和《气候变化框架公约》和《生物多样性公约》2个公约在联合国通过。1997年，《京都议定书》的通过标志着国际生态合作进入一种新模式。中国积极参与国际生态合作，推动绿色发展，实现区域共赢。2015年12月12日，在巴黎举行的第21届缔约方会议上，196个缔约方通过了一项具有法律约束力的气候变化国际条约——《巴黎协定》，其目标是将全球气候变暖限制在远低于2摄氏度，最好是在1.5摄氏度以内，该协定是多边应对气候变化进程中的一个里程碑。

2019年，第二届"一带一路"国际合作高峰论坛"绿色之路"分论坛在北京举行，此次论坛主题为"建设绿色'一带一路'，携手实现2030年可持续发展议程"，旨在分享生态文明和绿色发展的理念与实践，推动共建国家和地区落实2030年可持续发展目标，打造绿色命运共同体。据统计，中国已与共建国家和国际组织签署近50份双边、多边生态环境合作文件。

二、绿色可持续发展模式的选择

可持续发展（Sustainable development）概念的明确提出，最早可以追溯到1980年由联合国环境规划署（UNEP）、世界自然保护联盟（IUCN）、世界野生动物基金会（WWF）共同发表的《世界自然保护大纲》，强调"人类利用对生物圈的管理，使得生物圈既能满足当代人的最大需求，又能保持其满足后代人的需求能力"。[1]1987

---

[1]　牛文元：《可持续发展理论的内涵认知——纪念联合国里约环发大会20周年》，《中国人口·资源与环境》，2012年第22卷第5期，第9页。

年 2 月，在第八次世界环境与发展委员会上通过的关于人类未来的报告——《我们共同的未来》，对可持续发展的概念进行了正式界定：既满足当代人的需求，又不对后代人满足其需求的能力构成危害的发展称为可持续发展[1]，这一概念一直沿用至今。

1992 年，联合国发布的《21 世纪议程》中描述的可持续发展战略重点是指社会、经济与环境的可持续发展。可持续发展的核心是发展，是经济社会的共同发展[2]，我国对此表示认同，并明确提出将实施可持续发展战略。虽然我国人均资源保有量相对不足，个别地区供需矛盾凸显，经济发展与环境保护存在尖锐的矛盾，生态环境问题较为突出，但我国政府对可持续发展的问题却高度重视。

1994 年，中国政府正式编制了《中国 21 世纪人口、资源、环境与发展白皮书》，首次把可持续发展战略纳入我国经济和社会发展的长远规划。[3]2002 年，中共十六大把"可持续发展能力不断增强"作为全面建成小康社会的目标之一，胡锦涛同志提出的科学发展观指出要促进人与自然的和谐，实现经济发展和人口、资源、环境相协调。在党的十九大报告中，可持续发展战略与科教兴国战略、人才强国战略、创新驱动发展战略、乡村振兴战略、区域协调发展战略和军民融合发展战略并列为在全面建成小康社

---

[1] Gerasimova Ksenia. Our Common Future,Macat Library:2017−07−05.

[2] Felix Dodds, *The Way Forward:Beyond Agenda 21*, Taylor and Francis:2019−07−09; "Agenda 21," UNCED,1992,https://sustainabledevelopment.un.org/content/documents/Agenda21.

[3] "21 世纪人口、环境与发展白皮书"，中国社会科学网,2018 年 12 月 29 日，https://baijiahao.baidu.com/s?id=1621167849903255437&wfr=spider&for=pc。

会决胜阶段的战略。[①] 习近平总书记也多次就可持续发展问题做出重要论述，并创造性地将"可持续发展"议题和"人类命运共同体"议题结合起来，指出可持续发展是"社会生产力发展和科技进步的必然产物"，是"破解当前全球性问题的'金钥匙'"；"大家一起发展才是真发展，可持续发展才是好发展"。在第76届联合国大会上，习近平主席代表中国提出全球发展倡议，希望各国共同努力，加快落实2030年可持续发展议程，构建全球发展命运共同体。[②]

可持续发展是以维持良好的生态环境和确保自然资源环境的可持续利用为基础，其基本前提是推动社会经济的可持续发展。可持续发展不是说为了生态环境的保护就停止发展，而是既发展，又保护，经济发展要促进生态保护。可持续发展的主要目的是人类能够更好地生活，实现永续发展。可持续发展要以提高居民生活水平、谋求社会的全面进步为目标。可持续发展要协调处理好社会经济发展、社会治理和生态保护，最终实现供求平衡条件下的可持续发展。

就中国与尼泊尔而言，经济发展始终是两国政府的头等大事，但双方又处于不同的发展阶段，因此双方应加强经验交流与可持续经济发展合作。

当前中国已经基本完成工业化，处于产业升级优化阶段，转

---

① 李贞："坚持可持续发展 全面助力中国腾飞"，人民网，2018年1月9日，http://world.people.com.cn/n1/2018/0109/c1002-29753665.html。

② "开辟崭新的可持续发展之路的科学指引（深入学习贯彻习近平新时代中国特色社会主义思想）"，《理论导报》，2021年第11期，第20页。

变经济发展方式主要强调绿色发展，要努力实现节能、低环境损耗、高生态保护型发展。同时，要更加强调经济发展质量，倡导高质量发展。如果缺乏更高质量的经济可持续性发展，人类高速发展、日新月异的物质文明和精神文明就会成为"无源之水"，从而失去赖以存在的生态物质基础，失去经济社会发展的客观环境。强大且具有可持续性的经济发展模式，是提升国家综合国力和提高居民生活水平的必要前提。因此，保护与改善生态环境是经济发展的内在要求，"绿水青山就是金山银山"。绿色发展也离不开经济基础，治理污染、治理沙漠、改造盐碱地、防治土壤侵蚀，以及垃圾处理厂的建设等都需要一定的资金和物质支持。经济发展离不开自然资源，但人类面临的一个难题在于，地球的自然资源是有限的，且绝大部分化石能源是一次性的，开发绿色可再生能源则需依赖于经济和技术上的巨大进步，教育、科研、经济发展与生态保护是相互依赖的，其中经济发展的质量在很大程度上决定了教育、科研水平的高低，也与生态环境保护息息相关。

就尼泊尔而言，尼泊尔现阶段属于典型的农业经济，是联合国认定的 49 个最不发达国家之一，尽管 2020 年世界银行将其提升到"中低收入国家"行列[①]，但其总体经济发展仍处较低水平。中国社会科学院工业经济研究所 2016 年的报告显示，从工业化

---

① Nepal moves up to lower-middle-income country, says World Bank report,https://kathmandupost.com/money/2020/07/03/nepal-is-now-officially-a-lower-middle-income-country-the-world-bank-says.

进程水平的评估结果来看，尼泊尔工业化综合指数为 0，是"一带一路" 65 个国家中工业化水平最低的。[1]最近几年，尼泊尔引进了不少外资，也逐渐建立起一些工业企业，但仍属于工业化初期国家，经济发展严重滞后。尼泊尔工商联合会绘制的《2030 年尼泊尔经济转型（NET）——这十年的国家发展愿景》，希望在2030 年底前构建价值 1000 亿美元的经济体并实现中等收入国家的目标，还计划为 220 万人创造就业机会，将贸易逆差减少一半。[2]为了实现这些目标，尼泊尔首先要保持政府和社会的稳定、保持经济政策的连续性，加强基础设施建设，完善外商投资的制度，在此基础上充分利用劳动力充裕且便宜的比较优势，大力发展劳动密集型产业；充分利用丰沛的水电资源，加强和中印及其他国家的合作；大力建设水利、水电项目，为经济发展提供充足的能源供应，充分利用丰富的旅游资源，通过完善的配套设施，特色鲜明的旅游项目，将尼泊尔打造成性价比高、竞争力强的国际旅游目的地。当然，在发展的同时也要有意识地注意生态保护，坚决避免走"先污染，再治理"的老路，保护"高山之国"尼泊尔的独特风景。

---

① 黄群慧主编：《工业化蓝皮书："一带一路"沿线国家工业化进程报告》，社会科学文献出版社 2015 年版。

② "尼政府和私营部门签署政—私合作伙伴关系谅解备忘录"，中华人民共和国驻尼泊尔大使馆经济商务处，2022 年 8 月 16 日，http://np.mofcom.gov.cn/article/jmxw/202208/20220803341260.shtml。

第二节 中国与尼泊尔生态合作

一、中尼生态合作的时代背景

工业化大发展导致的全球性生态危机，已经成为威胁人类生存的世界性难题。进入 21 世纪以来，随着工业和生活碳排放的增加，全球气候持续变暖，极端天气增多。2022 年夏天，热浪席卷北半球，高温持续时间在很多国家创造纪录，数千人因热浪而死亡。欧洲遭遇 500 年来最严重干旱，由于极度的干旱和高温，多个国家发生山火。而季风影响下的持续性强降雨和冰川融化，在巴基斯坦、阿富汗、印度等南亚国家引发洪灾。洪水导致巴基斯坦全国三分之一土地被淹，超过 3000 万人流离失所，造成的损失高达数十亿美元。

气候变化、生态灾难引起人们广泛的关注，国际生态合作也越来越被各国政府所重视。生态文明是继渔猎文明、农耕文明、工业文明之后的一种新的文明形态。生态文明是人类在生存中逐步认识自然、认识社会而达成的共识。生态文明是指人类遵循人、自然、社会和谐发展客观规律而取得的物质与精神成果的总和[1]，它是以人与自然、人与人、人与社会和谐共生、良性循环、全面发展、持续繁荣为基本宗旨的文化伦理形态。[2]面对资源缺乏、

---

[1] 中国民主建国会，"论生态文明的概念及内涵"，民建中央网站，2016 年 11 月 16 日，https://www.cndca.org.cn/mjzy/hysq/xljy/1111744/index.html。

[2] 潘岳："社会主义生态文明"，《文明》，2007 年第 12 期，第 23 页。

环境污染和生态环境破坏等严峻问题，必须认识、尊重、顺应自然规律，有效保护自然，树立绿色、健康的生态文明观，走经济社会发展可持续发展的道路。

习近平总书记在 2013 年 5 月主持召开中共中央政治局就生态文明建设进行的第六次集体性学习时指出：建设生态文明，关系人民福祉，关乎民族未来。党的十八大把生态文明建设纳入中国特色社会主义事业"五位一体"总体布局，明确提出大力推进生态文明建设，努力建设美丽中国，实现中华民族永续发展。[①]中国共产党和政府对生态文明建设议题十分重视，生态文明建设是中国"五位一体"总体布局和"四个全面"战略布局的重要内容。中国各地区各部门积极行动，切实贯彻新发展理念，树立"绿水青山就是金山银山"的意识，努力走新时代社会主义生态文明建设之路。[②]

为了促进"一带一路"绿色发展国际共识、合作和一致行动，将可持续发展融入"一带一路"倡议，助力"一带一路"共建国家实现 2030 年可持续发展目标中环境与发展有关指标[③]，2019 年 4 月，"一带一路"绿色发展国际联盟正式成立。该联盟由中国生态环境部和国际合作伙伴共同发起，其主要职能是为"一带一路"绿色发展合作打造了政策对话和沟通平台、环境知识和信息

---

① "建设生态文明，关系人民福祉，关乎民族未来"，中国共产党新闻网，2018年 2 月 23 日，http://theory.people.com.cn/n1/2018/0223/c417224-29830240.html。

② "习近平对生态文明建设做出重要指示 李克强做出批示"，新华网，2016 年 12月 2 日，http://www.xinhuanet.com/politics/2016-12/02/c_1120042543.htm。

③ "一带一路"绿色发展国际联盟目标，http://www.brigc.net/gywm/lmjs/202007/t20200726_102077.html。

平台、绿色技术交流与转让平台^①，以推动实现《巴黎协定》的相关目标，更好地促进人类可持续发展。

2018年9月，中非合作论坛在北京召开，习近平主席在开幕式上的主旨讲话"携手共命运 同心促发展"中指出："地球是人类唯一的家园。中国愿同非洲一道，倡导绿色、低碳、循环、可持续的发展方式，共同保护青山绿水和万物生灵。""我们要通过这个国际合作新平台，增添共同发展新动力，把"一带一路"建设成为和平之路、繁荣之路、开放之路、绿色之路、创新之路、文明之路。"^②习近平主席的讲话不仅极大丰富了"一带一路"建设的内涵，而且必将助推"一带一路"建设走向高质量发展之路。

全球变暖造成的负面影响没有国界的限制，尼泊尔作为一个生态环境脆弱的国家，更需要国际范围内的生态合作。因为尼泊尔位于喜马拉雅山脉南麓，地处亚欧板块与印度洋板块交汇处的喜马拉雅地震带，是一个地震十分活跃的国家，容易造成山体松动，岩土疏松。季风气候和不稳定的岩土层相遇，滚石、滑坡、泥石流和洪灾等自然灾害频发。而由于气候变化下极端天气增加，灾害频率和强度也在增加。频发的自然灾害造成山区原住民陆续迁往中部河谷和南部的平原地区，导致河谷和平原地区资源紧张，易引发社会矛盾和民族纠纷。因此，尼泊尔迫切需要国际社会多

---

① "'一带一路'绿色发展国际联盟在京成立 打造绿色发展合作沟通平台"，中华人民共和国中央人民政府网站，2019年4月25日，http://www.gov.cn/xinwen/2019-04/25/content_5386323.htm。

② "携手共命运 同心促发展"——习近平主席在二〇一八年中非合作论坛北京峰会开幕式上的主旨讲话，中华人民共和国政府网，https://www.gov.cn/gongbao/content/2018/content_5323084.htm。

层面的跨区域合作，进行防灾减灾和资源开发。

受全球气候变暖影响，以青藏高原为核心的第三极地区正发生重大环境变化，冰川融化、高温、洪水这样的极端天气出现，还会威胁到生态系统和生物多样性及相关地区的淡水供应。第三极地区对亚洲多国而言，由于是重要的水源地，应对气候变化给这一地区带来的挑战无法靠一个国家的努力去完成，而是需要国际合作，尤其是中国、印度、巴基斯坦和尼泊尔等第三极地区周边国家需要通力合作，共同应对。

在这一背景下，尼泊尔加强与中国的双边生态环保合作，实现可持续发展目标，共同打造人类命运共同体，是"一带一路"建设中的题中应有之义。2019年10月，中国国家主席习近平在访问尼泊尔期间，两国在联合声明中明确指出："双方愿推进气候变化、生态环境保护等方面合作。双方将共同宣布珠峰高程并开展科研合作"；"共同开展水电、风电、光伏、生物质等新能源及电网等领域的交流与合作。"[①]

二、中尼生态合作的重要意义

研究中国与尼泊尔之间的生态环境保护合作，具有十分重要的意义。

一是有助于推动生态文明理念的传播，凸显中国对国际生态

① "中华人民共和国和尼泊尔联合声明"，中华人民共和国外交部网站，2019年10月13日，https://www.mfa.gov.cn/web/gjhdq_676201/gj_676203/yz_676205/1206_676812/1207_676824/201910/t20191013_9301032.shtml。

环境保护与治理的重要贡献，树立起中国负责任大国的形象。党的十八大报告提出，要以更加积极的姿态参加国际事务，发挥负责任大国的作用，共同应对全球性挑战。要巩固睦邻友好，深化互利合作，努力使自身发展更好惠及周边国家。在努力解决自身环境问题的同时，我国高度重视生态环境国际合作，积极参与全球环境治理。截至目前，已与60多个国家和国际组织签署150余项合作文件，并建立双边和多边合作机制，打造生态合作平台。人类只有一个地球，在气候变化深刻影响人类生存与发展的关键时刻，只有从各国共同利益出发，树立可持续发展理念，才能将全球共同的发展价值搭建起来。中尼同为发展中国家，在生态环保领域加强合作，有利于树立大国与小国之间平等合作的典范，推动国际关系民主化，协力构建新型国际关系，向世界展示中国的和平外交政策，树立中国负责任大国形象，体现中国的和平崛起并带动包括尼泊尔在内的广大发展中国家共同发展。

二是有利于推动构建南亚次大陆整体生态合作机制，构建喜马拉雅整体生态安全屏障。保护绿水青山、加强自然生态环境和生物多样性保护，是中国与南亚各国政策沟通上的一个"契合点"。中尼、中印等国在加强生态合作方面存在巨大共同利益，要以各国共同利益为基础不断夯实合作基础，推动构建南亚次大陆整体生态合作机制。南亚各国既是"一带一路"建设的重要环节，也对我国西部生态环境问题有很大关联性。平均海拔超过4000米的青藏高原及其周边地区，被称为"亚洲水塔"，长江和黄河及流经南亚次大陆的恒河和印度河都发源于青藏高原。"亚洲水塔"的河流的径流量变化对下游的水资源和水环境有重大影响。[①]从生态环境角度来看，青藏高原的高原冰雪融水流经了印度、巴基斯坦及东南亚地区，对这些国家或地区的经济社会发展有重大影响。青藏高原拥有丰富的生物多样性，是生物物种资源的重要宝库，是东南亚、南亚、东亚的地理生态屏障，是北半球重要的气候调节区，是地球巨大的空气净化器。总而言之，青藏高原有着极为重要的生态价值。[②]重视青藏高原生态环境保护，构建喜马拉雅整体生态安全屏障是中国与南亚各国义不容辞的责任。

三是有利于促进我国生态环保产业做大做强。环保产业是生态环境保护尤其是污染防治的重要物质基础，担负着发展和治理的重要使命。近几十年来，我国环保产业取得了长足进步。2016年，中国发展改革委员会发布《"互联网＋"绿色生态三年行动实施方案》，提出大力发展"智慧环保"的要求，明确了具体的执行单位及时间表，标志着智慧环保被提上了国家日程。[③]2018年，我国环保企业达3.5万家，从业人员达380多万人，总产值已超过8万亿元，营业收入达到1.35万亿元，比2017年增长17.4%。[④]国家高度重视节能环保产业发展，党的十九大报告指出，要壮大节能环保产业。2018年5月，全国生态环境保护大会在北

[①]　姚檀栋、邬光剑等：《"亚洲水塔"变化与影响》，《中国科学院院刊》，2019年第11期，第1205页。

[②]　同上，第145页。

[③]　"互联网＋"绿色生态三年行动实施方案，中央政府网，2016年1月21日，http://www.gov.cn/xinwen/2016-01/21/content_5035064.htm。

[④]　"「壮丽70年·奋斗新时代——美丽中国」环保产业:智慧引领向未来"，央广网，2019年9月24日，https://baijiahao.baidu.com/s?id=1645533979872979934&wfr=spider&for=pc。

京召开，习近平总书记在大会上指出，要自觉把经济社会发展同生态文明建设统筹起来，充分发挥党的领导和我国社会主义制度能够集中力量办大事的政治优势，充分利用改革开放40年来积累的坚实物质基础，加大力度推进生态文明建设、解决生态环境问题，坚决打好污染防治攻坚战，推动我国生态文明建设迈上新台阶，及时推进资源、能源全面节约和循环利用，培育壮大发展绿色节能环保产业、清洁能源产业、清洁生产等产业。[①]这些重要论述为我国环保产业的发展指明了方向。当前，我国环保技术发展正处于快车道。中国企业在超滤膜水处理技术、垃圾焚烧技术等领域位居世界先进水平。在水资源再生利用、海水淡化、污水处理等领域也积累了较为先进的经验。我国环保产业门类较为齐全，大部分技术装备具有自主知识产权。[②]尽管如此，与国际先进水平相比，我国环保产业科研水平仍然存在原创核心技术欠缺、自主创新能力不强等问题。[③]加强中尼生态环保合作，有利于推动我国环保企业走向世界。

四是有助于改善尼泊尔生态环境，促进其经济发展和社会稳定。中国在近几十年的高速发展中不可避免地造成了部分生态环境的破坏，如生物多样性锐减、地质灾害频发等。如今，中国在

---

① "习近平出席全国生态环境保护大会并发表重要讲话"，中华人民共和国中央人民政府网站，2018年5月19日，http://www.gov.cn/xinwen/2018-05/19/content_5292116.htm。

② 温源远、李宏涛、杜譞：《中印环保合作基础及政策建议分析》，《环境保护》，2016年第13期，第66页。

③ "差距明显，我国环保技术仍处于跟跑，环保工艺技术和装备水平稳步提升"，中研网，2019年6月27日，https://www.chinairn.com/news/20190627/163548889.shtml。

环境保护、生态发展方面取得了巨大成就，中尼生态合作可为尼泊尔提供有益的帮助。尼泊尔经济社会虽然处于较低的发展阶段，但也面临着严重的生态环境问题，仅气候变化就可能对尼泊尔的生物多样性和农业生产部门构成严重威胁[①]，不仅如此，气候变化还可能导致尼泊尔降雨模式发生改变，从而使得中国和尼泊尔边境地区的山体滑坡灾害可能性增加 30%~70%，这将对该地区的基础设施和下游社区居民的生命财产安全构成重大威胁。[②]

对此，尼泊尔也采取了很多防范治理措施。20 世纪 70 年代初，尼泊尔优先致力于解决水土流失、洪水和山体滑坡问题，加强对森林资源的保护。在 80 年代初，重点是减少工业和城市地区产生的水污染，同时，努力通过人民的参与来管理水资源，规范污水的排放。通过几十年的努力，尼泊尔林业取得了显著成效，但城市和工业发展导致环境问题依然突出，尤其是固体废物、空气、水和噪声的污染。如今，随着气候变化成为全球性挑战，尼泊尔的环境保护越来越受到重视。尼泊尔政府重视扶贫、粮食安全和气候变化，通过 3 年定期规划创造更多就业机会。尼泊尔外交部长贾瓦利在 2019 年夏季达沃斯会议上表示，当今世界各国之间的联系越来越紧密，生态环境的改善依赖于世界各国人民的共同

[①] "Climate change is posing threats to Nepal's biodiversity and agriculture sector," https://kathmandupost.com/climate-environment/2019/10/19/climate-change-is-posing-threats-to-nepal-s-biodiversity-and-agriculture-sector.

[②] "Climate change to cause frequent landslides in the Himalayan region, including Nepal, says NASA," https://kathmandupost.com/climate-environment/2020/02/13/climate-change-to-cause-frequent-landslides-in-the-himalayan-region-including-nepal-says-nasa.

努力，要实现可持续发展，仅靠一两个国家单打独斗是不行的，需要各国团结协作，共同努力。他表示，尼泊尔 75% 的领土位于喜马拉雅山脉，使得该国深受气候变化的影响，冰川的融化不仅可能危害尼泊尔居民的生命财产安全，也会破坏该国的生物多样性，使农业生产面临极大挑战。[①] 近年来，国际社会对喜马拉雅区域生态系统的关注度与日俱增，不少外国观察家担忧"一带一路"项目的建设可能破坏尼泊尔国内脆弱的生态环境。[②] 对尼泊尔而言，片面强调保护生态和片面强调经济发展都不利于该国的长久发展。中国理解尼泊尔的发展困难，也愿意积极加强与尼泊尔在生态环境保护方面的合作，尼泊尔也需要在社会经济发展及生态保护治理等领域加强国际合作。

三、中尼生态资源的保护与合作

2017 年，尼泊尔内阁会议通过了签署"一带一路"谅解备忘录的决定。尼泊尔成为中国推进南亚地区"一带一路"互联互通合作的伙伴国。中尼两国政府、人民对推动"一带一路"相关合作充满期待。当前，随着合作共建绿色"一带一路"倡议的呼声越来越高，国际社会日益重视生态环境保护，倡导可持续发展，中尼生态保护合作正处于快速发展的新阶段。

[①] "绿色发展：达沃斯的关键词"，光明网，2019 年 7 月 3 日，https://news.gmw. cn/2019-07/03/content_32968316.htm。

[②] "China's building spree in Nepal casts shadow over Himalayan ecosystem," https://news.mongabay.com/2021/12/chinas-building-spree-in-nepal-casts-shadow-over-himalayan-ecosystem/.

一是中尼加强空气治理，共同应对全球气候变化。尼泊尔具有多样化的地理结构，河谷的碗形结构使其被周围的高山所环绕，重度污染的空气难以逸出，这导致尼泊尔河谷受到严重和持久的空气污染的影响。[1] 而严重的空气污染不仅给公众身体健康造成严重伤害，还可能影响云层，造成暴雨频发，并引发洪水和山体滑坡等灾难性事件。[2] 汽车尾气污染是尼泊尔空气环境恶化的重要原因之一。[3] 2018 年 10 月，中国比亚迪公司向尼泊尔蓝毗尼地方公交公司移交了第一批次 5 辆 C6 纯电动巴士。[4] 这有利于减轻该国的空气污染，推动空气环境治理。此外，比亚迪公司还积极在当地发展相关业务，系统研究改革地面公共交通系统的可能性，探索在加德满都等主要城市实施公共交通系统燃料替代技术方案，推广绿色出行方式，提高居民环保意识，帮助尼泊尔摆脱空气污染的困扰，减轻空气环境恶化对居民身体健康的伤害。其他中国企业也积极参与中尼两国在生态保护领域内的相关合作，共同应对全球性挑战。

二是中尼加强高原生态保护。珠穆朗玛峰壮丽恢宏，吸引着

① "As winter sets in, Kathmandu is as usual doomed to breathe in toxic air," https://kathmandupost.com/climate-environment/2021/11/21/as-winter-sets-in-kathmandu-is-as-usual-doomed-to-breathe-in-toxic-air.

② "Air pollution not only impacts health, but can also trigger floods and landslides, study finds," https://kathmandupost.com/climate-environment/2021/05/09/air-pollution-not-only-impacts-health-but-can-also-trigger-floods-and-landslides-study-finds.

③ "Experts urge long-term strategy for curbing air pollution in the country," https://kathmandupost.com/climate-environment/2021/04/09/experts-urge-long-term-strategy-for-curbing-air-pollution-in-the-country.

④ "中印、中尼加强交流,务实合作,携手播撒绿色种子",《中国环境报》,2019年10月18日,http://epaper.cenews.com.cn/html/2019-10/18/content_88340.htm.

无数人对这一方神圣土地深深向往，为了保护这方圣土，中尼高原生态保护合作得到双方的重视。2013 年开始，中国科学院昆明动物研究所就与尼泊尔特里布文大学等教学科研机构加强交流合作，保护喜马拉雅生态。2014 年 4 月，中国科学院的青藏高原研究所和山地灾害与环境研究所与尼泊尔特里布文大学在尼泊尔加德满都签署谅解备忘录。备忘录呼吁两国在气候变化、生物多样性保护和自然灾害管理等领域开展科学合作。中国科学院院长白春礼教授在致辞中表示，中尼双方应利用中国科学院第三极环境项目等平台，加强科学合作。[①] 长期以来，珠穆朗玛峰的美景吸引着一批又一批的游客前来拜谒参观，特别是由于社交媒体网络的大力宣传，前往珠穆朗玛峰的游客数量进一步增多，这给当地本就十分脆弱的生态环境带来了巨大的压力，不利于青藏高原地区生态环境保护工作的展开。此外，全球气温升高导致珠穆朗玛峰的冰川加速融化，珠峰南坳的冰川在 21 世纪中叶有可能完全消失。[②] 中尼两国政府都高度重视珠穆朗玛峰的生态环境保护，尼泊尔政府提高了进入珠峰的收费标准，并及时向登山者传递生态保护知识，力求有效减少登山者和游客遗留的大量垃圾，维护该地区的生态环境。中国政府也及时采取了保护珠峰生态环境的必要措施。为落实 2018 年中国"绿盾"行动相关要求，切实保

---

① "China-Nepal Strengthen Environmental Cooperation," https://english.cas.cn/newsroom/archive/news_archive/nu2014/201502/t20150217_140670.shtml.

② "Highest glacier on Mt Everest is melting at a rapid pace, a new study shows," https://kathmandupost.com/climate-environment/2022/02/06/highest-glacier-on-mt-everest-is-melting-at-a-rapid-pace-a-new-study-shows.

护好珠穆朗玛峰自然保护区生态环境，2019 年 1 月，中国政府正
式发出禁止任何单位和个人进入珠穆朗玛峰国家级自然保护区绒
布寺（海拔约 5100 米）以上的核心区域旅游的禁令。由于尼泊
尔政府此前类似的管理禁令并没有得到有效执行，2019 年 8 月，
尼泊尔政府再次宣布，将严格禁止在珠穆朗玛峰保护区内使用厚
度在 30 微米及以下的塑料瓶、塑料袋等制品，30 微米以上的制
品则可继续使用，此项规定将于 2020 年 1 月起正式在昆布地区
实施。① 此外，中尼两国还积极加强在对珠穆朗玛峰保护区生态
环境保护工作上的共同行动。2019 年，中国国家主席习近平访问
尼泊尔期间，中尼两国在联合声明中指出，珠穆朗玛峰是中尼两
国友谊的永恒象征，双方愿推进气候变化、生态环境保护等方面
合作。双方将共同宣布珠峰高程并开展科研合作。②2020 年 12 月，
习近平主席同尼泊尔总统班达里互致信函，共同宣布珠穆朗玛峰
最新高程为 8848.86 米，习近平主席表示，中方也愿同尼方一道，
积极推进珠穆朗玛峰生态环境保护和科学研究合作，守护好两国
人民共同的宝贵财富和家园。③

　　三是中尼两国在自然生态保护等领域合作。长期以来，由于
缺乏必要的财政支持、必要的相关技术设备及必要的管理平台，

---

①　"珠峰南坡区域将禁止使用部分塑料制品"，中国新闻网,2019 年 8 月 20 日,
https://baijiahao.baidu.com/s?id=1642387948779916265&wfr=spider&for=pc。
②　"中华人民共和国和尼泊尔联合声明"，中华人民共和国外交部网站,2019 年
10 月 13 日,https://www.mfa.gov.cn/web/gjhdq_676201/gj_676203/yz_676205/1206_67681
2/1207_676824/201910/t20191013_9301032.shtml。
③　"习近平同尼泊尔总统班达里互致信函 共同宣布珠穆朗玛峰高程"，中华人
民共和国中央人民政府网站,2020 年 12 月 8 日,http://www.gov.cn/xinwen/2020-12/08/
content_5568012.htm。

尼泊尔在自然生态保护领域收效甚微。为了提高尼泊尔自然生态保护研究和工作水平，2011 年，中国政府援助尼泊尔建设自然保护基金会研究中心，该中心也成为中尼两国在生态环境保护领域内的第一个合作项目。[①]2014 年，中国政府向尼泊尔自然保护基金会研究中心援助了一批电脑、GPS 定位器、投影仪等设备，以改善该研究中心的办公条件，促进该研究中心工作的开展。时任中国驻尼泊尔大使吴春太在出席交接仪式时指出，该批援助物资是中尼两国传统友谊和友好合作的又一象征。希望尼泊尔自然保护基金会研究中心能很好地使用该批办公设备和其他已建成设施，使尼泊尔在保护自然环境和生物多样性、促进生态旅游开发、应对全球气候变化、实现经济社会可持续发展等方面发挥积极作用。尼泊尔自然保护基金会主席（尼泊尔政府森林与土壤保护部部长泰克·塔帕）表示，尼泊尔十分重视生态多样性保护工作，已将超过 23% 的国土面积列入生态环境保护区域。尼泊尔政府深知中国政府也同样重视生态保护，中尼两国政府将在该领域共同开展环保项目。

四是中尼加强清洁能源合作。尼泊尔是一个石化能源稀缺的国家。随着人口的增长及社会经济的发展，尼泊尔面临的能源问题更加严重。清洁能源合作一直是中尼重点合作领域。2016 年 11 月，中国援建尼泊尔太阳能项目正式开工，到 2018 年 2 月竣

① "中国援尼泊尔国家自然保护基金会研究中心举行交接仪式"，中华人民共和国中央人民政府网站，2010 年 2 月 9 日，http://www.gov.cn/govweb/jrzg/2010-02/09/content_1532025.htm。

工，总共用时 15 个月，建成后的装机容量达到 1 兆瓦，除供应政府大院办公区域日常用电外，还与市政电网连接，多余电量可供输送上网，从而具有一定的社会经济效益。时任中国驻尼泊尔大使于红在项目交接仪式上表示，希望该项目能为尼泊尔拓宽能源供应渠道，增强电力供应保障，为实现绿色发展起到示范作用。2018 年 4 月，由中国企业东方日升新能源股份有限公司承建的尼泊尔最大光伏电站动工，该光伏电站位于尼泊尔中部，装机容量为 25 兆瓦，2020 年 6 月开始发电，正式投入运营。此外，中尼也在积极合作以加强水电的开发。中尼水电开发项目众多，2013 年 1 月，中国电建集团海外投资有限公司在尼泊尔投资建设的第一个电力项目上马相迪 A 水电站开工建设，2017 年 1 月进入商业运营。自商业运营至今已累计发电 18.7 亿千瓦时，不仅为缓解尼泊尔国家电力紧张和经济发展做出积极贡献，还促进了尼泊尔的社会经济发展。[①]2017 年 6 月，中国葛洲坝集团和尼泊尔政府签署一项工程总耗资将约合 24.1 亿美元的合作备忘录，为双方进一步合作开发、建设装机容量达 1200 兆瓦的布迪甘达基水电站项目打下了基础。2017 年 11 月，川投国际尼泊尔水电联合开发公司在尼泊尔正式成立，该公司由川投集团、成都兴城投资集团有限公司、四川省清源工程咨询有限公司和尼泊尔布特瓦尔电力有限公司共同出资设立。目前，公司已取得马相迪水电站的开发权，2018 年开工建设，该项目也是市属国企在海外正式落地的首个

---

① 尼泊尔上马相迪 A 水电站年发电量破 2 亿千瓦时,中国电建,2022 年 8 月 2 日,
https://www.powerchina.cn/art/2022/8/2/art_7449_1484434.html。

投资项目。未来 5 年，该合资公司将在尼泊尔当地开发至少 1000 兆瓦的多个水电项目。[①] 2021 年 3 月，川投集团投资控股的马相迪水电公司与尼泊尔国家电力公司（NEA）正式签署《马楠马相迪水电站购电协议》，标志着马相迪水电站项目取得关键里程碑节点的突破，驶入全面建设"快车道"。2019 年 7 月 25 日，由云南省能源投资集团有限公司、中国三峡上海勘测设计研究院有限公司与尼泊尔 TBI 集团有限公司共同签订的价值 5.3 亿美元的尼泊尔塔马柯西—3 水电站项目联合开发框架协议在加德满都正式签署。该水电站位于尼泊尔中东部地区，规划装机容量为 200 兆瓦，建成后年发电量预计为 9.8 亿千瓦时。尼泊尔能源部长普恩表示，塔马柯西—3 水电站项目是中尼两国友谊的重要象征，希望尼泊尔可以从中学到更多水力发电项目的开发经验。[②] 随着时间的推移，中尼在清洁能源领域的合作还将继续加强。

五是中尼加强动物保护合作。自 2016 年起，中国政府与尼泊尔开展了犀牛专项合作。尼泊尔的奥利总理在 2018 年访华时签署的《中尼联合声明》提出，将两国犀牛项目合作视为中尼永恒友谊的象征，希望双方继续加强在《濒危野生动植物种国际贸易公约》履约、犀牛等濒危野生动植物保护和研究等方面的合作，不断开展人员互访和信息交流，使双方合作进入新的更高的发展阶段。2018 年 9 月，尼泊尔首次向我国赠送亚洲独角犀牛。20

---

① "川投国际尼泊尔水电联合开发公司正式成立"，成都市人民政府网站，2017 年 12 月 5 日，http://gk.chengdu.gov.cn/govInfoPub/detail.action?id=1830132&tn=2。

② "中国和尼泊尔再次合作开发水电站"，《中国电力报》，2019 年 8 月 2 日，https://baijiahao.baidu.com/s?id=1640720829320444018&wfr=spider&for=pc。

世纪初，亚洲独角犀牛这一物种已经在中国灭绝。目前，亚洲独角犀牛仅分布于尼泊尔、印度等少数亚洲国家。尼泊尔向中国赠送两对亚洲独角犀牛，是两国政府和人民之间的善意和友好关系的象征。向公众展示，可以提高公众动物保护意识，促进社会广泛关注，加强包括犀牛在内的濒危野生动物保护和促进中尼两国人民友谊。中国生物多样性保护与绿色发展基金会还持续关注尼泊尔的非法野生动植物贸易问题，并就此类问题通过提起公益诉讼、成立专门小组等多种行动打击尼泊尔非法野生动植物贸易。在尼泊尔西特莱地区 [The Western Terai Complex（WTC）]，中国生物多样性保护与绿色发展基金会参与反偷猎综合项目和生态旅游项目的建设，主要是帮助该地区的自然保护区重建快速反应小组，启用监控摄像头，定期进行远程和短程巡逻。这些干预措施有效打击了偷猎和走私活动，拯救了大量的蟒蛇、鳄鱼、梅花鹿和乌龟等动物。此外，为了帮助社区从保护中获得切实利益，中国生物多样性保护与绿色发展基金会还修建了3个民宿集群，为游客提供服务，同时为该地区上百个家庭提供了可持续的经济来源。

第三节 中国与尼泊尔生态合作机制建设

一、中尼生态合作机制建设的基本原则

喜马拉雅山脉是第三极区域的重要组成部分，因此，其自然

生态系统也是全球生态系统的重要组成部分。作为第三极区域两个重要国家中尼加强生态合作在当前全球性生态危机日益严重，全球生态共治时代来临之际具有重要意义。建设中尼生态合作机制，对于构建中国倡导的人类生态命运共同体也具有十分重要的理论意义和现实价值。

地球是全世界人类共同赖以生存的家园，我们所必需的空气、水等物质无时无刻不在进行着跨国境的交换。生态环境问题具有的普遍联系性，使得环保治理牵一发而动全身。当前世界各国不仅在经济等领域，而且在生态环保等领域也变得越来越相互依赖。在日益严重的生态危机面前，任何个人、组织、民族或者国家都不能置之度外。全球生态灾难的解决需要世界各国超越社会制度和意识形态的差异，①携手通力合作，共同推进全球生态问题解决。构建中尼生态合作机制就是打造"人类生态命运共同体"的具体实践。

构建中尼生态合作机制还应秉持正确的合作观，即正确的义利观、渐进性理念和开放性。

秉持正确义利观是生态合作机制建设的基本要求。没有"义"，生态合作将失去存在的价值；没有"利"，生态合作将失去可持续性。只有兼顾"义"和"利"这两个目标，生态合作才能顺利推进。在推进生态合作的进程中，秉持正确义利观需要协调好"予"与"取"的关系、长期利益与短期利益的关系、表面利益与实质

---

① 方世南：《全球生态合作共治：价值、困境与出路》，《北华大学学报（社会科学版）》，2017 年第 3 期，第 86 页。

利益的关系。一是协调好"予"与"取"的关系。理论上而言，人类不能只从自然界获取，而不对自然给予保护。生态环境保护水平应该随着地区发展而逐渐提高。二是协调好长期利益与短期利益的关系。长期利益就是可持续的短期利益。生态环保功在千秋，利在当代。正如习近平总书记所说，"宁要绿水青山，不要金山银山，而且绿水青山就是金山银山"，绿水青山和金山银山，一个是自然风景，一个象征财富，二者本没有什么关联，但习近平总书记巧用"绿水青山"和"金山银山"来作比，形象地揭示了环境保护和经济发展之间的关系。[①]三是要协调好表面利益与实质利益的关系。以生态环境的破坏为代价的发展不是人类的实质利益。先污染后治理这条路得不偿失。只关注表面利益而忽视实质利益是捡了芝麻，丢了西瓜。

秉持渐进性理念。中尼构建生态合作机制必然是一个渐进的过程。生态危机不是一时形成的，同样，生态治理也绝非一日之功。构建中尼生态合作机制，双方要加强沟通，做好政策与各类标准的对接，把工作由点到面逐渐推进。应充分估计生态治理的艰巨性、复杂性和长期性。

秉持开放性理念。生态合作机制的构建应该秉持开放性理念。它不应该设置严格的门槛规则，而是遵循开放性原则。我们欢迎任何国家加入全球环保事业中来，同时，我们也呼吁发达国家要更加积极主动地参与到环保事业中，为发展中国家提供理所应当

---

① 唐孝辉：："习近平:绿水青山就是金山银山"，人民网，2015 年 11 月 10 日，http://theory.people.com.cn/n1/2017/0608/c40531-29327210.html。

的帮助。

此外，构建中尼生态合作机制还应坚持一些基本原则：平等相待、因地制宜、量力而行、共建共享等基本原则。

二、中尼生态合作机制建设的主要内容

长期以来，尼泊尔都面临着这样或那样的生态环境问题，随着人口的增长和经济发展，出现了许多新问题，这些问题涉及尼泊尔经济发展、社会稳定和人民安康的重点生态问题，也越来越受到尼方各界和国际社会的重视。

一是气候变化。工业革命以来，人类迅速进入工业文明时代。工业化的迅速发展极大地提高了人类的总体生活水平。然而，工业化也加剧了石油、矿石等不可再生能源的消耗，由人类经济活动所产生的二氧化碳等温室气体在地球大气的含量越来越多，造成了世界范围内显著的温室效应。根据位于尼泊尔加德满都的国际山区综合开发中心研究，在过去的一个世纪中，全球气温平均高了 0.74 摄氏度。该组织认为，喜马拉雅山区的升温可能明显高于全球平均水平。[①]共同应对全球气候变暖，任何国家都责无旁贷。尼泊尔作为一个还未实现工业化的国家，虽然其温室气体排放量在世界各国中最低，仅占全球总量的 0.025%，但全球气候变化却对尼泊尔构成严重威胁，该国也被列为世界上空气污染最严重的

---

① 阿迪卡里·迪帕克：中外对话，"加德满都国际艺术节关注环境问题"，2012 年 12 月 21 日，https://chinadialogue.net/zh/3/41695/。

国家之一。[①]

　　尼泊尔每年有 3.5 万人因空气污染引起的疾病而失去生命，在加德满都，每 10 个人中就有一个患有慢性肺部疾病，如支气管炎和肺气肿。因为空气污染，尼泊尔人的平均寿命减少了两年半。尼泊尔首都加德满都被列为世界污染最严重城市之一。2017年 1 月 20 日，加德满都就曾爆发过当地数百名环保人士"躺尸"抗议活动，并要求政府立即采取措施治理空气污染。[②]落后的市政建设导致加德满都尘土飞扬。工业污染、城区拥挤的交通、老旧的车辆排放大量超标尾气、焚烧垃圾、冬季取暖，甚至寺庙焚烧尸体等都是造成空气污染的重要原因。加德满都地处谷地，四周高山的阻挡而导致空气流通不畅，这加重了污染程度。

　　二是土壤侵蚀。土壤侵蚀已成为限制当今人类社会生存和发展的全球性环境问题，严重制约着联合国可持续发展目标（SDGs）的实现。在一些以农业为主要经济来源的贫困国家和地区（如尼泊尔），土壤侵蚀就意味着巨大的粮食风险。[③]尼泊尔是世界上土壤侵蚀最为严重的国家之一。气候变暖使得尼泊尔雨季持续时间更长，降雨大幅增加，大量的地表土被冲刷并随着洪水流到印度和孟加拉国，导致尼泊尔土地越来越贫瘠。泥沙被带入江湖河

　　[①]　"One more report ranks Nepal among most polluted countries in the world," https://kathmandupost.com/climate-environment/2020/10/21/one-more-report-ranks-nepal-among-most-polluted-countries-in-the-world.

　　[②]　"尼泊尔民众'躺尸'示威 抗议环境污染"，2017 年 9 月 20 日，https://news.163.com/photoview/00AP0001/2229696.html#p=CB8GQSLB00AO0001。

　　[③]　"成都山地所在尼泊尔柯西河流域土壤侵蚀产沙研究中取得新进展"，2021 年 9 月 23 日，中国科学院网站，http://www.imde.ac.cn/yjld_2015/202008/t20200825_5675781.html。

流又会造成水道淤积，从而抬高河床，加剧洪涝灾害。中国科学院成都山地所（中国科学院加德满都科教中心山地可持续发展分中心）熊东红研究员团队研究发现，特里尤加河（Triyuga）流域土壤侵蚀强度高、泥沙输移量大，这对柯西河中下游河道泥沙淤积、水库安全造成严重威胁。[①] 尼泊尔位于喜马拉雅山脉南部，地势高，温差大，流水侵蚀作用强烈，受季风性气候的影响，每年有一个长长的雨季，季风雨进一步加剧风化速率和浸润。此外，由于尼泊尔经济以传统农牧业为主，为了解决人们对生活资料的需求，乱砍滥伐、过度开垦和过度放牧造成森林覆盖率锐减，加剧了水土流失。

三是山地灾害。尼泊尔背靠喜马拉雅山脉，其复杂多地震的地形构造使尼泊尔常年饱受各种山地灾害的侵扰，冰川湖决堤、地震、泥石流、雪崩等。这些自然灾害每年都会在某一地区发生，给人民的生命财产安全造成损害。在各种灾害中，冰川湖决堤是比较严重的一种。[②] 联合国环境规划署一份研究报告称，尼泊尔境内有 3252 个冰川和 2323 个冰川湖。[③] 而在中国、尼泊尔和印度三国的波曲河、甘达基河和卡纳利河流域，共发现了 3624 个冰川湖，其中的 47 个有潜在危险。[④] 冰川加速消融危害巨大。它

---

① "成都山地所在尼泊尔柯西河流域土壤侵蚀产沙研究中取得新进展"，2021 年 9 月 23 日，中国科学院网站，http://www.imde.ac.cn/yjld_2015/202008/t20200825_5675781.html。

② 许战：“山地灾害：尼泊尔面临的长期挑战”，《中国社会报》，2006 年 7 月 24 日。

③ Glacial Lake Outburst Floods in Nepal and Switzerland—New Threats Due to Climate Change,https://www.germanwatch.org/sites/default/files/publication/3647.

④ Report by ICIMOD and UNDP identifies potentially dangerous glacial lakes in river basins of Nepal, the Tibet Autonomous Region of China, and India,https://www.adaptation-undp.org/node/6488.

不仅影响水源，引发水灾而且还具有潜在威胁——冰川的融化会导致被埋藏在冰盖中几百年甚至几万年的微生物被暴露出来，对生物健康产生影响。蓄水量巨大的冰川湖随着冰川消融而不断扩大，大量湖水突泄会造成严重破坏。据统计，尼泊尔平均每年因极端气候事件导致300多人死亡，超过1700多万美元的财产损失。[①] 山地灾害是尼泊尔面临的长期挑战，其解决需要尼泊尔和国际社会的共同努力。

四是以珠穆朗玛峰为代表的高原生态保护。从20世纪90年代末开始，珠穆朗玛峰成为探险游客的主要目的地，每年有成千上万的游客前来旅游，给本就脆弱的高原带来大量的垃圾，而且，高原低温阻止了细菌在垃圾分解中的作用，这些垃圾会对高原山地的生态系统造成严重破坏。

五是尼泊尔的能源与生态环境问题。森林作为尼泊尔的主要能源资源，因长期的过度砍伐造成生态失衡，破坏了该区域的生物多样性。为了减少这种破坏，尼泊尔加大了化石能源的使用，但由于化石能源补给长期依赖印度，而印度又多次对尼泊尔施加封锁和禁运等制裁，使尼国家安全和社会稳定、经济发展受到严重威胁。为了减少对石化能源的依赖，尼泊尔政府在致力开发水电资源的同时，也尝试开发光伏等新能源，并调整优化产业结构、大力发展工业和服务业、提高能源利用效率、降低能源消耗。

---

① Report by ICIMOD and UNDP identifies potentially dangerous glacial lakes in river basins of Nepal, the Tibet Autonomous Region of China, and India, https://www.adaptation-undp.org/node/6488.

六是农业可持续性发展。农业与生态保护息息相关，落后的农业生产方式会对生态环境造成重大破坏，先进的农业生产则有益于生态保护。当前，尼泊尔农业基本还处于自给自足的小农经济阶段，农业生产方式落后、缺少大型机械化设备和现代农业生产经验，经济作物和高附加值农产品生产率低。由于落后的小农经济更易受自然环境变化的影响①，如何保持农业可持续发展是尼泊尔未来较长时间都将面临的难题。

三、中尼生态合作面临的问题

中尼加强生态合作，共同构建生态合作机制是一个全新的课题，也是中尼两国关系发展的一个新方向、新起点。可以预见，由于两国在经济发展水平、地缘环境、基础设施、民众认知和政府治理能力等方面存在较大差异，中尼在推进生态合作的过程中可能会面临较多困难。

一是尼泊尔的地缘环境使其长期存在的"站队"问题，会对中尼加强生态合作产生严重干扰。众所周知尼泊尔在宗教、文化、习俗及经贸等领域，与印度联系紧密甚至严重依赖。尼泊尔一直被印度视为自己的势力范围，敌视其他大国发展与尼泊尔的关系。因此，中尼在水电等清洁能源领域的合作面临着印度的强势干扰，有些水电项目在印度的压力下被取消。为了限制中国企业在尼泊尔的投资，莫迪政府还禁止中国投资的水电项目向印度出售电力。

---

① Andrea J. Nightingale,Nepal's Towering Climate Adaptation Challenges, *Current History*, 2018, 117(798):pp.135−141.

近年来，美国也大力介入尼泊尔，大国博弈加剧，中尼之间的合作将会受到更多的干扰和影响。

二是尼泊尔经济发展水平落后，不利于中尼生态合作的进一步扩大。当前，尼泊尔仍然是一个以农业经济为主的国家，还属于世界上最不发达的国家，在这种情况下，要想扩大中尼生态合作，有较大的难度。

三是人才培训机制不健全，专业人才不足。生态合作相关项目的推进对从业人员素质要求较高。尼泊尔国内高等教育落后，存在缺少办学资金、实验仪器短缺和教学人才不足等问题，绝大多数理工类优秀学生出国留学后会留在国外，导致国内理工类研究人才奇缺，制约着对外生态合作的扩大和深化。

四是相关配套政策仍不健全。生态保护需要政府多个部门协同发挥作用，这就导致各个部门之间协调成本增加，管理上容易发生冲突与时滞，况且，中尼生态合作还涉及两国政府各个部门的对接，在操作上困难较大。

五是规划中的中尼生态环保合作项目仍然不多。迄今为止，中尼生态合作更多的是集中在清洁能源和部分农业发展方面。

第八章
推动中尼命运共同体构建的政策建议

随着中印的崛起和相关战略规划的实施，尼泊尔的战略地位逐渐凸显。尼泊尔虽为内陆国家，但南亚地区的地缘位置决定了尼泊尔和南亚处于海权和陆权交会地带。陆权通过尼泊尔可以到达印度、孟加拉国等国的沿海区域，海权通过印度、孟加拉国和尼泊尔可以进入中国西藏和中亚内陆。历史上，英国对南亚次大陆的殖民统治和对中国西藏等地的渗透就说明了这一点。中国加大与尼泊尔在基础设施领域的合作，实现公路与铁路的对接、联通，使中国的陆权影响力可以通过尼泊尔到达印度。而由于南亚被印度看作自己的后院，中印之间由于存在诸多分歧和矛盾，所以，印度极力抵制中国进入尼泊尔。此外，一些域外大国和特殊势力也在这里插手，如美国、英国和日本等。尤其是美国，企图通过"千年挑战计划"（MCC）和"国家伙伴关系计划"（SPP）等加强对尼泊尔的渗透。美国之所以这么看重尼泊尔，是因为它的战略位置非常重要，通过控制尼泊尔既可以从北部牵制中国，也可以从南部牵制印度。印美势力的介入，必然会对尼泊尔国内政局造成影响，使尼政策连续性和稳定性大打折扣，使中尼命运共同体的构建面临重大挑战，在此背景下，如何加强与尼泊尔在政治、经济、人文交流和安全等领域的合作,是我国需要深入研究、积极应对的课题。

第一节　加强中尼政治合作的政策措施

一、坚持和平共处五项原则

和平共处五项原则提出以来,经受住冷战期间不同社会制度国家之间关系的考验,至今依然具有强大的生命力,习近平主席称和平共处五项原则"为推动建立公正合理的新型国际关系做出了历史性贡献"[①]。和平共处五项原则是各国建立正常关系并进行交流合作应遵循的基本原则,只有坚持和平共处五项原则,中尼之间才能进行平等交流,才能在复杂的国际形势中维护各自国家利益,实现互利共赢与共同发展。事实上,自1955年建交以来,中尼"双方在和平共处五项原则基础上顺利划定了两国边界,使巍峨的喜马拉雅山成为联结两国的牢固纽带"。[②]经过60多年的风雨,中尼关系始终屹立不倒。习近平主席说:"新形势下,和平共处五项原则的精神不是过时了,而是历久弥新;和平共处五项原则的意义不是淡化了,而是历久弥新;和平共处五项原则的作用不是削弱了,而是历久弥新。"[③]中尼命运共同体的构建,

---

① 习近平:《弘扬和平共处五项原则　建设合作共赢美好世界——在和平共处五项原则发表60周年纪念大会上的讲话》,《人民日报》,2014年6月29日第1版。

② 习近平:《将跨越喜马拉雅的友谊推向新高度》,中华人民共和国中央人民政府网站,2019年10月11日,http://www.gov.cn/gongbao/content/2019/content_5445747.htm。

③ 习近平:《弘扬和平共处五项原则　建设合作共赢美好世界——在和平共处五项原则发表60周年纪念大会上的讲话》,《人民日报》,2014年6月29日第1版。

以和平共处五项原则为基础，可以消除尼泊尔国内亲印派可能存在的疑虑与不安。

二、创新合作方式，强化基层合作

在尼泊尔地方和民间，西方国家通过非政府组织设立了许多项目与尼基层民众接触，在宗教、医疗、教育等方面影响颇深。尤其是印度传统上与尼泊尔保持着极为紧密的全方位关系，在尼泊尔社会各方面的影响力都远超中国。例如，在政治领域，印度通过支持尼泊尔亲印政党干涉尼泊尔内政是不争的事实，印度人民党甚至在尼泊尔设有附属组织；印度教文化也使尼泊尔长期存在是否坚持世俗主义的争议。对此，中国也应该寻求从尼泊尔社会底层树立中国形象并扩大中国文化影响的路径，发挥非政府组织的作用，通过医疗卫生、基础教育、农业技术、文化交流和扶贫开发等领域与尼泊尔底层民众接触，助力两国民心相通。此外，在"一带一路"的"五通"目标中要重视民心相通在中尼友好关系建设中的重要性，为中尼合作长远发展奠定坚实的民意基础。

三、管控中印分歧，营造良好合作环境

在以印度为主导的南亚地区权力结构中，中尼政治关系的发展须重视印度的关切和影响。同时，中国与尼泊尔在政治、经济和其他领域的合作也应尝试寻求印度加入的三方合作方式，在海上安全和陆上边界方面缓解中印之间的紧张关系，是基于中印两大地缘安全方向的现实考虑，在外交活动中的善意表达则是中方

维护中印关系稳定、创造中尼政治合作条件的主动作为。首先，缓解和稳定中印边境局势，避免新的军事冲突。面对紧张、敏感的中印边境冲突，中国应该在多轮军长级谈判取得阶段性成果的基础上，进一步寻求开展更高级别的谈判协商，签订边境问题新的法律文件，以确立边境冲突升级的制度和技术细则。其次，持续释放善意信号，重视印度战略利益。在涉印国际问题上，中国应力求避免在相关政策和声明中施放的外交信号使印度产生敌意，甚至应使其感受到中国的善意。最后，降低印度海上安全威胁感知，缓解中印关系结构压力。强调中国在印度洋上设施的民用性质，尽力降低相关设施在使用中对印度企业的排他性；主动邀请印度海军在舰船访问、海上搜救、打击海盗、通信演练等方面开展联合行动。

四、排斥域外干涉，构建区域合作机制

在双边经贸往来和历史文化联系都十分薄弱的情况下，以美国为代表的西方势力对尼泊尔进行各种形式的"投入"可谓别有用心。这些投入以对冲中国对尼投资为目标，试图在中尼政治合作中打入楔子，破坏中尼之间的政治信任。而鉴于尼泊尔具有"平衡外交"的传统，在政治危局和新冠疫情双重挑战下，域外势力便有了进一步介入议题的可能。为此，中国应重视跨喜马拉雅立体互联互通网络建设的机制配套，在跨喜马拉雅区域形成一个排斥域外政治实体的区域组织。该机制的建设原则不仅基于政治和安全议题，还应该以多层次、多领域互联互通为建设目标，构建

起一个具有完备功能的区域合作机制。将中尼合作纳入区域机制首先意味着中尼双边合作具备了机制保障，更为重要的是，机制所承载的各领域合作便有了对域外势力的排他性。域外势力在地理上具有天然的劣势，不具备构建同等体量规模和合作深度的区域合作机制。以此为辐射源，可寻求跨喜马拉雅立体互联互通网络建设所配套的制度设施覆盖整个次大陆地区。

五、推进"一带一路"项目合作，加强中尼政治互信

尼泊尔发生新冠疫情以后，中尼多个"一带一路"项目在疫情冲击下被迫暂停，这无疑是对中尼合作的重大打击。但这些项目又具有锚定中尼政治关系的现实意义，因此，如何克服困难、持续推进，按时完成项目建设势在必行。目前博卡拉机场、加德满都环城公路、尼泊尔公务员医院改造、迈拉穆齐引水隧洞工程和中尼铁路等项目，有的已经完工，有的正在稳步推进，有的正在规划和研究。中国应该紧紧把握中尼合作稳步推进的基调，聚焦于既有项目的安全保障和成果转化，暂不新增重大基础设施建设合作项目。同时，因新冠疫情防控而新近开拓的合作项目也需要合理布局，将新冠疫苗、医疗物资、专家支持等援助项目作为近一段时期中尼合作的重要内容。中国对尼投资和援助已经成为中尼加强政治合作的政治成本，同时也成为倒逼中尼加强政治互信的政治资产。在中国与世界各国携手共建人类命运共同体的过程中，中尼双边政治合作和机制建设是一次重要的实践。在近70年的发展历程中，中尼双边政治合作由浅入深、由慢到快，为各

领域务实合作提供了政治保障。在非对称的国家体量和复杂的地区局势下，中尼能够实现双边政治关系的稳定发展有赖于双方在历史中所确立的共同价值。在此基础上，中尼构建起一系列为协调一致行动以推动双边关系行稳致远和两国经济社会加快发展的原则与程序。

第二节　加强中尼经贸合作的政策措施

一、建立和完善两国经贸合作机制

机制建设是经贸合作的稳定剂，中尼着力构建促进经贸合作的长效机制。

首先，促进经贸合作机制多元化。随着两国交往越来越深，两国之间的贸易联系也越来越广，这就要求两国合作机制应随着两国贸易发展而不断丰富和优化。一是要充分发挥已有双边和多边合作机制的作用，双边机制主要是在中尼经贸联委会框架下，建立投资合作工作组和贸易畅通工作组，促进双边经贸往来。中尼经贸联委会1983年成立，2014年，中尼经贸联委会召开第11次会议后，但第12次会议至今再没召开。强化多边合作机制，携手构建中尼印经济走廊。二是中尼两国要积极探索，以促进多元主体间多方合作机制协调。除了中央政府间合作机制外，还要大力建立地方政府和企业间合作机制；发挥中国西藏与尼泊尔经贸协调委员会的引领和示范效应，鼓励中国其他相关省份与尼泊尔地方政府建立合作机制。三是构建多元行业、领域间的合作机制，如建立基础设施、产能合作、投资促进、合作区建设、服务贸易、电子商务等不同领域的机制。

其次，促进经贸合作机制程序化。程序化的机制有利于减少双方沟通成本，提高双方效率，更重要的是，双方在合作过程中一旦出现问题，程序化的机制可以让双方及时发现问题、解决问题，有利于事后的绩效评估并进一步完善和优化相关机制。中尼双方可以考虑实现经贸合作机制由小到大、由易到难、由简到繁层层递进，对于重大经济合作项目，政府间可以先做总体规划设计，部门之间进行探讨合作，最后企业间进行具体合作对接。

最后，将合作机制具体化。合作机制进行细分后有利于合作机制的推进，明确不同领域的职责，提高效率。随着"一带一路"建设项目的推进，具体化后的合作机制更能有效快速解决项目所遇到的问题，将会大大节省时间和人力成本。

二、进一步加强两国之间的基础设施联通、贸易畅通和资金融通

基础设施联通是构建中尼命运共同体至关重要的一步。尼泊尔是一个典型的内陆山地国，境内高山众多，境内交通不便，对外贸易运输成本高昂，极大地限制了尼泊尔的对外开放程度和经济增长潜力。因此，尼泊尔一直希望增强其与两个邻居的基础设施联系，完成从"陆锁国"（landlocked）到"陆联国"（land-linked）的转变。"尼泊尔可以通过提高与两个邻居的

连接程度，特别是能够帮助尼泊尔完成从陆锁国到陆联国的转变的中国，将成为尼泊尔新的'经济增长引擎'。"①2017 年，尼泊尔响应"一带一路"倡议，积极参与打造"跨喜马拉雅立体互联互通网络"等一系列项目。但由于财政和基础建设能力较弱，其境内的公路、铁路和航空等基础设施都相当落后，很多通往景区和工业区的道路都坑坑洼洼，降低了旅客的旅游体验和商人的投资欲望。因此，提高其基础设施水平，尤其是运输、仓储、电力和酒店等设施将极大改善尼泊尔经济发展环境。因此，中尼双方应该加快落实两国政府关于在"一带一路"倡议下开展合作的谅解备忘录，加强口岸建设，在樟木口岸恢复货运功能的基础上，争取尽快开通该口岸的客运功能；完善吉隆口岸，就吉隆至加德满都沿线隧道项目建设可行性研究积极开展合作；尽快开通里孜—乃琼口岸，并在尼方一侧建设必要设施，分阶段实施阿尼哥公路的升级改造合作并尽快启动沙拉公路修复项目。中国企业还应发挥自身优势、与尼方工程技术人员勠力合作，承建更多的光缆项目，为尼泊尔人民提供高速、稳定的互联网接入服务，中尼还可以在跨境光缆的开通的基础上，进一步加强信息通信领域互利合作，更好实现中尼互联网之间的联通与对接。推动尼方为中资银行在尼泊尔开设分支机构并开展其他金融服务提供便利，争取中尼过境运输议定书早日实施，以更好实现两国贸易畅通和资金融通，并为中尼之间的合作提供更多便

---

① Rana, Pradumna, Binod Kumar Karmacharya, "A connectivity-driven development strategy for Nepal:From a landlocked to a land-linked state." 2014,p.3.

利，也为民心相通打下基础。

三、利用平台工具，促进贸易往来

中国是尼泊尔的第一大投资国和第二大贸易合作伙伴，在中国与南亚诸国的双边贸易中，中尼贸易的体量相对较小，其中西藏与尼泊尔贸易占据中尼贸易的绝大部分。"尼泊尔自中国进口的主要商品以机电和日常用品为主，包括电信设备和配件"，而尼泊尔的出口则明显是一些初级加工产品，如香料、果汁、茶叶、手工编织品等，未来两国的贸易具有很大提升空间。

首先，在新的互联网时代，中尼可以将两国的货物贸易"数字化"，即通过互联网和数字技术对贸易产业进行改造升级。中尼之间的经贸往来大部分是货物贸易，货物贸易纷繁众多，交易烦琐，效率低下，因此，如果用数字技术改造中尼外贸业务，让外贸工厂、外贸公司、国际物流公司都用上云计算、人工智能，有助于实时了解双方的需求，大大提高双方交易的速度和效率。

其次，进一步探索双边贸易平台。中国的"电商"就是一个良好的平台，中国阿里巴巴旗下的跨境电商平台——天猫国际，致力于为中国国内消费者直供海外原装进口商品，中尼就可以通过"电商"实时了解中尼贸易的供给与需求信息，尼泊尔可以通过天猫国际拥有更多的流量，为其产品寻到更多的卖家。

最后，我们还可以进一步发挥中国国际进口博览会、中国南亚博览会、尼泊尔国际商贸展和中国西藏旅游文化博览会等多边平台或机制对中尼经贸合作的促进作用。

四、引入南亚地区力量，促进中尼经贸合作

引入南亚地区力量，促进中尼经贸合作，有利于中尼命运共同体的构建更加稳定和长久。由于印度一直视自己为南亚霸主，且对尼泊尔的政治、经济和文化有着巨大的影响力，印度是中尼合作不可忽视的因素。中尼之间的任何经济联系在当前的国际形势和中印关系之下，很容易被印度进行负面解读，鉴于印度对尼的影响力，一旦印度阻挠和干涉，中尼之间的经济合作很难推进。因此，如何打消印度疑虑、减少来自印度的阻力是中尼两国需要解决的一个问题。

首先，可以尝试采用中尼加合作机制。印度既然是中尼合作不可忽视的因素，那就主动吸引印度参加。在中尼合作模式下实现中尼印三方合作。一方面，中尼印三方合作有利于加强彼此信任，减少怀疑，以真实的经济效应带动三国发展；另一方面，印度如果采取"只说不做"的方式，那么中尼不妨先行一步，让印度看到中尼合作的好处与进展，倒逼印度参与。

其次，吸引其他南亚国家参与到中尼合作项目中来。中尼合作伙伴越多，其产生的能量也就越大，与地区国家联系越紧密，不仅可以减少地区国家的阻碍，而且符合"一带一路"倡议的精神——促进地区互联互通。中国、印度、尼泊尔和孟加拉国可以在国际河流开发、清洁能源和电力运输等方面进行合作；中尼印经济走廊将把近30亿人口的大市场联系起来；将中尼合作融入

南亚地区发展之中，有利于中尼关系的稳定与发展，有利于南亚地区的稳定与发展。

五、利用比较优势，打造中尼互补产业链

改革开放 40 多年来，中国国内依靠低廉的劳动力成本和低廉的资源价格优势形成了一批又一批的产业集群。但随着中国国内劳动力成本上涨及经济进入转型期，从高速发展转向高质量发展，低端产业开始向国外转移。相比之下，尼泊尔劳动力成本低廉，其特殊的地理位置和比较优势有利于形成其独特的产业链，这无疑会加快尼泊尔的工业化进程，提升其经济发展水平。

首先，利用比较优势、促进产业投资，提高尼泊尔的工业化水平。"一带一路"倡议对合作国家是一个巨大的机遇，不仅可大大改善合作国家的基础设施水平，而且可促进合作国家工业发展，提高工业生产能力。可承接国际产业转移，可积极引进投资，建立自己的产业链，这是尼泊尔提升其工业化水平的巨大机遇。

其次，挖掘尼泊尔比较优势所在，重点打造其产业集群。尼泊尔出国务工人员众多，表明自身工业能力不足，无法吸纳众多就业人口。从目前的状况看，尼泊尔一线工人的工资是中国工人的四分之一，一些相对欠发达地区，甚至只有中国工人工资的五分之一。在这种情况下，发展劳动密集型产业，在国际市场就会具有较强竞争力，形成良性循环。

最后，促进尼泊尔经济计划与产业发展对接。2020 年，尼泊尔国家计划委员会发布了尼泊尔第十五个五年计划，此次五年计

划长期目标是，到 2030 年使尼泊尔成为中等收入国家，摆脱最不发达国家的地位，且要创造性地提供更多就业机会，发展优良的基础设施等，五年计划预计工业部门平均每年增长 17.1%。[①]这使尼泊尔有促进其工业和产业发展的客观需求。中国可以与尼泊尔就其五年计划中的优先发展方向进行对接洽谈，为两国企业间合作提供更多的机会和平台，为产业对接发展进行政府引导，促进尼泊尔产业经济的发展。

第三节　促进中尼人文合作与交流的政策措施

一、尊重中尼文化差异性，发展共性文化

文化受到地形、人文、社会结构等多方面的影响，"尼泊尔的文化就是在巍峨林立的雪峰、青翠起伏的山峦、深谷交错的盆地、碧绿的平原和潺潺流水的自然环境中产生和延续的"。正是在这种地理特征，以及尼泊尔本土、印度、中国（特别是西藏地区）文化的合力影响下，才形成了今天的尼泊尔文化。形成文化的多影响要素特点决定了文化差异具有普遍性，因此文化上的差异并不应该成为中尼两国交流的障碍。尼泊尔文化具有较大的包容性，多种宗教文化都可以在尼泊尔找到。中国

---

① "National Planning Commission endorses 15th periodic plan," *The Himalayan Times*, https://thehimalayantimes.com/business/national-planning-commission-endorses-15th-periodic-plan,Access time:2020-10.

以儒家为核心的文化对中国几千年的政治、经济、社会发展产生了巨大影响，并以此辐射到东亚和东南亚国家，形成了"中华文明圈"。中尼两国文化最大的共性就是包容，包容性的文化无疑更能促进不同文化的交流，更容易达成合作。事实上，中尼在1000多年的岁月里，相互之间的交往一直在延续。在科技迅速发展的今天，中尼双方更应该利用好两国历史上的友谊，来增强两国之间的人文交流。

二、讲好中国故事，塑造中国形象，提升中国软实力

在彼此相互尊重的基础上，中国与尼泊尔的交流应注重讲好中国故事。中国综合国力快速上升，证明了中国特色社会主义制度具有极大的活力和创造力。当前西方政客及媒体出于意识形态和文化上的差异，对中国崛起具有强烈的敌视，他们戴着"有色眼镜"看待和报道中国的发展。这些掌握着国际话语权的西方媒体在很大程度上能够影响中国与其他国家的关系。在中尼的文化交流中，中国媒体和宣传部门应该主动发声，一方面，对西方媒体诬蔑和造谣中国和中尼关系的假新闻进行坚决的回击，另一方面，要在国内做好中尼互动和交流的宣传。要认识到，讲好中国故事一定要讲究技巧，在尊重两国文化差异的基础上，将中国故事以真实的、便于尼泊尔人民接受的方式主动传递出去。通过对历史及现今两国的互帮互助、友好往来等事实宣传中尼友谊，将中尼关系的话语权掌握在我们手中，这将有助于增强尼泊尔民众对中国的了解，加强对中国的信任，从而提升中国在尼泊尔民众

中的形象。

三、推动中尼文化产业合作，带动经济和社会发展

文化产业具有文化和经济的双重属性，推动文化产业的合作和贸易，对促进两国的文化、经济都具有重大作用。历史上尺尊公主人藏的美好回忆既是尼泊尔的文化遗产，也是中国的文化遗产。西藏解放以后，尼泊尔和中国西藏地区依然保持了紧密的联系，尼泊尔是西藏自治区最大的贸易伙伴，藏尼贸易常年占中尼贸易的九成左右。除此之外，藏传佛教也是联结两地的重要纽带，因此中尼两国可以通过合作拍摄中（西藏）尼佛教以及其他历史、文化的故事影片和纪录片，既提升了两国的互相了解，也提升了两国之间的历史认同和记忆。中尼两国还可以合作开发文化旅游景点，在景区发行具有尼藏历史特色的联名式的纪念品。通过借鉴经典的营销案例和成功的经营模式，中尼在文化产业合作上能够取得更大的进展，地方经济和社会发展也会因此受益。

四、推进中尼文化交流合作品牌建设和创新

从经济学的角度来讲，品牌就是消费者对产品及产品系列的认知程度，这种认知程度会对消费者的购买欲产生巨大的影响。中尼在文化交流合作上，可以通过共建品牌、利用品牌效益，提升双方的经济发展质量。当前中国游客出国旅游的目的地主要是欧美、东南亚等国家。相比之下，尼泊尔的旅游品牌还有很多不

足，其中不仅有尼泊尔方面的宣传问题，还有尼泊尔境内旅游景点的基础设施不完善、提供的服务不足等因素。文化之间的交流主要是通过双边人员的互动而进行的，中尼合建文化交流品牌，可以从合建旅游品牌做起。旅游业是尼泊尔经济的重要组成部分，也是中国西藏地方政府财政收入的重要来源。基于尼泊尔佛教文化和藏传佛教一脉相承，中尼两国可以利用好这个优势，合建文化品牌。

五、丰富中尼文化交流的载体和形式

当前，世界正在经历新一轮的技术革命，其中互联网在信息传递和文化交流中扮演了至关重要的作用，因此，中尼文化交流应该充分利用互联网技术平台。首先，中尼双方应该扩展文化交流的载体和形式，运用好互联网在信息传递中的高效性，通过合建文化交流数据库，使书籍、文化产品和思想实现信息数字化，充分把两国电影、舞蹈和音乐等这些民众喜闻乐见的艺术形式与互联网结合起来，使两国民众直观地了解彼此，进一步增进信任与友谊。其次，两国之前的交流主要是人员互访，如今可以利用互联网开展众多的交流，包括线上青年学生交流、学术交流、媒体互动、医疗信息共享等，只要充分利用好互联网，不断创新中尼文化交流与合作的载体和形式，中尼人文交流将会更加丰富多彩。

第四节　加强中尼安全合作的政策措施

一、扩大联合演习范围，促进军事安全合作

军事合作包括战略和战术层面上的双边合作。一方面，军事合作不仅可以促进双方的政治互信，表达双方的友好态度；另一方面，军事合作相比外交和经济合作更容易拉近两国关系，从而使两国关系快速升温。中国与尼泊尔关系世代友好，发展军事合作应该是两国关系的应有之义。此外，尼泊尔地处南亚，恐怖主义威胁较为严重，发展两国军事合作，对维护两国国家安全具有重大意义。关于军事合作，中尼两国可以考虑以下两个方面。一方面，拓展联合军事演习的范围。中尼两国于 2017 年在加德满都进行了首次反恐联合军事演习，以打击和威慑恐怖主义分子为目的。除此之外，中尼两国还可以增加联合防灾和搜救等军演内容，可以增加联合军演的参与范围，必要时可以邀请印度等国家共同参与；继续扩大中尼安全人员的互访，加强对尼安全人员的培训。此外，中尼近些年来经济合作不断增强，双方公路、隧道、水电站，以及未来铁路方面的合作项目也需要双方武装力量的保护。另一方面，建立情报分享和边境地区军事互信机制，加强边境安全管控。中尼边界地形复杂，不排除一些外部势力会乘虚而入，威胁双方的领土和国家安全。边境情报分享和军事互信机制的建立尤为重要。未来可以加强双方边防部队之间的友好互动，

共同开展边境联合巡逻等活动，加强边境的安全管控。

二、加强信息数据建设，促进网络安全合作

互联网的快速发展使得网络安全成为当今国家安全中的重要组成部分，数据正在成为更高效和更有价值的生产要素，一个国家的数据包含着很多重要且敏感的信息，如果数据被别有用心的国家或敌对组织利用，则会对国家的安全造成重大危害。同时，信息技术的使用和普及正在加深政府管理对信息数据的依赖，网络安全问题更为突出，引起了各国政府的高度重视。网络的全球互联性使得国家之间的网络合作成为必然，为中尼两国的合作奠定了基础。

首先，加强两国网络基础设施合作。尼泊尔网络设施和管理较为落后，根据尼泊尔国家技术信息中心（NITC）的介绍，尼泊尔政府正在加强其网络建设和数据处理能力，以适应和满足不断增长的电子商务需求。相比之下，中国有着世界上最大的数据存储和分析能力，中尼两国可以加强在此领域的合作，为尼泊尔建设数据存储中心提供帮助。

其次，加强网络信息共享。网络具有极其强大的匿名性和隐蔽性，在现代黑客发起的网络攻击中，几乎全部采取隐匿其所在国IP，创造一个假的IP或者通过毫无所知"第三国"的IP等方式来发动网络袭击，袭击完成后则逃匿于他国网络，从而嫁祸于"第三国"，对遇袭国和"第三国"的关系造成负面影响。前几年中美两国互相攻击对方进行网络袭击，并不排除是由其他国家

借用假的 IP 进行的栽赃嫁祸行动。所以，加强中尼两国的网络情报合作成为两国维护国家安全的重要方式。

最后，两国可以在网络司法方面寻求更深合作。网络司法安全合作对试图进行跨国犯罪的人来说是一个巨大的威慑。近年来，网络电信诈骗犯罪数量不断上升，并且由于其牵扯到两个国家的主权问题，因而解决起来较为麻烦。未来中尼两国可以继续加强包括执法和网络司法在内各个领域的合作，共同打击网络电信诈骗等跨境犯罪，维护两国人民的财产安全。

三、加强人才队伍建设，促进生态安全合作

尼泊尔位于"世界第三极"的南麓，拥有独特的生态环境，包括 118 个生态系统、75 种植被类型、35 种森林类型，森林覆盖率达到 45%。尼泊尔生物多样性丰富，但由于过度开发及外来物种入侵、环境污染、人与动物之间的冲突，也面临着生物种类减少的威胁。[①] 同时，中国西藏地区近些年来由于大量旅游人口流入，对高原上的生态也造成了一定破坏，两国拥有在生态环境方面的合作需求。目前，中尼的生态合作局限于水资源的利用和保护、可再生能源合作等少数领域。

首先，两国应该扩展合作领域，将气候变化、空气污染防治、原始森林保护、野生动物保护等领域纳入两国合作范围。众所周知，尼泊尔首都加德满都空气污染较为严重，中国也正致力于空

---

① 刘贺青：《国际社会对尼泊尔的环境援助及其对我国对外环境援助的启示》，《学术探索》，2020 年第 11 期，第 60 页。

气污染防治，两国在空气污染防治上可以进行多层次合作。另外，尼泊尔和中国西藏拥有的高原森林资源是两国乃至全世界的宝贵财富，对高原水土涵养、大气和野生动物保护、维持高原生态系统具有重要意义。因此，中尼应该采取更多措施加强对森林资源的保护，建立跨境动物保护机制，维护高原脆弱的生态体系。中国还可以在如何帮助尼泊尔落实综合发展计划，包括将散居喜马拉雅山的尼泊尔民众易地搬迁等方面分享经验并就此同尼泊尔开展合作。

其次，加强与国际组织合作。尼泊尔作为世界上最不发达国家之一，很多国际组织和非政府组织对尼泊尔提供发展援助，中国可以此为纽带，加强与尼泊尔的生态环境合作。一方面，可以利用现有国际组织加快熟悉环境合作的管理和运行方式，另一方面，可以有效减少其他国家对中尼生态合作的疑虑。

最后，健全人才培养机制，提高当地民众的环保意识。生态保护需要大量专业性人才，尤其是一些项目的落地与推进，环境保护、环境测试都对从业人员素质提出更高要求，而尼泊尔国内职业教育和高等教育发展比较落后，民众整体教育素质不高，环保意识较差，因此，中国可以帮助尼泊尔培训相关人员，提供必要设施设备，并加强对民众的环保宣传。

后 记

　　该书首先从命运共同体的理论渊源与科学内涵入手，分析了中尼命运共同体的构建因两国国情、文化等差异带来的众多挑战，探讨了命运共同体构建对中尼两国的重大意义和现实可能性；其次以命运共同体建设的五大板块作为本书研究的核心和重点，全面剖析了中尼命运共同体在政治、经济、安全、文化和生态等方面如何构建的重大问题，包括合作机制、具体路径和政策措施等；最后对中尼命运共同体的未来发展进行分析，在克服不利因素的基础上提出了有针对性、操作性强和科学合理的应对方案。

　　该书由黄正多同志负责组织协调，各章节的撰写分工如下：第一章（黄正多、兰红），第二章（黄正多、刘碧璇），第三章（黄正多、徐家宜），第四章（黄正多、李蔚涵），第五章（黄正多、段柏旭），第六章（黄正多、凡妮），第七章（黄正多、王巍）和第八章（黄正多、李士征）。

　　该书为国家社科基金一般项目"地缘政治竞争影响下的中国—尼泊尔命运共同体构建研究"的最终成果，自 2018 年立项以来，项目组成员通过团结协作、辛苦耕耘，终于顺利完成书稿，并成功通过审核鉴定后结项。四川大学南亚研究所的文富德教授、陈继东教授、张力教授、李涛教授、戴永红教授、杨文武教授、尹锡南教授为本书的章节结构、具体内容等提供了宝贵的意见。其他同事、朋友也为本书的出版提供了大力的支持和帮助。特此致敬致谢！

本书有任何不当之处，敬请批评指正！

黄正多于成都

2024 年 3 月